Elogios à *Motivação Intrínseca*

"Sentindo a pressão do trabalho e da vida? Stefan Falk tem algumas soluções. Ele fez uso de sua ampla experiência para reunir as melhores ideias, ferramentas e dicas a fim de que você gerencie a si mesmo e a seus objetivos em situações de alta pressão. Pelo preço de um livro, você recebe um *coaching* profissional na sua casa, escolhendo as dicas que funcionam para você. Um ótimo negócio!"

– **Daniel H. Pink**, autor de *When*, *Drive* e de *To Sell is Human*, *best-sellers* do *New York Times*.

"*Motivação Intrínseca* é um livro escrito por alguém que já encarou essas dificuldades. São conselhos concretos, realmente passíveis de serem colocados em prática, vindos de um mestre."

– **Barbara Oakley**, autora de *A Mind for Numbers* e criadora do Learning How To Learn.

"Novidade fantástica para os leitores do *best-seller Motivação 3.0*, de Dan Pink. *Motivação Intrínseca* capacita o leitor com conselhos pragmáticos sobre a gestão da própria motivação e produtividade. Está fundamentado na mais recente ciência comportamental, mas torna-se acionável por meio do vasto trabalho de consultoria de Stefan. Não poderia vir em melhor hora!"

– **Ken Davis**, vice-presidente executivo de produtos e serviços, Gartner Inc.

"*Motivação Intrínseca* é um livro ímpar que fornece sugestões direcionadas, práticas e acionáveis sobre o que você, como indivíduo, pode fazer para aprender melhor, pensar melhor e se gerenciar melhor sob estresse… Stefan foi meu *coach* executivo na McKinsey & Company, e meu desempenho profissional melhorou de forma mensurável e significativa por causa das ferramentas que ele me ensinou. Fico feliz por ele agora ter decidido compartilhar as mesmas ferramentas com você neste livro maravilhoso."

– **Shweta (Shay) Natarajan**, diretora de estratégia da Caterpillar, Inc.

"*Motivação Intrínseca* é um livro maravilhoso, tão interessante quanto útil. Está repleto de excelentes ideias de um autor que tem amplo domínio de todos os fatores que melhoram o desempenho no trabalho e a satisfação com a vida. Este livro enxerga o século XXI lá adiante, trazendo ao leitor todas as habilidades indispensáveis para promover a saúde e a felicidade."

— **John B. Arden**, Ph.D., autor de *Mind-Brain Gene*,
Rewire Your Brain e *The Brain Bible*.

"Os melhores líderes com os quais já tive o privilégio de trabalhar têm sido sempre pessoas humildes e dispostas a aprender com os outros; também estão dispostos a compartilhar sua riqueza de conhecimentos, experiências e, em última instância, sua sabedoria para o aprimoramento do próximo. Stefan Falk é um desses raros líderes que tem humildade para aprender com os outros e, assim, compilou um conjunto prático de táticas, técnicas e procedimentos (TTPs) ou ferramentas para a vida. Em *Motivação Intrínseca*, o leitor pode escolher aquilo que preferir neste baú de tesouros e melhorar sua vida e, em última análise, a daqueles ao redor. Quanto mais pessoas lerem e implementarem esta obra de extrema sabedoria, melhor será este mundo. "

— **William Dewilde**, Suboficial Maior de Comando dos SEALs da
Marinha dos Estados Unidos (Reformado), vice-presidente
de Operações, The Honor Foundation.

"*Motivação Intrínseca* é um livro excepcionalmente bem escrito, fundamentado na ciência, mas temperado com pragmatismo. Stefan Falk baseia-se em anos de experiência como executivo, guiando empresas líderes para o sucesso, e agora como *coach* executivo... Ao contrário de muitos outros livros, suas abordagens passo a passo são projetadas para remediar as causas da redução da produtividade, não apenas as emoções autodestrutivas que, muitas vezes, são uma consequência. Aprimorar as habilidades de pensamento crítico, fazer com que a enxurrada diária de *e-mails* deixe de ser um obstáculo e se torne uma ferramenta útil bem como prevenir conflitos são temas abordados em estratégias sucintas e de fácil aplicação. Apesar de ser escrito com base na perspectiva de um líder corporativo, seus conselhos são igualmente aplicáveis em qualquer ambiente em que se busque liderança eficaz – uma instituição acadêmica, uma organização de serviços ou mesmo a unidade familiar."

— **Nicholas Hall**, professor da Universidade do Sul da Flórida
e psiconeuroimunologista de renome internacional.

"*Motivação Intrínseca* é, provavelmente, um dos primeiros livros que falam sobre a ligação entre felicidade contínua e sucesso extraordinário: trazer sempre a melhor e mais genuína versão de si mesmo para tudo o que faz. A melhor versão de si mesmo sempre será uma versão de você em que as próprias necessidades e medos egoístas são inexistentes... Neste livro, você encontrará uma boa mistura de ferramentas e princípios que comprovadamente sempre trazem sua melhor versão para tudo que você faz."

— **Axel Karlsson**, sócio sênior da McKinsey & Company, Inc.

"*Motivação Intrínseca* não é apenas mais um livro de gestão; é um livro verdadeiramente importante! Mesmo que trate, sobretudo, de dicas e abordagens sobre como se tornar mais eficaz no trabalho, é aplicável a todos os aspectos da vida... Tendo conhecido e trabalhado com Stefan nos últimos vinte e cinco anos, passei a conhecê-lo como pensador e profissional notável. É profundamente gratificante ver quanto de sabedoria ele foi capaz de colocar em um livro tão sucinto e agradável. Se mais pessoas aplicarem apenas uma fração de suas práticas, o mundo se tornará um lugar bem mais agradável, feliz e produtivo."

— **Johan Saarm**, sócio sênior da Egon Zehnder.

"A Inteligência Artificial e a saúde dos seres humanos e do nosso planeta são forças que, provavelmente, só acelerarão o grau de mudança no modo como o mundo funciona. Nossa capacidade de continuamente nos adaptarmos, nos desenvolvermos e crescermos como indivíduos será, portanto, ainda mais relevante, hoje e nas próximas duas décadas. Ao mesmo tempo, há uma convergência de pesquisas relacionadas a desempenho mental, saúde mental e física, sono e nutrição que revela cada vez mais *insights* sobre como nosso cérebro realmente funciona e sobre como podemos treiná-lo para se sentir melhor e concomitantemente realizar mais. Este livro ajuda você a conciliar essas duas realidades da vida moderna e a dominar o próprio desenvolvimento pessoal, por meio de dicas práticas de *coaching*, de modo que você esteja mais bem equipado para um mundo mais desafiador, mas também mais interessante, a cada dia que passa."

— **Anders Tylman-Mikiewicz**, diretor de produtos da MGM Resorts.

"Meu primeiro pensamento após ler *Motivação Intrínseca* foi: 'isso é genial!' Ele oferece uma riqueza única de experiências e verdades baseadas em evidências só conhecidas por aqueles que realmente alcançaram a felicidade e o sucesso profissional de forma simultânea. Para aqueles de nós que ainda labutam e aspiram tamanha grandeza, *Motivação Intrínseca* é o verdadeiro roteiro para esse objetivo. Stefan Falk domina, de fato, a capacidade de transformar em ferramentas de fácil aplicação uma enorme riqueza de conhecimentos. Cada capítulo é um pouco de inspiração e de conselhos acionáveis fáceis e agradáveis de ler."

— **Tenente-coronel Ted Handler**, Raider do Corpo de Fuzileiros Navais dos Estados Unidos (Reformado), chefe de Excelência Empresarial da Stihl, Inc.

"*Motivação Intrínseca* é uma mina de ouro para compreendermos a nós mesmos e melhorar nossa vida. Não consegui parar de ler e agora ele serve como manual para mim. Ninguém domina o hackeamento do potencial humano como Stefan. Por mais de duas décadas, ele foi mais a fundo nas mais significativas ciências que a maioria das pessoas e elaborou suas técnicas com os milhares de indivíduos notáveis que são ou foram seus clientes. A abrangência do livro também é impressionante, indo de mentalidades a regulação emocional, lógica aplicada e hábitos comportamentais. É profundamente perspicaz e provocativamente prático ao mesmo tempo, não dando a você desculpa nenhuma para não se tornar mais produtivo!"

– **Nicolai Tillisch**, *coach* executivo, membro da Cultivating Leadership e coautor de *Return on ambition*

"Stefan Falk tem visão ímpar, advinda de ter sido mentor de centenas de executivos de dezenas de ramos de atividade, das forças armadas e do governo. Seu ponto crucial é exibir a rara capacidade de sintetizar os aprendizados de milhares de sessões de *coaching*, combiná-los com o próprio conhecimento sobre o funcionamento cognitivo e destilá-los em verdades claras e acionáveis. Mergulhe em *Motivação Intrínseca* e absorva os atalhos para a eficiência e a efetividade que todo líder busca."

– **Simon Mitchell**, vice-presidente de operações da InRock, Inc.

"Por todo canto, há conselhos sobre o que as organizações podem melhorar para conseguirem aprimorar a experiência dos funcionários e os resultados dos negócios. Mas há muito pouca orientação quanto ao que cada um de nós pode fazer para melhorar nosso próprio desempenho no trabalho, dia após dia. Com este livro, Stefan Falk oferece um olhar poderoso sobre a excelência quando vista por dentro. E está repleto de conselhos práticos fáceis de aplicar. Quer se tornar alguém, colega de trabalho ou chefe, com quem os demais gostam de trabalhar? Está neste livro."

– **Dave Johnson**, analista principal de experiência do colaborador, Forrester Research

"Em seu novo livro, *Motivação Intrínseca*, Stefan Falk conseguiu abordar muitos dos conceitos importantes que guiaram minha vida profissional... Ele fornece também táticas críveis, eficientes, práticas e exequíveis para tornar esses conceitos acionáveis em todos os aspectos da vida. Falk realizou o difícil trabalho de reunir uma ampla gama de pesquisas e informações e transformá-las em um guia compreensível para ter uma vida bem-sucedida. Temos uma grande dívida com ele por isso."

– **John Madigan**, presidente e CEO, Executive Talent Services, LLC.

MOTIVAÇÃO INTRÍNSECA

Stefan Falk

MOTIVAÇÃO INTRÍNSECA

6 passos fundamentais para amar
seu trabalho e alcançar o
sucesso como nunca antes

Tradução
Martha Argel

Título do original: *Intrinsic Motivation*.

Copyright © 2023 Stefan Falk.

Publicado mediante acordo com a ST. Martin Press.

Copyright da edição brasileira © 2024 Editora Pensamento-Cultrix Ltda.

1ª edição 2024.

Todos os direitos reservados. Nenhuma parte desta obra pode ser reproduzida ou usada de qualquer forma ou por qualquer meio, eletrônico ou mecânico, inclusive fotocópias, gravações ou sistema de armazenamento em banco de dados, sem permissão por escrito, exceto nos casos de trechos curtos citados em resenhas críticas ou artigos de revistas.

A Editora Cultrix não se responsabiliza por eventuais mudanças ocorridas nos endereços convencionais ou eletrônicos citados neste livro.

Design da capa: Ervin Serrano

Imagem da capa: paper rip © Jammy Photography/Shutterstock.com; colorful background © Davor Ratkovic/Shutterstock.com

Editor: Adilson Silva Ramachandra
Gerente editorial: Roseli de S. Ferraz
Preparação de originais: Adriane Gozzo
Gerente de produção editorial: Indiara Faria Kayo
Editoração eletrônica: Join Bureau
Revisão: Ana Lucia Gonçalves

Dados Internacionais de Catalogação na Publicação (CIP)
(Câmara Brasileira do Livro, SP, Brasil)

Falk, Stefan
    Motivação intrínseca: 6 passos para amar seu trabalho e alcançar o sucesso como nunca antes / Stefan Falk; tradução Martha Argel. – São Paulo: Editora Cultrix, 2024.

    Título original: Intrinsic motivation.
    ISBN 978-65-5736-315-7

    1. Autoajuda 2. Desenvolvimento pessoal 3. Motivação 4. Sucesso profissional I. Título.

24-199453   CDD-158

Índices para catálogo sistemático:

1. Sucesso: Automotivação: Psicologia aplicada 158
Eliane de Freitas Leite – Bibliotecária – CRB 8/8415

Direitos de tradução para o Brasil adquiridos com exclusividade pela EDITORA PENSAMENTO-CULTRIX LTDA., que se reserva a propriedade literária desta tradução.
Rua Dr. Mário Vicente, 368 — 04270-000 — São Paulo, SP – Fone: (11) 2066-9000
http://www.editoracultrix.com.br
E-mail: atendimento@editoracultrix.com.br
Foi feito o depósito legal.

Dedicado a Geddy Lee, Alex Lifeson, Neil Peart,
Ian Paice, Jon Lord, Roger Glover, Ritchie Blackmore, Ian Gillan,
David Bowie, Zeb Macahan; ao amor da minha vida,
Regina; e ao meu filho, Ramses.

Seja sempre você mesmo, a menos que possa ser Hanuman; então, seja sempre Hanuman.

Sumário

Agradecimentos 13

Introdução: Por que escrevi este livro 17

SEÇÃO UM
Aprenda a amar qualquer atividade:
reprograme seu cérebro para foco em resultados empolgantes (FRE) 39

1. Estabeleça expectativas todos os dias e leve para casa algo empolgante e interessante para contar às crianças 51

2. Procure um tema diário que entusiasme você 53

3. Use "intenções de implementação" se-então 55

4. Domine a arte dos pequenos passos 57

5. Aprenda como o Exterminador do Futuro 61

6. Crie um orçamento de tempo e controle seu tempo todos os dias 67

7. Comprometa-se a manter um diário todos os dias 73

8. Visite sua "Zona Verde" diariamente... 83

9. Cumpra totalmente os prazos com resultados inquestionáveis......... 87

10. Defina as metas mais importantes para cada dia de trabalho........... 91

11. Estabeleça metas estendidas semanais ou mensais para o desenvolvimento de habilidades e mais eficiência........................... 103

12. Puxe todas as quatro alavancas para o sucesso visando alcançar o que a maioria das pessoas consideraria impossível....................... 107

13. Quando você achar que tem "coisa demais para fazer", não estabeleça prioridades 115

SEÇÃO DOIS

Molde seu destino:
desenvolva sua mentalidade para se tornar o astro que você pode ser 119

14. Não participe de conversas negativas... 131

15. Faça semanalmente uma avaliação de risco e um planejamento de contingência.. 133

16. Não seja a vítima – seja o detetive... 137

17. Faça sempre o que é certo para a empresa..................................... 141

18. Escreva uma carta de boas-vindas a si mesmo 147

19. Gerencie ativamente a ansiedade 151

20. Use o raciocínio lógico quando estiver diante da incerteza 155

21. Comunicando-se quando há incerteza 159

22. Use o *e-mail* de maneira mais inteligente 161

23. Limite o tempo nas redes sociais... 163

24. Use o raciocínio lógico com todos os tipos de problema.................. 167

25. Raciocínio lógico como método – cinco perguntas abrangentes a fazer 171

26. Cultive uma mentalidade para a paz interior 181

SEÇÃO TRÊS
Domine o segundo maior obstáculo para o sucesso profissional
e o bem-estar: as outras pessoas 189

27. Desenvolva aspirações quanto ao modo como deseja ser percebido.... 195

28. Adquira o hábito de pedir *feedback* *205*

29. Facilite às pessoas seguirem seus conselhos e virem você como líder de pensamento 207

30. Não evite pessoas difíceis, aceite-as 221

31. Desenvolva seu pessoal e transforme-o em astro 229

32. Oriente sua empresa a ter sucesso naquilo em que provavelmente ela se sai pior: liderando a mudança 251

33. Consiga que suas boas ideias sejam aceitas e implementadas 259

34. Leve muito a sério a diversidade 271

35. Adote práticas de recrutamento que possibilitem a diversidade e a seleção das pessoas certas... 277

PALAVRAS FINAIS: considerações sobre a escolha de um bom lugar
para trabalhar 289

Leituras obrigatórias... 295

Notas 297

Índice Remissivo.. 299

Agradecimentos

É quase impossível escrever estes agradecimentos de modo a descrever, por completo, tudo o que tornou este livro uma realidade. Foram momentos demais, pessoas demais, que contribuíram para esse resultado. Obviamente, tenho enorme dívida de gratidão com todos os milhares de pessoas com os quais trabalhei – colegas, subordinados diretos e clientes. Ao me convidar para ajudá-los com seus desafios, todos vocês me ofereceram oportunidades de aprender e crescer e, com isso, contribuíram para este livro.

Mas também sou grato ao que vejo como uma das coisas mais importantes da vida: todos os meus *próprios* desafios, dificuldades e fracassos, em especial quando era uma criança um pouco acima do peso, sem amigos e um pai que me aterrorizava. Sou grato a todas as pessoas que me desafiaram ao longo dos anos, mesmo àquelas que tentaram me programar para o fracasso ou me ferir de outras maneiras. Tudo isso me tornou uma pessoa mais forte, mais autoconsciente, que dá o melhor quando encara o impossível (e descobri, repetidas vezes, que nada é impossível). Essas qualidades contribuíram para as escolhas que fiz em termos pessoais e profissionais.

Também me permitiram desenvolver algo completamente decisivo a todas as minhas atividades e aventuras na vida, incluindo o *coaching* e o conteúdo deste livro: cérebro focado, mas criativo, que vive a própria vida.

Meu cérebro tem uma capacidade incrível de projetar o futuro e vislumbrar qualquer estado final, sejam os clientes se tornando os melhores no que fazem, seja eu mesmo assumindo uma área totalmente nova sobre a qual nada sei, mas, ainda assim, alcançando o sucesso. Meu cérebro sempre elabora um roteiro para alcançar um bom resultado. É quase como se não houvesse nenhum problema relacionado a sonhos, desempenho, bem-estar mental e sucesso, meus ou de outra pessoa, que meu cérebro não possa resolver.

A decisão de uma pessoa foi extremamente importante para que eu fosse capaz de escrever este livro. Por algum motivo que ainda não consigo entender por completo, minha mãe decidiu alugar um piano para mim quando eu tinha 8 anos. Nunca havíamos conversado antes sobre eu tocar um instrumento musical. Talvez ela tivesse notado quanto eu gostava quando meu tio cantava e tocava violão para mim ou como eu gostava de ouvir os discos dela – ainda me lembro de ouvir (*I Never Promised You a*) *Rose Garden*, de Lynn Anderson, e *Love me Tender*, de Elvis Presley, de novo e de novo. Tocar piano me fez perceber, desde criança, que a atividade em si não importa; é o modo como pensa sobre ela que faz você amá-la ou não. Essa é a premissa básica não só deste livro, mas de toda minha vida.

Quando fiquei mais velho, três pessoas contribuíram ainda mais para quem sou, o que faço e as ferramentas e os princípios deste livro. Meu mentor por muitos anos, Mihaly Csikszentmihalyi, falecido em 2021, desempenhou papel de extrema importância em minha vida. O que Mihaly não sabia sobre a condição humana, sobre como evoluímos e sobre o que torna a existência humana uma bênção não vale a pena saber. Mihaly era um verdadeiro cientista, meticuloso ao sustentar todas as suas ideias com fatos e pesquisas. Sua inteligência e capacidade de ver as coisas com clareza nunca intimidavam, mas, às vezes, podiam ser irritantes, em especial quando eu achava ter inventado algo "realmente inteligente", apenas para perceber que ele já havia pensado nisso. Qualquer pessoa que deseje evoluir e extrair da vida o máximo possível deve ler a obra de Mihaly.

Outra pessoa que desempenhou papel importante para mim foi John Douglas, ex-agente do FBI e pioneiro em perfilamento criminal. Na primeira vez que nos encontramos, ele me mostrou fotos de cenas de crimes, analisando cada uma delas e me dizendo que elementos via nelas que revelavam os motivos e o comportamento dos criminosos. Depois de um tempo, ele me disse: "Agora é a sua vez". Clicou em um *slide* e perguntou: "O que você está vendo?" Era a foto de um cadáver caído no chão. Dei um *zoom* no que parecia ser a arma do assassinato – uma pedra do tamanho de um punho estava muito suja de sangue. Eu disse: "Parece que o assassinato não foi premeditado ou planejado, porque, se a pedra foi a arma utilizada, provavelmente foi uma arma de oportunidade. Não se planeja assassinar alguém com uma pedra". John olhou para mim, sorriu e disse: "Bom, você sabe das coisas". Eu ainda não sabia, mas depois aprendi muito com ele, em especial como entender os verdadeiros motivos por trás das palavras e dos comportamentos das pessoas.

A terceira pessoa é Johan Ahlberg, sócio sênior da McKinsey & Company, onde trabalhei como consultor. Johan me deu *feedback* sobre meu desenvolvimento e desempenho. A mensagem típica que transmitia com clareza e aprovação quase todas as vezes em que nos encontrávamos era: "Stefan, você está indo bem, mas seu desempenho é de cinquenta a sessenta por cento do que deveria ser, e o que poderia fazer para melhorar é...". No início, eu achava que Johan era maluco, já que, mesmo antes de entrar para a McKinsey, eu estava, em comparação com a maioria das pessoas que conhecera, melhorando constantemente. Mas, depois de algum tempo, percebi como é purificador e propício para o nosso desenvolvimento termos coragem o bastante para nos concentrarmos em nossas deficiências e como sempre podemos fazer melhor as coisas. Johan me ajudou a melhorar meu jogo. E ainda ajuda.

Gostaria de agradecer também a duas pessoas próximas a mim. Uma delas é meu filho, Ramses. De muitas maneiras, ele é a inspiração para este livro. É um batalhador que segue as próprias convicções e caminho. Sua capacidade de sempre sorrir e ter uma perspectiva positiva é admirável. Ramses é uma pessoa realmente sociável. É prestativo e incentivador com os amigos, e eu nunca, jamais, o ouvi dizer uma palavra negativa sobre outro ser humano – algo que não posso dizer sobre mais ninguém. Isso é inspirador, sobretudo porque ele tem apenas 24 anos e cresceu em uma época em que a negatividade é a norma para a maioria das pessoas.

A segunda pessoa é Regina, o amor de minha vida, cujo grande número de habilidades é inspirador. Sua capacidade de se manter fiel a um propósito mais profundo na vida, de cultivar boas intenções e ações, tanto no âmbito pessoal quanto no profissional, ao mesmo tempo que é consistentemente uma das melhores naquilo que faz – em um setor do mundo dos negócios em que quem manda são homens gananciosos, e integridade é uma palavra, mas não uma prática –, me deixa simplesmente chocado. Ela é a prova viva de tudo o que é tratado neste livro.

Por fim, quero agradecer às muitas pessoas que contribuíram, de fato, para o trabalho com este livro. Mais de cinquenta pessoas leram o manuscrito (ou partes dele) nos estágios iniciais e me deram o *feedback* que impulsionou sua evolução. Por meio de sua orientação e de seu trabalho de edição, Josh Bernoff me ajudou a conceber a ideia original e a estrutura do livro, incluindo a proposta da obra. Arthur Goldwag, com sua mente afiada, sua capacidade ímpar de entender a mim e ao meu pensamento bem como sua edição certeira, ajudou a tornar o manuscrito final mais direto, claro e lógico.

Mas a pessoa que teve o impacto mais decisivo no manuscrito final foi Tim Bartlett, meu editor na St. Martin's. Ele me orientou, passo a passo, a trazer à tona coisas que precisavam estar no livro – coisas sobre as quais eu não pensava, já que estão muito arraigadas em mim pelo hábito, mas que, no entanto, era fundamental que fossem escritas. Graças aos esforços incessantes de Tim, este é um livro mais completo e útil. Obrigado!

Introdução

Por que escrevi este livro

Como consultor de gestão na McKinsey & Company, líder de várias transformações corporativas multibilionárias, e *coach* de desempenho para executivos, oficiais das Forças Armadas e atletas de elite do mundo todo, passei mais de trinta anos ajudando milhares de indivíduos, equipes e organizações a serem intrinsecamente motivados – ou seja, a fazerem o que fazem por amarem a experiência de fazê-lo, não em razão das recompensas extrínsecas decorrentes do trabalho, como dinheiro e *status*.

Ajudar as pessoas a amarem seu trabalho é gratificante, mas observar o efeito em cascata que decorre disso é ainda mais gratificante. Amar seu trabalho ajuda você, de maneira incalculável, a alcançar metas que antes lhe pareciam inatingíveis. Meus clientes me dizem que, como resultado do trabalho que fizemos juntos, se tornaram mais felizes, saudáveis e realizados. Estou aqui para lhe dizer que posso fazer o mesmo por você, desde que esteja aberto a pensar sobre seu trabalho de maneira diferente e melhor.

A primeira coisa que meus clientes descobrem sobre mim é que não tolero pensamentos ruins sobre o trabalho ou a vida em geral. Não aceito desculpas ruins, mentiras e enganações, ignorância, arrogância, egoísmo, falta de foco em fazer o bem, más intenções, medo do desconhecido ou preferir a saída fácil (preguiçosa) quando deveria estar enfrentando uma situação difícil. Condeno com dureza impiedosa sentir qualquer tipo de pena de si mesmo, pois é algo que incapacita tanto quanto amputar braços e pernas. Censuro essas coisas também em mim, não apenas em meus clientes. Não aceitar pensamentos ruins ajuda a mim e aos meus clientes a focarmos no que importa de fato. Se um cliente continua a ter pensamentos ruins, eu simplesmente o cancelo.

Outro mau hábito que insisto que meus clientes evitem é fugir da dor. Sinto tanta dor emocional e psicológica quanto qualquer um, mas, ao contrário da maioria das pessoas, eu a vejo como necessária. Primeiro, a dor emocional e psicológica é sinal de que você está em um momento no qual sua oportunidade de crescimento é real e palpável. Tentar evitar esses momentos, ou sonhar com uma vida sem eles, é lutar por uma vida de completa ignorância, sem qualquer ambição verdadeira. Segundo, você não pode apreciar o prazer se não experimentar a dor. O mesmo é válido para o sucesso e o fracasso – você não pode desfrutar do sucesso se não experimentar o fracasso. A menos que aceite que a dor emocional e psicológica faz parte da vida e é uma necessidade para o crescimento pessoal e profissional, você não vai usufruir do valor total das ferramentas e dos princípios deste livro.

A ideia de escrever este livro surgiu depois de uma conferência que proferi num evento da McKinsey & Company. Tendo sido consultor da McKinsey e *coach* de incontáveis profissionais juniores e seniores na empresa nos últimos dez anos, pediram-me que sintetizasse minhas ideias principais. O tema da palestra foi que a pressão imensa e os desafios constantes no trabalho são bênçãos, pois nos forçam a evoluir. O segredo para administrar a pressão é o modo como você administra sua mente. Muita gente naquela plateia numerosa ficou surpresa, pois todos esperavam que eu falasse sobre como *aliviar* a pressão, e o que eu disse foi que a pressão é boa, desde que você saiba lidar com ela de maneira positiva.

Após minha fala e a intensa sessão de perguntas e respostas que se seguiu, alguns sócios seniores me abordaram e sugeriram que eu apresentasse meus princípios em um livro. Eu já havia escrito um livreto que circulava internamente na McKinsey fazia algum tempo. Sabia que muitas pessoas da empresa que não haviam sido orientadas por mim estavam usando minhas ideias; o pensamento de atingir um público ainda maior me agradava. *Motivação Intrínseca* é o resultado.

Espero que este livro lhe traga inspiração, mas ele não é motivacional. Sei que não posso motivar você – a única pessoa que pode fazer isso é você mesmo. O que *posso* fazer é ensinar-lhe a dominar sua mente para que você possa desbloquear o potencial quase ilimitado que tem.

As ferramentas e os métodos que compartilharei com você são fundamentados em neurociência e psicologia comportamental de ponta. Trabalhei e aprendi com algumas das pessoas mais conhecidas nesses campos, incluindo o falecido psicólogo Mihaly Csikszentmihalyi, o psiconeuroimunologista Nicholas Hall e muitos outros. Meu trabalho até me levou ao pessoal fantástico da Unidade de Ciência Comportamental do FBI (agora chamada Unidade de Análise Comportamental, ou BAU – talvez você esteja familiarizado com as versões ficcionais dela na série de TV *Criminal Minds* bem como no livro e no filme *O Silêncio dos Inocentes*).

Minha experiência como executivo corporativo e *coach*, aliada ao meu trabalho com esses pensadores de ponta, me ensinou a desenvolver e aprimorar princípios e técnicas essenciais que se mostraram altamente eficazes. Aplique-os de maneira intencional e disciplinada, e você também se verá "performando" em nível muito além do que teria imaginado ser possível.

Dito isso, mais que um livro para ler e estudar, este é para você *usar*. Siga meu programa, coloque em ação as ferramentas que vou lhe mostrar, realize as práticas diárias que prescrevo para reprogramar seu cérebro, e sua vida mudará para melhor.

Ame o que você faz

Muitos livros prometem grandes resultados. Por que você deveria acreditar neste aqui? Por um lado, as técnicas que ele sugere já foram usadas por milhares de profissionais em algumas das maiores e mais proeminentes empresas do mundo, e também por pessoas de alto desempenho – indivíduos bem no topo de suas profissões. Segundo, porque eu mesmo tenho vivido esses princípios desde que era uma criança solitária em Örebro, na Suécia, cinquenta anos atrás, quando tropecei nas cinco chaves para meu próprio sucesso e o de meus clientes. São elas:

- Nunca vá para o trabalho (ou para a escola, ou para qualquer lugar importante) funcionando no piloto automático. Para cada tarefa que empreender, tenha uma meta explícita de resultado a ser obtido e um conjunto de táticas para cumpri-la.
- Nunca deixe de se desafiar e de competir consigo mesmo. Você é a melhor medida do quanto aprendeu, melhorou e cresceu.
- Crie conscientemente expectativas emocionais para sua experiência de trabalho e prepare-se para alcançá-las ou ultrapassá-las. Esse é outro modo de dizer que a atitude ou mentalidade com que aborda seu trabalho é crucial.
- Revise seu trabalho todos os dias para garantir que fará um progresso palpável, o qual pode acompanhar e comemorar.
- Procure e cultive colegas que compartilhem de seu entusiasmo e de sua positividade sobre o trabalho e com os quais possa aprender.

O que todas as cinco chaves têm em comum é o cultivo do *entusiasmo*. Por que ele é tão importante? Porque permite que você ame *o que faz*. Amar o que faz é o que faz a vida valer a pena, e o mais importante: é o molho secreto para o sucesso e o bem-estar!

Quando você ama fazer algo, vai querer fazer muito esse algo. E, quando faz muito alguma coisa, fica cada vez melhor nisso, o que reforça ainda mais seu entusiasmo. Isso leva ao desenvolvimento pessoal e profissional, pois, para continuar amando a experiência, você terá que aumentar constantemente a complexidade e o desafio dela. Os músicos entendem isso – a recompensa de praticar escalas enfadonhas é poder executar composições cada vez mais desafiadoras.

Além disso, quando ama fazer algo, você adora pensar nesse algo *antes* de fazê-lo. Isso o leva a ter quase automaticamente uma expectativa empolgante para o resultado e em mente um "plano" de como realizá-lo. Você também adora pensar nisso depois, o que aprofunda o aprendizado.

Você pode estar pensando: "Isso tudo é muito bom, mas e se eu odiar meu trabalho?". Esse é o ponto: *você pode aprender a amar qualquer atividade.*

Não deixe a mente inventar desculpas para não amar seu trabalho

Antes de começar a escrever este livro, perguntei a meu filho, Ramses, o que ele achava que eu deveria dizer aos leitores sobre mim. "Diga a eles que você é louco", ele respondeu, "porque é isso que você é. Você é a única pessoa no mundo que não sabe ficar entediada. É como uma criança, entusiasmada com tudo que faz."

Concordo com ele quanto à segunda parte, que fico entusiasmado com tudo que faço. Mas não sou louco nem infantil.

Como posso me entusiasmar com tudo que faço, até preparar minha declaração de imposto de renda? Porque dominei minha mente.

Infelizmente, a maioria dos profissionais não domina a própria mente, o que leva a um zilhão de desculpas quanto aos motivos pelos quais não amam seu trabalho.

A desculpa mais comum que ouço é o mito de que eles têm coisa demais para fazer, estão muito estressados e precisam reduzir a carga de trabalho. Ainda não conheci um profissional que tenha coisa demais para fazer. A verdadeira razão pela qual eles acham que têm coisa demais é não terem pensado o bastante sobre como executar as tarefas de modo inteligente e eficiente. A maioria dos profissionais não consegue descrever como executa suas tarefas diárias, pois as realizam no piloto automático, sem pensar na própria forma de abordagem ou que ela possa estar carregada de hábitos ineficientes ou ultrapassados.

Outras desculpas comuns são relacionamento ruim com colegas, maus chefes, avaliações de desempenho injustas e falta de oportunidades de carreira. Com certeza, existem maus chefes, ambientes de trabalho injustos ou tóxicos, e assim por diante. Porém, e esse é um *porém* crucial, a maioria dessas coisas não constitui o motivo pelo qual você odeia seu trabalho; elas são o motivo pelo qual você odeia *o local* em que trabalha. Estou aqui para lhe dizer que, a menos que esteja em um ambiente de trabalho excepcionalmente ruim, e, nesse caso, você deve sair de lá, suas desculpas são obstáculos de sua própria criação.

Quando você não ama fazer o que faz, sempre será um esforço acordar e se preparar para ir trabalhar. Você vai procrastinar, sobretudo quando se trata de tarefas que acha especialmente difíceis, chatas ou desconfortáveis. Terminará os dias exausto, com escassa sensação de orgulho ou realização.

Quando não ama fazer o que faz, você também se apega excessivamente a recompensas extrínsecas, como elogios e dinheiro, uma vez que são sua compensação pela falta de prazer ao realizar o trabalho em si. O fracasso se torna algo doloroso, quase insuportável, tendo em vista que você investiu tanta energia em algo de que nem sequer gosta.

Quando está entediado com o trabalho ou o odeia, você tem visão afunilada – não vê de maneira completa e holística as tarefas que deve fazer. Isso as torna ainda mais enfadonhas!

Não importa, porém, quais sejam as desculpas para não amar seu trabalho; elas não são o motivo pelo qual você não o ama. A verdadeira razão é sua própria mente. Ela cria essas desculpas porque é preguiçosa, e é preguiçosa porque você não conseguiu dominá-la.

Uma mente não dominada é uma mente preguiçosa.

Tornando possível amar o trabalho

As crianças encontram naturalmente seu entusiasmo. Até que seja arrancado delas na escola, elas têm conhecimento inato de como se divertir e amar o que fazem. Dê a elas um pedaço de madeira e observe como começam a brincar com ele. Espere um momento e pergunte o que é. Você receberá respostas como "É um carro!" ou "É um foguete!". As crianças têm capacidade ilimitada não só de fantasiar e imaginar (ambas poderosas ferramentas para o autoaperfeiçoamento) como também de encantar, assim como acontece com artistas ou atletas quando estão experimentando o estado mental que meu mentor Mihaly Csikszentmihalyi descreveu como "fluxo". Colocando de maneira simples, fluxo é quando a concentração é tal que você perde toda noção de tempo e lugar. A experiência é a própria recompensa; a meta final, ou resultado, é apenas a cereja do bolo. A satisfação que acompanha a criação de uma obra de arte inspirada ou a execução impecável de um feito atlético é fácil de imaginar. Mas, como observou Csikszentmihalyi, "a maioria das atividades agradáveis não é natural; exige esforço que, a princípio, ficamos relutantes em fazer". Algumas atividades só nos encantarão se nos dermos ao trabalho de prestar muita atenção a elas.

Isso é certamente verdade para o trabalho – ele oferece infinitas oportunidades de envolvimento. Por quê? Por ser tão rico e complexo.

Não importa o que você faça para ganhar a vida, ele oferece oportunidades quase ilimitadas de inovar e experimentar, aprender coisas novas, buscar novas experiências, aprofundar a compreensão acerca do relacionamento com as pessoas à sua volta e aprender a resolver uma infinidade de problemas diferentes.

Então, por que é tão difícil para a maioria dos profissionais amar e desfrutar de todos os aspectos de seu trabalho? Porque, ao contrário das crianças, os adultos devem trabalhar de maneira consciente e intencional para cultivar a curiosidade e a capacidade de se envolver e melhorar o modo como fazem as coisas. Isso requer *pensamento consciente.* O desafio em relação ao pensamento consciente é que a principal estratégia de sobrevivência que nós, seres humanos, desenvolvemos por meio da evolução é a de sempre garantir superávit de energia, o que, em muitos casos, nos torna preguiçosos. Em vez de pensar conscientemente, operamos de acordo com o hábito, o que nos permite economizar muita energia. Quanta energia é consumida ao pensar? Considere que uma pessoa média que corre uma maratona queima mais de duas mil calorias. Um jogador de xadrez pode queimar até seis mil calorias e perder até dois quilos por dia durante um torneio!

Como o pensamento consome muita energia, mas é decisivo para amar seu trabalho, este livro oferece ferramentas e abordagens que tornarão *mais fácil a você, sem consumir tanta energia, dominar sua mente, de modo a pensar e a agir conscientemente na vida profissional.*

Então, por favor, pare de perder tempo reclamando ou entediando-se com o trabalho. Basta pensar em quanto do seu tempo o trabalho consome. Não empregar todo esse tempo de modo que o entusiasme, que o faça evoluir, crescer e se sentir bem consigo mesmo, equivale à autoviolência.

Em vez disso, use este livro para transformar sua trajetória profissional em uma aventura ininterrupta de crescimento, entusiasmo e cumprimento de metas. Acredito que devemos a nós mesmos buscar constantemente maneiras de desbloquear nosso potencial ilimitado, e o trabalho nos oferece infinitas oportunidades de fazer exatamente isso. Aprenda a amar seu trabalho e você poderá alcançar qualquer meta que tenha estabelecido. Como ser humano, você é abençoado com a ferramenta mais importante de que necessita para fazer isso acontecer: o cérebro.

Use-o!

Hábitos e atitudes dos profissionais que amam o que fazem

Pessoas para quem o trabalho é a própria recompensa têm dez hábitos e atitudes. Faça a si mesmo as seguintes perguntas ao ler sobre eles: Isso descreve minha orientação natural em relação ao meu trabalho? Se a resposta for "não" ou "não muito", qual é a razão disso? O que o impede de adotar esse hábito ou atitude? Que benefícios você ganharia se o fizesse?

1. **Entediante não está no meu vocabulário.** Pessoas intrinsecamente motivadas sabem que não existem tarefas entediantes, apenas maneiras entediantes de pensar sobre tarefas. Elas identificam o elemento empolgante em cada tarefa que encaram.

2. **Cumpro todos os compromissos.** Cumprir compromissos cria na vida profissional tensão e foco naturais. Cada dia se torna uma oportunidade de se sentir bem com as próprias capacidades e contribuições.

3. **Aprendo com meus erros e com as situações desconfortáveis pelas quais passo.** Você deve ser grato pelos fracassos (até certo ponto) porque eles lhe dão foco naquilo que precisa trabalhar.

4. **Tenho metas diárias pragmáticas, concretas e focadas em meu desenvolvimento.** Se você tiver uma reunião importante, visualize o melhor resultado possível para ela. Em seguida, execute um *pre-mortem*,* no qual

---

* Estratégia de *coaching* que envolve a visualização de um cenário futuro "mortal", no qual o cliente é capaz de prever, identificar e preparar-se para possíveis resultados desfavoráveis. [N. T.]

você deriva um plano concreto para abrir a discussão, explorar determinada perspectiva, interagir com um participante importante, e assim por diante. Realize um *post-mortem** quando a reunião terminar, para poder encontrar formas de melhorar seu desempenho e desenvolver novas metas no futuro. A sensação de que você está progredindo e crescendo é a maior fonte de energia que existe.

5. **Avalio de imediato o que é estrategicamente importante e lhe dou prioridade**. Classifique as oportunidades de desenvolvimento em três grupos: *sempre importante, fatores decisivos* e *sem importância no momento*. Este último é especialmente valioso porque permite a você eliminar fontes de preocupação, reduzindo o estresse e aumentando a capacidade de se concentrar no que mais importa.

6. **Uso a insegurança como estímulo ao autoaperfeiçoamento**. A autoconfiança é importante, mas o excesso dela pode levar à complacência. Nada está completamente sob controle; certa quantidade saudável de preocupação permite melhor desempenho.

7. **Raramente me distraio**. A distração é sinal de que você está se concentrando em coisas que não pode influenciar. Concentrar-se no que você *pode* controlar – o próprio comportamento – é fonte de força interior.

8. **Eu planejo**. Não existem tarefas complicadas de fato, apenas maneiras complicadas de pensar sobre elas. O raciocínio complicado é resultado de pouco planejamento. O estresse negativo ocorre quando não planejamos o suficiente.

9. **Enxergo outras pessoas como ativos**. A melhor maneira de aprender a fazer uma nova tarefa é copiar alguém que a faça bem-feita. Você também pode aprender o que deve evitar quando observa alguém executar mal uma tarefa.

---

* Estratégia de *coaching* na qual, após a realização de um projeto, os profissionais discutem o que deu errado e o que deu certo. Com isso, são procuradas maneiras de repetir os sucessos e evitar problemas em projetos futuros. [N. T.]

10. **Procuro *coaching*.** Você não o faz para se motivar ou ensinar a si mesmo a se desenvolver – essas são responsabilidades pessoais suas. Um *coach* fornece-lhe *feedback* honesto sobre seu desempenho. Você não precisa gostar dele, desde que possa ter certeza de que ele vai lhe dizer o que precisa ouvir.

Como tirar o máximo proveito deste livro

Aproximadamente metade das ferramentas e princípios deste livro foi desenvolvida quando eu estava ajudando a conduzir os esforços de mudança de rumo em uma série de empresas. Líderes e funcionários de todos os níveis e de todas as funções os adotaram, e eles desempenharam papel fundamental em nosso sucesso. Daniel H. Pink abordou o trabalho que realizei no livro *Drive: The Surprising Truth About What Motivates Us* (2009). Ao todo, as mudanças que ajudei a implementar nessas empresas resultaram em dois bilhões de dólares em melhorias de desempenho.

A outra metade foi desenvolvida durante meu trabalho como *coach* de *performance* para executivos, sobretudo durante os mais de dez anos que passei trabalhando com gerentes de projeto e parceiros na McKinsey & Company. Os profissionais da McKinsey combinam o compromisso de ajudar os clientes a terem sucesso com o foco no desenvolvimento profissional desses clientes. Isso fez da organização o laboratório ideal para desenvolver e testar essas abordagens.

Este livro é dividido em três seções que refletem a progressão pela qual a maioria dos meus clientes passa em nosso trabalho conjunto. Tudo começa quando eles enfrentam o maior obstáculo para seu sucesso profissional e bem-estar: a própria mente. Depois de terem aplicado as ferramentas e princípios que apresento na primeira seção, "Aprenda a amar qualquer atividade: reprograme seu cérebro para foco em resultados empolgantes (FRE)", estão prontos para a próxima, "Molde seu destino: desenvolva sua mentalidade para se tornar o astro que você pode ser". Tendo trabalhado a própria mente e a mentalidade, eles estão prontos para aplicar os princípios e ferramentas que apresento na terceira e última seção, "Domine o segundo maior obstáculo para o sucesso profissional e o bem-estar: as outras pessoas". A mais fundamental dessas seções é a primeira. Até que aprenda a focar suas tarefas e atividades em resultados empolgantes (FRE), você não vai amá-las.

Para orientá-lo ainda mais, classifiquei as ferramentas em três níveis – fácil, moderadamente exigente e exigente –, dependendo de quão difíceis são para serem implementadas pelos profissionais típicos em sua vida profissional. O que chamo de profissional "típico" é alguém cujo cérebro se envolve em atividades e tarefas profissionais sem nenhum resultado claro ou empolgante em mente, a menos que esteja terminando a tarefa ou atividade no prazo. Se você opera assim, precisará reprogramar seu cérebro. Isso exige esforço. Aprender coisas novas e romper velhos hábitos requer muita energia cerebral.

Uma regra prática é: quanto mais exigente for a ferramenta ou princípio que você escolher, maior será o esforço que precisará fazer, mas mais rápido você reprogramará seu cérebro. O lado ruim é que é provável que no início você enfrente dificuldade ou fracasse. Em vez de continuar a usar a ferramenta até que o efeito completo finalmente apareça, alguns clientes ficam frustrados e desistem. É aí que entra muito do valor do meu *coaching*. Não faço psicanálise com meus clientes, examinando sua infância e seus sonhos. Eu os trato mais como um treinador de tênis os trataria, ensinando-lhes as técnicas que precisam aprimorar, pressionando-os depois para que as pratiquem até que se tornem uma segunda natureza.

As ferramentas menos exigentes demandam menos energia e sofrimento, mas funcionam de forma mais lenta, e, quanto mais devagar você reprogramar seu cérebro, mais tempo demorará para começar a amar o que faz. Isso também pode levá-lo a desistir.

Não importa quão fácil ou exigente seja a ferramenta ou princípio que você escolher, seu cérebro vai reclamar. Inevitavelmente, você vai ouvir uma voz interior dizendo que seu esforço não está dando nada certo e comentando como é enorme a distância entre onde você está e onde deseja estar. Uma vez que seu cérebro quer conservar energia, ele lhe dará quantas desculpas puder para que você não busque qualquer mudança.

Paciência e persistência são suas aliadas. Mas duas outras coisas são igualmente importantes.

Primeiro, você precisa se forçar a se divertir quando estiver experimentando as ferramentas, mesmo que esteja apenas planejando seu dia. Use o senso de humor! Ria quando fracassar! O que é verdadeiro para as crianças é ainda mais verdadeiro para os adultos: *divertir-se alimenta o apetite por aprender*. É o melhor remédio para curar o sofrimento do cérebro e pôr fim às tentativas implacáveis dele de sabotar você com desculpas.

Segundo, concentre-se no progresso que fez depois de usar alguma dessas ferramentas – faça isso todas as vezes. Para forçá-lo a desistir, o cérebro obriga você a se concentrar em como ainda está longe das metas finais. Essa é a métrica errada. Você deve comparar onde estava antes de cada tentativa de utilização das ferramentas e onde está depois dela. Cada tentativa de usar alguma das ferramentas muda você. Ela desenvolve a autopercepção e suas habilidades. Não importa se o progresso feito é pequeno – sempre há progresso. É nisso que você deve se concentrar!

Resumindo: o que se exige de você é disciplina, esforço e honestidade consigo mesmo. Além disso, você deve trabalhar para se divertir e se concentrar no progresso que fez usando as ferramentas. Uma vez que tenha conseguido chegar a esse ponto, você será capaz de superar a resistência inicial do cérebro e desenvolver suas habilidades, mudar seu comportamento e elevar sua motivação e *performance*. Nada é "difícil demais" ou "impossível".

Vamos começar

Independentemente de quem você é, do tipo de trabalho que faz ou de quais são suas aspirações, essas ferramentas vão lhe servir muito bem. Mas vão funcionar ainda melhor se as utilizar para conseguir algo importante para você. De outro modo, seus esforços e seu entusiasmo estarão mais propensos a desaparecer. Isso pode fazer com que se decepcione consigo mesmo ou, pior ainda, coloque em *mim* a culpa por seu fracasso. Culpar-se é contraproducente e culpar a mim é como culpar o Microsoft Word por você não ter escrito o livro que sempre imaginou que seria capaz de escrever.

O trabalho compreende um processo de seis etapas:

1. Leia o livro e avalie-se – escreva o que deseja alcançar.
2. Coloque toda sua vida no calendário.
3. Reduza o tempo de resposta para tarefas simples – realize-as imediatamente.
4. Comprometa-se a trabalhar diariamente para reprogramar seu cérebro.
5. Crie uma rotina simples para o *autocoaching* – e imagine que estou com você.
6. Crie uma rede de apoio – trabalhe este programa com um amigo ou sua equipe.

Leia o livro e avalie-se

Pense nas coisas que você *quer* e *precisa* alcançar. Não importa se tem uma meta específica ou quer apenas desfrutar mais de seu trabalho.

Faça a si mesmo as seguintes perguntas: Com o que tenho dificuldade? O que me tira o sono à noite? Quais são meus sonhos e fantasias? Tenho dificuldade em cumprir minhas metas? Ou minha dificuldade é perceber qual meta devo adotar? Estou desenvolvendo ativamente minha mentalidade? Será que a maneira como penso sobre mim está me criando problemas (ou para as pessoas ao meu redor)? Quero melhorar minha capacidade de entender e resolver qualquer tipo de problema? Preciso melhorar o modo como lido com as pessoas? Tenho necessidade de que minhas ideias sejam aceitas?

O que quer que você queira alcançar, registre por escrito. Seja ousado e ambicioso.

Coloque toda sua vida no calendário

Para trabalhar com meu programa, seu calendário deve manter um registro completo de sua vida. Ter visão consolidada de tudo o que você fez e deve fazer lhe permite usar bem o tempo, estar no controle e *gamificar* sua situação ao competir consigo mesmo. Quando realizar as coisas antes do prazo, você sentirá uma merecida sensação de realização e controle.

A partir de agora, pare de usar *checklists* ou outras ferramentas para gerenciar sua vida. Por quê? Porque (1) as *checklists* não informam quanto tempo cada item requer ou quando você deve executá-lo; (2) as coisas em uma *checklist* são esquecidas ou perdidas; e (3) as *checklists* não lhe dão visão consolidada de tudo o que você deve fazer, gerando, com isso, sentimentos de fragmentação e estresse – você sabe que tem um monte de coisas para fazer, mas não tem um plano claro de quando se dedicar a elas.

Tudo deve estar no calendário:

- Todas as tarefas e eventos relacionados ao trabalho que você *sabe* que precisa desenvolver, incluindo aqueles do trabalho individual.
- Todas as tarefas e eventos relacionados ao trabalho que você *acha* que precisa desenvolver, incluindo aqueles do trabalho individual.

- Todas as ideias relacionadas ao trabalho que você acha que deve desenvolver.
- Toda tarefa, evento e ideia particulares e pessoais que você sabe ou acha que precisa desenvolver.

Sempre que aparecer uma tarefa, um evento ou uma ideia que você sabe ou acha que deve desenvolver, abra o calendário imediatamente e selecione um horário e uma data para isso. Se precisar, pode alterar a data e a hora mais tarde; o objetivo não é que você se prenda a um cronograma, mas assegurar-se de ter um. Se, do nada, um colega ligar para você para discutir algo, e a discussão for interessante e lhe der alguma ideia, abra o calendário, crie um evento para o horário em que ele ligou e use a ideia como título.

Tenha certeza de que no trabalho vão acontecer merdas. Por quê? Porque você está lidando com pessoas iguais a você, e nenhum de nós é perfeito. Um colega pode não o tratar com o respeito que você acha que merece ou decidir não fazer algo que vocês concordaram mutuamente que deveria ser feito. A alta administração pode tomar uma decisão que o confunda ou incomoda.

Quando coisas ruins acontecem, o desafio é continuar produtivo e não se deixar levar pelas emoções. Isso é difícil para a maioria de nós. Às vezes, parece impossível deixar de lado os sentimentos negativos. Quando isso acontecer, você precisa:

1. Abrir o calendário.
2. Selecionar um horário mais tarde, no mesmo dia, para liberar os sentimentos negativos.
3. Formular o evento de maneira orientada à solução; por exemplo: "Pensar em como lidar, de forma construtiva, com a decisão da alta administração".

Agora você pode relaxar e continuar o trabalho. A mente inconsciente está trabalhando no problema, e, quando for a hora de lidar com ele de maneira consciente, você poderá, de fato, chegar a uma solução. No mínimo, terá menos chances de se deixar levar pelas emoções.

Se você tem a tendência de culpar os outros pela ausência de progresso ou por seu mau humor, essa abordagem também é útil. Basta abrir o calendário e selecionar um horário a cada semana (ou todos os dias, se seu cérebro estiver programado para se sentir muito vingativo) como "Hora da culpa". Desse modo, você não precisa ficar remoendo como as pessoas ao seu redor são ruins – já reservou um momento para isso. Com o tempo, você descobrirá que tem cada vez menos coisas sobre as quais se queixar.

Meu próprio caso de uso de calendário

Costumo começar meu dia de trabalho por volta das seis e meia da manhã, verificando meu calendário no modo de visualização semanal. Enquanto tomo o café, passo os olhos em minhas tarefas e eventos passados, presentes e futuros. As sessões com meus clientes começam, em geral, em torno das oito ou nove horas, de modo que me pergunto: há alguma tarefa que eu tenha planejado para hoje mais tarde, ou para amanhã, ou mesmo mais para o fim da semana, que poderia resolver agora? Normalmente, há pelo menos uma tarefa que posso encarar de imediato. Uma vez que minha mente está fresca e não estou cansado, posso executá-la de maneira eficiente. Isso dá um belo impulso à minha sensação de realização e controle.

O que faço com o espaço que agora ficou aberto em meu calendário? Depende. Se estou me sentindo forte e cheio de energia, posso revisar o calendário para que reflita aquilo que já realizei. Se não, posso deixar a tarefa no horário original. Por quê? Porque quando meu celular tocar para me lembrar da tarefa e eu já a tiver feito, isso me dará outro impulso. Se não conseguir concluir alguma tarefa no horário que aloquei para ela, apenas posso jogá-la mais para a frente. Tenho uma série de tarefas todas as semanas que, por várias razões, precisam ser reagendadas.

Reduza o tempo de resposta para tarefas simples – realize-as imediatamente

Não seja acumulador de tarefas simples e fáceis, como é a maioria dos profissionais. Seja orientado à ação: procure sempre executar tarefas simples e fáceis de imediato. Alguns exemplos:

- Se estiver em uma reunião e for decidido que outra reunião será necessária, envie os convites para a reunião adicional *logo após* a primeira.
- Se alguém ligar ou enviar-lhe um *e-mail* solicitando alguma informação que você tenha prontamente disponível, envie-a na mesma hora.
- Se receber um pedido para dar retorno com uma sugestão simples ou a resposta a uma pergunta, faça-o de imediato.

A regra básica é: se você tem o que é necessário e sabe executar a tarefa simples, faça isso assim que ela aparecer! Isso o ajuda a (1) evitar acúmulo de tarefas simples e fáceis, (2) moldar a percepção de si mesmo como profissional ágil e prestativo, e (3) estabelecer sensação de realização.

Se não conseguir executar de imediato tarefas simples e fáceis, agende-as no calendário.

Comprometa-se a trabalhar diariamente para reprogramar seu cérebro

A verdade final na qual este livro se baseia é algo que descobri ainda muito novo: *não há atividades entediantes ou assustadoras, apenas maneiras entediantes ou assustadoras de pensar sobre elas.* A forma como você pensa sobre uma atividade – antes, durante e depois – determina a experiência que terá com ela. Esse é um conceito que tem potencial para transformar vidas.

Por que é tão difícil sentir prazer com o que você faz? Porque você não criou o hábito de pensar no que faz de maneira que o deixe intrinsecamente motivado. Ou seja, não aprendeu a ter foco em resultados empolgantes (FRE), que defino como *sempre ter um resultado empolgante em mente para as tarefas e atividades que executa, em vez de realizá-las no piloto automático.*

A maneira mais poderosa de reprogramar rapidamente o cérebro para construir esse hábito é por meio do método de metas diárias, conforme descrito no Capítulo 10. Se achar que isso demanda demais de você, então escolha um método menos exigente com o qual começar, por exemplo, (1) contar todos os dias à família ou aos amigos alguma coisa que o tenha entusiasmado no trabalho (descrito no capítulo 1), (2) escolher um tema diário (descrito no Capítulo 2) ou (3) comprometer-se a, todo dia, fazer registros em seu diário (descrito no Capítulo 7).

O fundamental é que você *se comprometa a fazer esse trabalho todos os dias.*

Crie uma rotina simples para o autocoaching – e imagine que estou com você

A rotina é essencial para a formação de um hábito. Reserve um horário no calendário, todas as segundas ou sextas-feiras, para uma Sessão de Planejamento Semanal (trinta a sessenta minutos) e uma Sessão Diária de Aprendizagem e Reflexão (quinze a vinte minutos). Agende as Sessões Diárias de Aprendizagem e Reflexão no fim do dia de trabalho, para que possa anotar as lições importantes. Isso criará sensação de realização e finalização bem como garantirá que você mantenha o FRE.

Imagine que estou ao seu lado durante essas sessões. Como seu *coach*, eu praticaria um amor rigoroso, mas profundamente afetuoso:

- Vou lhe perguntar o que há de novo e empolgante em sua vida. Se você não conseguir responder, vou lhe perguntar se você é idiota. No início, isso é um pouco chocante para os meus clientes, mas eles logo entendem que estou falando sério e que isso é algo essencial para romper os hábitos mentais preguiçosos.
- Não permito que os clientes reclamem da situação ou deem desculpas por não terem cumprido as rotinas. Essa abordagem é simples, mas inegociável.
- Não vou permitir que você culpe ninguém por qualquer fracasso. Seu foco deve estar no que você poderia ter feito de diferente para ter evitado isso. Você não pode controlar o que os outros fazem.
- Vou lhe pedir que me diga as três coisas mais importantes nas quais você precisa se concentrar ao realizar tarefas desafiadoras ou desconfortáveis. Quando mudar de "Isso parece muito difícil" para "Que etapas são necessárias para que seja feito?", você conseguirá realizá-las!
- Meus clientes e eu costumamos rir muito – rimos dos absurdos da vida cotidiana, de como os imprevistos conseguem frustrar até mesmo as melhores abordagens e das pessoas estranhas e maravilhosas que encontramos no mundo corporativo. Qualquer jornada de desenvolvimento precisa ser divertida.

Crie uma rede de apoio – trabalhe este programa com um amigo ou sua equipe

Uma vez que tiver começado a jornada, você precisará estar atento às pessoas com as quais interage. Conviver com as pessoas certas quando está tentando melhorar a si mesmo é tão importante quanto consumir os alimentos certos quando você está tentando perder peso.

Como não posso estar ao seu lado para dar-lhe apoio como *coach* (exceto em espírito), recomendo fortemente que trabalhe este livro com outras pessoas. Você pode melhorar de maneira radical as chances de sucesso convidando um amigo para apoio mútuo, incentivo e aprendizado, assim como para prestação de contas. Reúnam-se uma hora por semana e comuniquem-se entre si para apoio mútuo sempre que precisarem. A frequência semanal é importante para garantir progresso e impulso.

Você e seu amigo devem começar as sessões informando as conquistas, os desafios e as ideias da semana anterior. Busquem soluções para problemas relacionados a quaisquer desafios que considerem particularmente difíceis e compartilhem os *insights* sobre si mesmos, suas prioridades e seus desafios e contextos (por exemplo, colegas e funcionários etc.). Então, olhem para a frente e exponham as principais conquistas que esperam realizar na semana seguinte, bem como quaisquer desafios que estejam prevendo. Busquem soluções para problemas que vocês acreditam que serão particularmente difíceis. Em seguida, dediquem alguns minutos para avaliar, em conjunto, a sessão de *coaching*: o que funcionou bem, o que não funcionou tão bem e o que vocês podem melhorar na semana seguinte.

É fundamental que vocês criem uma zona livre de riscos, confidencial e privilegiada – ambos estão ali para ajudar um ao outro, não para competir entre si. Falem tudo o que precisa ser falado para garantir o progresso, mesmo que isso signifique expor tópicos sensíveis, como medos e traumas, ou qualquer outra coisa que constitua obstáculo. Garantam disponibilidade um para o outro vinte e quatro horas por dia, sete dias por semana.

Há apenas uma regra: nada de desculpas! Desviem-se vezes demais do programa sem bons motivos, e a coisa toda vai desandar.

Além de trabalhar com um amigo, identifique *modelos* com os quais aprender. Crie uma lista de pessoas boas no que você quer conseguir e pergunte a elas como o fazem. A maioria terá prazer em partilhar suas ideias.

Importante: há dois tipos de pessoas que você deve *evitar*: as negativas e que reclamam do trabalho e aquelas que podem desestimulá-lo a tentar alcançar suas metas ou até se ressentir com você por tentar. O primeiro tipo não produz nada além de lixo ou poluição para o cérebro. O segundo ama o *status quo* e, por causa disso, fala mal, confronta ou intimida abertamente as pessoas que ameaçam sua orientação de "não criar confusão". Faça uma lista das pessoas à sua volta que se encaixam nessas descrições e tente evitá-las ao máximo. Se não puder evitá-las, seja muito cauteloso quanto ao modo de lidar com elas.

Se você é líder de equipe: use o livro com seu pessoal! É um ótimo guia para criar planos concretos de desenvolvimento individual e uma ferramenta para elevar o desempenho e a sensação de bem-estar das pessoas. Separe o pessoal em equipes de *coaching* entre pares, seguindo os princípios descritos anteriormente.

Se você é líder de uma empresa ou organização: compre o livro para seu pessoal e peça-lhes que usem os métodos com colegas e líderes. Se começarem a usar algumas das ferramentas e princípios, você verá melhorar a produtividade e a satisfação deles no trabalho.

Concluindo...

As ferramentas e abordagens que apresento tornarão *fácil que você reprograme seu cérebro para amar qualquer atividade no trabalho.* Faça isso, e, praticamente, não haverá limite para o que você poderá alcançar. Faça o que fizer, não deixe que o cérebro o atrapalhe com desculpas para não ir em busca do sucesso que é seu por direito.

SEÇÃO UM

Aprenda a amar qualquer atividade

Reprograme seu cérebro para foco em resultados empolgantes (FRE)

A maneira mais rápida e eficaz de aprender a amar qualquer atividade é se envolver em um *comportamento com foco em resultados empolgantes* (FRE), em oposição ao *comportamento com foco na atividade*, norma entre os profissionais.

Defino o FRE como a constante identificação de resultados interessantes para as tarefas e atividades que você executa e a elaboração de planos concretos para alcançá-los. Vamos ser honestos, muitos de nós executam a maioria das tarefas no piloto automático, e essa é a receita para um trabalho penoso e, com o tempo, para sentir ódio por aquilo que você faz. Coloco o FRE no centro do meu programa de *coaching*, pois ele demonstrou ser, repetidas vezes e com clientes de históricos muito diversos, a chave para desfrutar de melhor saúde mental e, ao mesmo tempo, aprimorar o desempenho e o desenvolvimento de habilidades.

O FRE é algo comum? De maneira nenhuma. Com base em minha *expertise* e experiência, acredito que a principal razão pela qual os profissionais se sentem estressados, odeiam muitas de suas tarefas e atividades, não atingem suas metas e têm desempenho muito abaixo de seu potencial é por estarem focados na atividade, não no resultado.

Para saber como tornar o FRE parte de sua maneira habitual de operar no trabalho, você precisa entender que suas tarefas laborais não têm nada a ver com o fato de você amá-las ou não. O que torna possível amar uma tarefa ou atividade de trabalho é a forma como você pensa sobre o resultado que deseja que ela alcance. Quanto mais empolgante esse resultado for para você, mais tempo passará pensando em como executar melhor a atividade. Quanto mais planejar, melhor será seu desempenho. Quanto melhor você se desempenhar, mais vai gostar da atividade. Quanto mais gostar da atividade, mais vai querer realizá-la. Quanto mais realizá-la, melhor se tornará nela. Quanto melhor se tornar, mais precisará aumentar a complexidade da tarefa para evitar o tédio. Quanto mais aumentar a complexidade, maior será seu senso de domínio. Quanto maior seu senso de domínio, mais poder você sentirá para determinar seu destino e menos vulnerável estará às mudanças no local de trabalho, no mercado de trabalho e no mundo profissional como um todo.

Por quê? Porque esse domínio, essa maestria, nunca sai de moda.

Mas, se é tão simples explicar o FRE, por que ele é tão difícil de ser aplicado?

Existem muitas razões, entre elas:

- **O modo como nos referimos ao trabalho**. O trabalho é frequentemente discutido como um mal necessário, não como algo que você deva amar e do qual desfrutar.
- **A forma como a maioria das organizações recompensa as realizações laborais**. Se os profissionais têm foco na atividade, as organizações para as quais trabalham também têm. As empresas prosperam com metas baseadas em atividades, como "Desenvolver o processo para reclamações de clientes", "Passar nossos dados

para a nuvem", "Implementar a agilidade como nossa maneira de trabalhar", "Tornar-se uma organização centrada no cliente" ou "Executar nossa transformação digital". O denominador comum entre quase todas as metas da empresa é a falta de resultados claros e empolgantes. A maioria dos profissionais é avaliada e recompensada com base no fato de ter executado uma atividade, não no que conquistou ao fazê-lo.

- **Falta de habilidade.** Se você não praticar o FRE, não terá a habilidade de definir seus resultados desejados. Construir essa habilidade requer prática.
- **Nossa biologia.** Estamos programados para economizar energia. O FRE exige que você pense conscientemente, e isso consome muita energia – pelo menos no início, antes que você transforme isso em uma habilidade e em um hábito. Entretanto, ocorre um efeito volante* quando o FRE se torna um hábito.

De todos esses desafios, o último é o mais importante a ser superado, ou seja, a relutância em investir energia em pensamento consciente. Assim que fizer isso, você vai:

Desapegar-se dos resultados, mas ficar apaixonado pelo trabalho que fará para alcançá-los. À primeira vista, isso pode parecer um paradoxo, tendo em vista a ênfase que você coloca em se concentrar em resultados empolgantes, mas desenvolver o distanciamento saudável desses resultados é uma receita para a felicidade, a resiliência e o sucesso no

---

* Conceito de *coaching* que se refere a mudanças positivas que ocorrem em todas as áreas da vida de uma pessoa com base em uma única mudança. É um processo progressivo que começa com uma alteração específica, que leva a novas mudanças e, posteriormente, a resultados significativos. O efeito volante é útil para ajudar o cliente a alcançar seus objetivos e otimizar seu desempenho geral. [N. T.]

trabalho e na vida. Por quê? Porque, se você não valoriza o presente, não vai amar o que faz.

O que torna uma atividade empolgante é a expectativa cultivada em relação a ela – todo raciocínio e emoção que você investiu ao planejar como realizá-la. Quanto mais raciocínio e emoção investidos no planejamento, mais empolgação você se preparou para sentir durante a execução dessa atividade. Com o tempo, estar envolvido nela se torna ainda mais gratificante que o resultado esperado.

Reprogramar o cérebro para dominar o FRE também permitirá que você **construa um mundo interior forte, capaz de ressignificar o mundo exterior**. Se seu mundo interior é forte o suficiente, pode mudar os fatos de seu mundo exterior.

Para mostrar como esse mecanismo funciona, vou contar minha própria história. Passei a maior parte da infância brincando sozinho em meu quarto, por dois motivos. O principal papel do meu pai como genitor era me punir, muitas vezes com uma surra, sempre que achava que eu havia feito alguma coisa errada – o que, na cabeça dele, era algo frequente. Também estava acima do peso, fato que não me tornava popular com outras crianças, as quais, constantemente, praticavam *bullying* comigo e me ridicularizavam. Assim, meu quarto se tornou minha zona de segurança.

Quando você brinca sozinho, não há mais ninguém para inspirá-lo, para mostrar-lhe o que fazer ou como desfrutar disso. Então, você dialoga consigo mesmo. O que há de mágico no cérebro humano é que, se você o forçar repetidamente a fazer alguma coisa, ele se torna bom nisso. Brincar sozinho durante horas, todos os dias, fortaleceu minha imaginação e minha capacidade de fantasiar. De repente, eu não era apenas uma vítima do mundo ao meu redor. Uma vez que podia decidir como pensar sobre meu mundo, adquiri mais controle sobre ele.

Alimente fantasias sobre se tornar o líder mais admirado em sua empresa, e isso vai acontecer em sua mente. Quando isso ocorre, seu cérebro gera os mesmos tipos de sentimentos que geraria se você fosse, de fato, essa pessoa. Mas o aspecto mais poderoso das fantasias intensas e repetitivas é que elas geram ânsia por realizá-las. Por quê? Porque só fantasiar acaba não sendo suficiente. Em vez disso, você vai querer experimentar a coisa real. Aprendi sobre o lado sombrio dessa tendência na BAU do FBI, mas ela também pode ser algo bom.

Essa história se aplica muito bem a quando você trabalha para dominar seu FRE. No início, você vai precisar manter diálogos diários consigo mesmo sobre resultados empolgantes. Com o tempo, seu cérebro vai mudar, e seu mundo interior crescerá. Isso permitirá que você se torne mais resiliente no mundo exterior, com todas as distrações e restrições que ele lhe impõe – o chefe ruim, os projetos fracassados ou qualquer outro tipo de experiência negativa. Você vai desenvolver a capacidade de ressignificar o modo como pensa sobre elas de maneiras muito mais construtivas.

Quando dominar o FRE, você também melhorará a capacidade de gerenciar o estresse. Definir um resultado empolgante para uma atividade tem o mesmo efeito positivo de tomar uma decisão, na medida em que isso lhe dá senso de direção e controle.

Quando você carece de senso de direção e controle, é mais difícil estar no momento presente. Isso nos deixa ansiosos, uma vez que a rede de modo padrão (RMP) de nosso cérebro recebe uma gama muito ampla de estímulos. Tipicamente, você passa na RMP cerca de trinta por cento do período em que está acordado; a RMP hospeda suas habilidades de fantasiar, sonhar acordado e refletir sobre o passado e o futuro, incluindo a vida social e os relacionamentos. Mas pensar demais nisso nos faz remoer os pensamentos e nos sentir ansiosos. (*O passado foi mesmo tão bom? Será que o futuro parece, de fato, tão incrível assim?*)

Além disso, definir um resultado empolgante é uma maneira potente de aliviar a ansiedade em situações desconfortáveis. Às vezes, todos nós ficamos ansiosos. Quando isso acontece, não queremos pensar no que nos causa a ansiedade, porque só o fato de pensar nisso já é doloroso. Isso nos deixa menos preparados para o que quer que seja e, portanto, ainda mais estressados. Definir um resultado empolgante para a situação pode ajudá--lo a se dissociar emocionalmente dela.

Praticar o FRE todos os dias vai aumentar exponencialmente sua capacidade de ver o que é importante em qualquer situação, tarefa ou atividade e fortalecer sua capacidade de estabelecer prioridades. Não importa o volume de coisas que terá de encarar, você será capaz de decidir o que realmente requer seu tempo e por quê, além de como lidar melhor com essas situações. Isso se dá porque você vai desenvolver uma compreensão mais profunda sobre si mesmo, melhores habilidades profissionais e maior compreensão do contexto em que opera.

A razão para esses benefícios é simples: o FRE fortalece sua capacidade de pensar em termos de resultados. Quando esse se tornar seu padrão de pensamento, você será muito mais flexível quanto à forma de executar as tarefas e também no modo de definir prioridades entre as subtarefas, quando sob pressão.

E, por fim, dominar o FRE **fortalecerá seu sistema de recompensa indireta**. O ser humano tem dois sistemas de recompensa: um direto e outro indireto. O *sistema de recompensa direta* é forte, opera rapidamente e é difícil de controlar. Seu foco é a gratificação instantânea, que nos torna suscetíveis a maus hábitos, como fazer apostas, ingerir muito açúcar, desistir de trabalhar em busca de metas e fugir de desafios. Nosso *sistema de recompensa indireta* é muito mais lento, mais fraco e menos desenvolvido, de modo que precisamos trabalhar para fortalecê-lo. Trabalhar todos os dias para dominar o FRE nos leva a pensar explicitamente sobre o que esperamos obter com base em uma tarefa e o que precisamos fazer para conseguir isso. Atletas de elite provavelmente têm os sistemas de recompensa indireta mais bem desenvolvidos entre todas as pessoas; do contrário, não seriam capazes de persistir diante de todos os desafios e dores decorrentes da condição de atleta de elite.

Como dominar o FRE

Você precisa aceitar duas coisas antes de começar a dominar o comportamento focado em resultados empolgantes.

Primeiro, que suas atividades ou tarefas laborais *não têm características inerentes*. A tarefa não lhe diz: "Oi, meu nome é Reunião de Departamento e sou muito chata". Está cem por cento ao seu alcance pensar em suas atividades de modo que permita que você as ame. Uma maneira constrangedoramente simples de fazer com que uma atividade possa ser amada é focar na importância dela para as pessoas que dependem dos resultados que você cria. Vou lhe contar o que digo aos meus clientes: se você acha que uma atividade é chata, então *você* é que é chato. Não culpe suas tarefas. Elas são inocentes.

Segundo, *todas* as suas atividades de trabalho têm complexidade ilimitada, o que significa que podem e devem ser realizadas com infinitas variações. Aceitar proativamente a complexidade e a riqueza de suas tarefas é uma maneira infalível de ficar imerso ou absorvido nelas, do mesmo modo como a criança que você já foi ficava absorta na construção de um castelo de areia.

Aceite a necessidade de trabalhar para dominar a complexidade de suas tarefas e um maravilhoso mundo novo vai se abrir para você, com oportunidades ilimitadas de aprimoramento. Você sempre será capaz de descobrir novas maneiras de executar uma tarefa com mais rapidez, aumentar a produção e/ou melhorar a qualidade do resultado.

A oportunidade de melhorar tarefas colaborativas proporciona especial gratificação. Em minha experiência, os profissionais têm maneiras ilimitadas de desperdiçar o tempo uns dos outros, que vão desde ignorar ou interromper uns aos outros até estarem mal preparados para reuniões ou apresentações. Uma tarefa tão simples como pedir informações a um colega pode ser realizada de forma muito mais gratificante e valiosa. Para fazer isso, você deve refletir sobre:

- O que exatamente preciso saber e como faço para expressar essa necessidade?
- Por que é importante para mim saber disso e seria este o momento certo?
- Meu colega é a pessoa certa a quem perguntar ou há outras pessoas mais adequadas?
- Há algo que eu precise saber disponível de outras maneiras além de falar com esse colega?
- Se falar com esse colega é a melhor e mais eficiente maneira de descobrir o que preciso saber, de que forma devo organizar a conversa para minimizar o uso do tempo dele?
- Há algo que eu possa fazer que proporcione ao meu colega a sensação de que ganhou alguma coisa com a conversa?

Toda tarefa, não importa quão monótona dê a impressão de ser, pode se tornar interessante, e acredite em mim quando lhe digo que as pessoas começarão a notar que as interações com você são agradáveis, livres de atrito e, muitas vezes, rendem valor inesperado. Elas vão tratá-lo de forma diferente. E você vai começar a se sentir melhor em relação a si mesmo e ao seu trabalho.

Os cinco elementos cognitivos que favorecem o FRE

Em meu próprio esforço para maximizar o tempo de meus clientes, tenho procurado explicar os principais elementos que favorecem o FRE. Na realidade, são todas coisas que descobri há quase cinquenta anos, e elas funcionam tão bem para meus clientes hoje quanto funcionaram para mim em minha infância.

Quando tinha 8 anos, minha mãe alugou um piano, e eu me apaixonei por ele na mesma hora. Para grande incômodo de minha mãe no início, quando eu ainda estava aprendendo, eu passava horas praticando. Um passo importante em meu desenvolvimento ocorreu quando comecei a compor minhas próprias músicas e a tocá-las aos colegas de classe durante nossas aulas semanais de música na escola. Ao completar 10 anos, eu já era convidado para tocar em formaturas e outros eventos escolares. A vida era ótima: eu estava fazendo o que amava, e outras pessoas pareciam gostar do que eu fazia.

Bem, a vida talvez não fosse tão ótima assim; quando a música tomou conta de minha vida, minhas notas começaram a piorar. Aos 14 anos, disseram-me que minhas notas ruins limitariam muito minhas chances na faculdade. Isso me deixou ansioso, e essa ansiedade me levou a ver a mim mesmo e à minha situação sob uma nova luz. Sem dúvida, eu era um músico muito bom, mas medíocre em todo o restante.

Pensando sobre o futuro, percebi que precisava melhorar na escola, e bem depressa, pois, tendo em vista a concorrência acirrada, a probabilidade de ter uma carreira de sucesso como músico era baixa. Mas como poderia melhorar? Estudar era muito chato em comparação àquilo que sentia ao tocar música.

Assim, fiz-me a pergunta que tem feito toda a diferença desde então: e se eu pudesse identificar o que torna tão agradável tocar música e aplicar aos estudos? Pensei no que tornava tocar piano algo de que eu desfrutava tanto. Aos poucos, percebi que havia cinco coisas:

1. **Eu sentia paixão por criar um belo produto final**. Estivesse praticando sozinho ou tocando para uma plateia, eu sempre fantasiava sobre o produto final. Antes de me sentar para tocar, imaginava o

que tocaria e como soaria. Se fosse me apresentar para uma plateia, fantasiava sobre as expressões que queria ver no rosto das pessoas enquanto tocava.

2. **Estava o tempo todo me desafiando e competindo comigo mesmo**. Sempre estive atento às habilidades de que precisava e queria melhorar. *Eu tinha um plano e estabelecia metas* exigentes, mas concretas, ao praticar, como tocar uma música em um ritmo quase impossivelmente rápido, porém com perfeita precisão, ou tocar a mesma música dez vezes, sem cometer um único erro. Era cirúrgico na análise quando não superava os desafios a que me propunha: *Por que não sou capaz de fazer isso? O que preciso fazer de maneira diferente?* Esse processo mental era envolvente e estimulante e me fazia sentir no comando e no controle.

3. **Cultivava expectativas conscientes em relação à experiência emocional que desejava ter enquanto tocava**. Quando não estava tocando piano, eu imaginava como me sentiria quando estivesse. Se me sentia tranquilo enquanto voltava da escola, eu me imaginava tocando uma balada para manifestar ou comemorar meu humor. Se estivesse de mau humor, pensava no que poderia tocar para me animar e me proporcionar energia positiva.

4. **Sempre podia monitorar meu progresso**. Tendo em vista as primeiras três coisas que acabei de descrever, eu podia acompanhar meu progresso dia a dia. Isso não só garantiu como elevou minha motivação intrínseca; saber que você está progredindo e se tornando melhor no que faz é uma injeção de adrenalina e altamente viciante. Queria reviver essa sensação de novo e de novo. Toda vez que eu terminava de tocar piano, já começava a me sentir ansioso pela próxima sessão.

5. **Via os colegas músicos como fontes de inspiração**. Uma coisa que fazia com que tocar piano fosse algo tão agradável para mim

era poder conversar com outros músicos sobre isso. A troca de ideias, experiências e conselhos alimentava nossa ambição e nossa motivação.

Aplicando as cinco chaves cognitivas aos estudos e à minha vida profissional

Assim que descobri essas chaves, comecei a aplicá-las nos estudos. Eu me desafiava focando intensamente no que tinha dificuldade para entender, incluindo o motivo pelo qual achava aquilo tão difícil. Antes de cada sessão de estudo, imaginava a experiência emocional que desejava e, com base nisso, planejava como procederia com a sessão, fantasiando até mesmo onde ela aconteceria – no quarto, na biblioteca, ao ar livre.

Abordei minhas atividades em classe de modo semelhante, com pensamento claro sobre quais eram o produto final e a experiência emocional desejados, durante a aula e depois dela.

Também comecei a ver meus colegas de forma diferente. Observei quem parecia estar mais interessado em Matemática, quem estava mais interessado em Ciências Naturais, e assim por diante. Então, conversava com eles, envolvendo-os de maneira proativa, e eles se tornavam fontes de ideias e inspiração.

O resultado? Quase imediatamente comecei a gostar muito mais de minhas atividades escolares. Em dois anos, as notas haviam melhorado tanto que minhas opções para o ensino superior se tornaram quase ilimitadas. Senti-me orgulhoso no dia em que me formei.

Esses cinco elementos cognitivos determinaram minha abordagem aos estudos na universidade e foram decisivos para a maneira como encarei a vida profissional e a vida em si. Eles me ajudaram a me sair bem quando me tornei redator e, em seguida, diretor de arte. Ajudaram-me a crescer e a ser contratado como diretor de criação em uma revista de moda. Foram completamente decisivos para minha transformação em consultor de gestão na McKinsey & Company. Com certeza, ajudaram-me a me tornar produtivo em inúmeras funções executivas, de chefe de desenvolvimento operacional a diretor financeiro. Servem bem a mim e aos clientes em meu trabalho como *coach* executivo.

E também vão servir a você.

Assim, vamos começar. Nas páginas a seguir, descreverei ferramentas e princípios de comprovada eficiência que permitirão a você dominar um comportamento focado em resultados empolgantes. Eu os organizei em ordem do quão fáceis ou exigentes são para implementação. Seja ambicioso, mas realista, ao escolher com qual deles quer começar.

1

Estabeleça expectativas todos os dias e leve para casa algo empolgante e interessante para contar às crianças

Fácil para implementar na vida profissional

Uma maneira fácil de começar a reprogramar o cérebro é gerenciar ativamente as expectativas para o dia de trabalho. Mais fácil ainda é apenas ter a expectativa de ter alguma experiência emocionante – preparar-se assim fará com que você se dê conta de tal coisa quando ela acontecer.

Como foi dito antes, a maioria de nós simplesmente acorda e vai trabalhar, sem pensar em expectativas ou metas para o dia. Isso é um problema? Sim, porque você obtém as experiências que merece. Se não tem expectativas para o dia de trabalho, é provável que não experimente nada além de um típico dia de tédio. Se espera coisas negativas, é provável que as experimente. O mesmo vale se você tem a expectativa de coisas positivas.

Uma das coisas mais inteligentes que já li estava contida no bilhete de boas-vindas entregue aos pais pelo diretor da escola do meu filho, quando ele entrou no primeiro ano: "Assegure-se de contar aos seus filhos algo positivo que aconteceu com você durante o dia. É importante que as crianças tenham expectativas positivas sobre o que é ser adulto".

Levei a sério a sugestão. Todos os dias, enquanto voltava do trabalho para casa, pensava no que contaria ao meu filho. Logo percebi que também estava pensando mais à frente, nas experiências que esperava dividir com ele no fim do dia de amanhã e no dia seguinte. No início, concentrei-me principalmente em experiências positivas, por exemplo, o *feedback* simpático que recebi dos colegas ou as tarefas que realizara melhor do que esperava. Com o tempo, porém, também comecei a lhe contar sobre alguns desafios interessantes que estava enfrentando e até alguns fracassos. Tinha o cuidado de nunca culpar os outros por eles e de incluir minhas ideias sobre como poderia fazer melhor as coisas.

Assim, essa é a tarefa simples que passo a cada um dos meus clientes: no fim do dia de trabalho ou no caminho para casa, anote por escrito a(s) coisa(s) que você sentiu que foi(ram) empolgante(s) e fale sobre ela(s) durante o jantar. Então, quando estiver escovando os dentes antes de dormir, pense no que teria potencial para ser empolgante no dia seguinte. Reveja sua expectativa uma vez mais antes de sair de manhã para trabalhar. Considero que é um modo de garantir, quase sem esforço, que cada dia de trabalho seja especial.

2

Procure um tema diário que entusiasme você

Fácil para implementar na vida profissional

Os esforços para começar e terminar cada dia com foco em como tornar empolgante o trabalho darão a você retorno imediato. Parabéns, você já começou a reprogramar o cérebro para o FRE, sem mencionar que está dando um bom exemplo à família. Pode continuar a reprogramação definindo um único tema para cada dia de trabalho, por exemplo: "Hoje vou aprender algo novo sobre meus colegas" ou "Hoje vou me concentrar apenas no lado positivo das coisas".

Anote por escrito o tema (você vai perceber que lhe peço muitas vezes para escrever as coisas. Sugiro fortemente que tenha sempre consigo um caderno, para essa finalidade). Ainda, pense nos momentos em que você pode se ver tentado a fugir do tema (digamos, uma reunião rotineira que você acha especialmente cansativa ou a interação com um colega difícil). Se for capaz de identificar essas situações com antecedência, vai aumentar as chances de conseguir redirecionar os pensamentos para o lado positivo.

Você também pode anotar os pensamentos negativos à medida que eles aparecem, incluindo em quais momentos e contextos isso ocorre. Então, compile-os em um resumo, antes de ir para casa, listando quantos são e de que tipo, por que e em que contextos. Só o fato de fazer essa simples compilação será gratificante, pois (1) você terá uma visão baseada em fatos sobre quantos pensamentos negativos teve, quando e por quê; (2) ela vai ajudá-lo a tirá-los da cabeça para lhe permitir relaxar; e (3) você vai ativar a mente inconsciente para solucionar o problema de como lidar melhor com situações que provocam pensamentos negativos. Permaneça com esse tema por uma semana ou mais, e você não só aprenderá muito sobre si mesmo e sobre aquilo que causa os pensamentos negativos como também reprogramará ativamente o cérebro para pensar de forma mais positiva.

3

Use "intenções de implementação" se-então

Fácil para implementar na vida profissional

Uma maneira cientificamente comprovada de estimular o FRE é definir e registrar, por escrito, de forma explícita, um conjunto de "intenções de implementação" – conceito que Peter Gollwitzer, professor de psicologia da Universidade de Nova York, apresentou em 1999.[1] Uma intenção de implementação pode ser formulada como "Se/quando X acontecer, então farei Y" ou "Se/quando X acontecer, farei Y e evitarei fazer Z".

Eis alguns exemplos fornecidos por meus clientes:

- "Se os membros da equipe ou os colegas cometerem um erro no trabalho, vou respirar fundo, ser simpático e dizer: 'Vamos ver o que podemos aprender com isso'". (Charles, diretor de equipe de P&D)
- "Para melhorar minhas habilidades de desenvolvimento de pessoas, vou reservar quinze minutos todos os dias para anotar, por

escrito, alguma coisa que cada membro da equipe ou colega fez bem e uma coisa que cada membro da equipe ou colega pode melhorar". (Wendy, líder de equipe de marketing)

- "Se for forçado a realizar tarefas complicadas quando já é tarde e me sinto cansado, vou passar dez minutos pensando naquilo em que preciso prestar especial atenção para evitar cometer erros". (Peter, analista sênior de fundo de *hedge*)

Essa estratégia funciona especialmente bem se suas intenções de implementação estiverem ligadas a horários específicos do dia, por exemplo: "Às sete da noite, em todos os dias de trabalho, vou largar o que estiver fazendo e passar quinze minutos escrevendo meu diário". Anote isso no calendário!

Ao identificar de antemão as situações e as ações que vai realizar, você cria uma plataforma na qual automatizar, ao longo do tempo, suas ações orientadas a metas. É um processo que funciona melhor que ser forçado a resolver na hora o que deve fazer, procedimento que exige muita energia e força de vontade e pode levá-lo, portanto, a retomar comportamentos indesejados.

Assim, ao final de cada dia de trabalho, anote o que funcionou bem e o que funcionou não tão bem nas intenções de implementação. No dia seguinte, trabalhe as coisas que não funcionaram tão bem.

4

Domine a arte dos pequenos passos

Fácil para implementar na vida profissional

Quando a mente humana é descrita em livros e artigos, é, muitas vezes, retratada como uma bela e magnífica "ferramenta" ou "máquina". Concordo até certo ponto, porém, às vezes, acho mais pertinente descrevê-la como sendo mais parecida com uma criança brilhante, mas *muito* teimosa.

Ainda que seja especialista em produtividade pessoal, tenha certo nível de autoconhecimento e saiba muito sobre a mente humana, minha própria mente, muitas vezes, se recusa a cooperar comigo. Esse é particularmente o caso quando ela identifica uma tarefa ou situação como sendo um desafio, o que ocorre sempre que os riscos são altos e há dificuldades.

Toda vez que penso em uma tarefa ou situação como essas, minha mente repassa todas as maneiras pelas quais eu poderia falhar. É extremamente doloroso para minha pobre cabeça hospedar todos esses pensamentos negativos, e, não importa quanto tente, simplesmente não consigo me livrar deles. Como resultado, fico paralisado. É algo muito pior que a mera procrastinação; é puro terror. Minha mente me convence de que não vou conseguir ser bem-sucedido, não importa quanto me esforce. Uma das muitas situações na vida em que isso aconteceu foi quando eu estava finalizando o manuscrito para este livro.

Depois que assinei o contrato com a editora, tive sete semanas para terminar o manuscrito final e entregá-lo. Eu já tinha escrito cerca de oitenta e cinco por cento do livro. Só precisava escrever cinco ou seis novos capítulos e fazer alguns pequenos ajustes e adições aos que escrevera. Em termos objetivos, era uma tarefa perfeitamente factível.

Minha primeira meta era criar um plano. No entanto, quando me sentei para fazê-lo, fiquei cheio de dúvidas. Conhecendo a mim mesmo, ou melhor, à minha própria mente, apenas desisti. Lembro-me de ter pensado: "Amanhã é outro dia, e tenho certeza de que minha mente vai cooperar". Mas teve início uma espiral negativa. O resultado foi falta de sono e pouco progresso. Após alguns dias disso, eu disse a mim mesmo: "Chega!".

A primeira coisa que fiz foi tentar escrever os motivos pelos quais minha mente estava vendo como tão impossível a finalização do manuscrito. Cheguei ao seguinte:

- Não queria decepcionar meu editor e a equipe da editora.
- Não queria me decepcionar depois de todo o esforço que fizera para escrever o livro.
- Não queria decepcionar meus clientes por não estar, por sete semanas, tão disponível a eles como costumo estar.
- Fazia quatro meses desde a última vez em que trabalhara no livro, e voltar ao estado de espírito certo para retomar a escrita demandaria tempo e esforço.

O simples fato de esclarecer isso para mim me ajudou. Mesmo sendo um passo na direção certa, porém, ainda não era o suficiente. Agora precisava decidir qual deveria ser a minha abordagem. Percebi que tinha que encarar a finalização do manuscrito como uma tarefa completamente nova e desconhecida. Tive que dar *pequenos passos*, abordagem que se baseia nos seguintes princípios:

1. **Comece em qualquer lugar, mas comece logo!** Esqueça a lógica e o que seria o certo por onde começar – basta começar em qualquer lugar. No meu caso, decidi começar com a primeira coisa que me veio à cabeça, a introdução – não importando quão significativa ou insignificante ela fosse no grande esquema de finalização do manuscrito. Mas poderia ter sido qualquer coisa; o segredo era entrar em ação. Você precisa começar logo. É fundamental. A pior coisa que pode fazer é esperar; quanto mais perto do prazo final, mais paralisante será a ansiedade, e menos capaz você será de pensar com clareza e ser produtivo. No meu caso, eu perdera uma semana, mas restavam seis, o que ainda era um bocado de tempo, já que a quantidade de trabalho não era muito grande.

2. **Comemore o tempo investido, não o resultado!** Embora, em geral, eu enfatize a importância de definir resultados empolgantes, quando a mente demonstra fixação teimosa no impossível, é importante que você não estabeleça metas exigentes ou se concentre demais no resultado que deve alcançar. Por quê? Porque, não importa o resultado que for gerado, a mente vai rejeitá-lo e tentar convencer você de que é uma porcaria. Em vez disso, concentre-se apenas no tempo em que deve investir. No meu caso, decidi investir dez minutos na introdução e apenas anotar o que me veio à mente. Não me importava se os resultados fossem brilhantes.

Apenas comemorei por ter passado dez minutos trabalhando. Continuei essa abordagem por uma semana.

3. **Aumente pouco a pouco o tempo investido e foque nos resultados.** Uma boa ideia quando você agenda seus pequenos passos é garantir que terá tempo livre depois. Por quê? Bem, há grandes chances de que você, de repente, se veja imerso naquilo que está fazendo. Caso aconteça, deve continuar imerso, pois isso, provavelmente, levará a bons resultados. Eu agendava meus dez ou quinze minutos de pequenos passos em horários nos quais sabia que poderia continuar até uma ou duas horas mais. Uma vez que a mente concorda que você fez um progresso palpável, está pronta para não apenas aceitar, mas também definir seus resultados empolgantes de maneira útil e progressiva.

Essa abordagem funciona sempre para mim e para meus clientes; você só precisa saber quando usá-la.

5

Aprenda como o Exterminador do Futuro

Fácil para implementar na vida profissional

A capacidade de efetivamente extrair *insights* relevantes, aprender o que é importante e construir *expertise* desempenha grande papel ao identificar quais funcionários são apenas bons e quais são essenciais. Se você já assistiu ao filme *O Exterminador do Futuro*, estrelado por Arnold Schwarzenegger no papel de ciborgue, sabe que o Exterminador escaneia constantemente o ambiente à sua volta para avaliar ameaças e oportunidades, enquanto absorve novas informações necessárias para executar sua missão. Ele fornece um excelente exemplo de aprendizado eficaz e que quase não requer esforço.

De que maneira isso pode ser relevante a você? Bem, você tem a mesma capacidade que o Exterminador de aprender sem esforço. Infelizmente, a tendência a sair pela vida aos trancos e barrancos, sem propósito, significa que essa capacidade permanece inexplorada e não administrada na maioria dos profissionais, o que leva a problemas, além de à ausência de crescimento pessoal e profissional.

Use o *bad boy* da mente: o viés de confirmação

Talvez a capacidade mais prejudicial que temos, quando não administrada, seja o viés de confirmação, fonte de todos os vieses cognitivos. A Associação Americana de Psicologia o define como "a tendência a reunir evidências que confirmam expectativas preexistentes, enfatizando ou buscando tipicamente evidências de apoio enquanto rejeita ou deixa de buscar evidências contraditórias".[1]

A maioria das descrições de viés de confirmação concentra-se nos efeitos negativos. Por exemplo, se vemos apenas o que queremos ver, não aprendemos nada de novo. Se tenho uma visão negativa de uma pessoa, é provável que, ao interagir com ela, eu só veja coisas que reforcem essa visão, perdendo aspectos potencialmente positivos. Se achar que tenho uma ideia brilhante em relação ao que deve ser feito, só verei os dados e *insights* que a corroborem. Em consequência, o que você mais ouve sobre o viés de confirmação é que ele precisa ser "superado".

Aconselho meus clientes a pensar diferente sobre ele. Primeiro, não há como superar ou desativar o viés de confirmação. Ele é uma força da natureza. Nossa mente automaticamente forma expectativas e crenças sobre aquilo que devemos procurar porque não consegue operar de maneira adequada quando existe incerteza. Portanto, o problema com o viés de confirmação não é a existência dele, mas o fato de *não darmos um passo atrás para tomarmos alguma distância e, de modo consciente, o configurarmos para nos servir.* Para você, isso significa configurar seu viés de confirmação para respaldar o verdadeiro aprendizado no momento.*

---

* Aprendizado imediato que se dá no instante em que um conhecimento novo se faz necessário. [N. T.]

Para dar uma ideia de como isso funciona, quero lhe falar sobre um mestre na arte de ouvir. No fim da década de 1990, quando fazia cerca de seis meses que eu ocupava meu cargo na McKinsey & Company, um sócio sênior me convidou para acompanhá-lo a uma reunião com clientes, na qual seria discutido o progresso de um projeto complexo que envolvia várias centenas de pessoas. Os clientes nos deram muitas informações sobre o que achavam que estava funcionando e sobre o que desejavam trabalhar melhor. Tomei notas como louco, enquanto o sócio sênior ouvia, fazia perguntas e fornecia sugestões. Ao terminar a reunião, minha cabeça doía com a quantidade de coisa que eu absorvera.

Quando entramos no carro, perguntei ao sócio sênior como deveria fornecer informações aos outros membros da equipe. "Dê-me só um minuto", disse ele, pegando o telefone. "Quero deixar uma mensagem de voz para a equipe." Naquela época, usávamos mensagens de voz em grupo para atualizações e ideias (esse é um modo imensamente mais poderoso de extrair ideias e aprendizado que escrever *e-mails*, pois tendemos a pensar nas coisas com mais clareza e escolher as palavras com mais cuidado quando preparamos apresentações orais). "Oi, pessoal", disse ele ao telefone. "Stefan e eu acabamos de sair de uma reunião com a equipe do cliente e quero transmitir a vocês as principais ideias e implicações, a fim de que todos tenhamos tempo de nos preparar para a reunião de amanhã." Em seguida, ele fez uma síntese de sessenta segundos da discussão, destacando o que estava funcionando e por quê, bem como as áreas nas quais menos progressos estavam sendo feitos e as razões para isso. Eu não conseguia acreditar como ele havia conseguido resumir a discussão sem esforço e com precisão. Mas isso não foi tudo. A seguir, ele passou a cada membro da equipe duas ou três tarefas como preparação para a reunião do dia seguinte.

Fiquei assombrado. Como fora possível reduzir uma reunião de quatro horas à essência e preparar uma agenda para uma nova reunião em apenas alguns minutos? Ele era humano ou um robô?

A resposta é simples: o sócio sênior havia reconfigurado seu viés de confirmação para dar suporte instantâneo ao verdadeiro aprendizado no momento. O viés dele não era orientado para confirmar o que ele queria que fosse verdade; ele o reorientou para *confirmar o que a equipe precisaria fazer em seguida.*

Essa técnica começa com a pergunta "O que devo fazer com as informações e o aprendizado que recebo nesta reunião?". Informações e aprendizados que você não pode utilizar na prática tendem a não ficar retidos na memória. O sócio sênior sabia que necessitava (1) fazer um relato preciso do progresso geral do projeto e (2) orientar cada membro da equipe quanto a um conjunto de prioridades que acelerariam as áreas atrasadas do projeto. Para tanto, estruturou seu viés de confirmação de modo a enfocar as respostas a estas perguntas:

- Qual é o progresso geral do projeto? Quais áreas estão progredindo bem e por quê? Quais áreas estão progredindo não tão bem e por quê?
- Qual membro da equipe é responsável de cada área progredindo não tão bem?
- O que cada membro responsável da equipe deve fazer deste momento até a reunião de amanhã a fim de desenvolver um plano para acelerar as áreas problemáticas?

O sócio sênior usou essa estrutura tanto para selecionar as informações e os aprendizados que coletou quanto como base para um plano de ação. Isso lhe permitiu manter-se focado, concentrando-se no que era importante e descartando o que era irrelevante ou menos importante.

Você também pode usar essa técnica. Primeiro, precisa definir o resultado desejado para o aprendizado; depois, criar uma estrutura para esse aprendizado e usá-la para direcionar as perguntas e testar as ideias durante a reunião, enquanto seleciona e organiza as ideias mais importantes. Imediatamente após a reunião, você deve fazer uma *recapitulação* – um resumo rápido –, sem consultar suas anotações ou qualquer material escrito.

Todos os profissionais devem desenvolver maneiras conscientes de aprender e estudar, semelhantes às técnicas utilizadas quando iam à escola.

O ponto principal é que você deve pensar de que modo recebe, processa e usa as informações e buscar maneiras de melhorar.

Algum tempo atrás, fiz um curso *on-line* maravilhoso chamado *Learning How to Learn*, de Barbara Oakley, professora da Universidade Oakland, em Michigan.[2] Recomendo fortemente que você também o faça, mas, enquanto isso, aqui estão algumas técnicas que aprendi.

Se você está lendo um texto importante, seja um artigo ou um capítulo de um livro relevante para o seu trabalho, comece (1) dando uma olhada rápida no material e anotando, por escrito, os que lhe parecem ser os dois ou três temas-chave. Em seguida, (2) leia tudo com atenção e, sob cada um dos temas-chave, escreva (a) o que você já sabia, (b) o que é novo e (c) o que talvez não tenha entendido. (3) Guarde o material e suas anotações. Pegue uma folha de papel em branco e faça uma recapitulação – tente lembrar os temas e o que você escreveu sobre cada um deles. A recapitulação é uma maneira poderosa de garantir que você retenha o material, muito mais do que se o lesse novamente. Por fim, (4) compare as notas originais com o exercício de recapitulação. Foque naquilo que você ainda não entendeu e crie estratégias concretas para sanar isso, seja procurando mais material para ler ou identificando um especialista com quem conversar.

Outras dicas e truques para aprender:

- Sempre que estiver tendo dificuldade com alguma ideia ou problema, pense em como poderia explicar esse tópico a uma criança.

- Não só pense na explicação; fale-a em voz alta ou escreva-a. O esforço adicional de falar e escrever ajuda a convertê-la em estruturas neurais de memória.
- Escreva à mão. A escrita manual cria estruturas neurais mais fortes na memória que a digitação.
- Espace as repetições ao aprender algo novo, assim como os atletas fazem com exercícios físicos. O cérebro é como um músculo; consegue lidar apenas com uma quantidade limitada de exercício sobre um tema de cada vez.
- Teste-se e faça-se perguntas aleatoriamente sobre diferentes tipos de problemas que você está tentando entender melhor ou resolver.

6

Crie um orçamento de tempo e controle seu tempo todos os dias

Fácil para implementar na vida profissional

Profissionais que amam o que fazem têm relação amorosa com o tempo. Isso porque sabem que ele é nosso bem mais precioso e, portanto, investem-no com sabedoria. Procuram manter equilíbrio saudável entre trabalho, *hobbies*, família e amigos e percebem que a chave para isso é deixar de perder tempo.

Acho que finalmente chegamos ao ponto em que a maioria de nós percebe que longas jornadas de trabalho não são evidência de alto desempenho, mas, sim, uma combinação de preguiça, desorganização bem como falta de preparo e planejamento. Ressalto isso na primeira vez que me reúno com meus clientes e em todas as reuniões posteriores.

A maioria de meus clientes chega com uma relação difícil com o tempo; com frequência, eles me dizem que se sentem oprimidos, que têm coisa demais para fazer e pouco tempo para isso. Começo perguntando o que poderiam fazer para melhorar a situação, e a resposta típica é: "Ou preciso desistir de algumas das minhas tarefas ou necessito de mais recursos". Curiosamente, quando pergunto a eles de que modo executam suas tarefas, a maioria não consegue me dizer. Isso porque as realizam por hábito, quase sem pensar. Sem surpresa nenhuma, eles raramente questionam se há maneiras mais inteligentes e eficazes de abordá-las.

Garanto aos meus clientes que, se adotarem algumas táticas e hábitos testados e aprovados em relação ao tempo, logo terão todo o tempo de que precisam e muito mais. Darei essa mesma garantia a vocês.

Hábito de uso de tempo 1: invista menos tempo na tarefa enquanto mantém ou melhora seu desempenho

A lógica é simples: para trabalhar menos, mas manter ou aumentar o desempenho, você deve fazer as coisas de maneira diferente e, talvez, realizar coisas diferentes. Seis passos levam a esse hábito de uso de tempo.

Passo 1: analise o ponto de partida. Quanto você realmente trabalha? Inclua o tempo que investe pensando no trabalho fora do horário de expediente, pois isso pode criar a sensação de "estou sempre trabalhando", ou seja, quando está passando um tempo precioso com a família. Você precisa saber como relaxar e limpar a mente. Relacionado a isso está o fenômeno recorrente conhecido como "baixo astral de domingo", o estresse e a ansiedade que as pessoas sentem quando anteveem tudo aquilo que acontecerá no trabalho durante a semana seguinte.

Passo 2: defina a *burning plataform*. * Esta é outra maneira de manter o foco na criação de um resultado empolgante. Pense de que modo você poderia usar as horas que economizaria. Anote no caderno.

Passo 3: prepare seu orçamento de tempo. Defina o número total de horas que deseja investir no trabalho a cada semana, incluindo o tempo que investe pensando nele e o tempo que deseja dedicar a outras coisas, como *hobbies*, cônjuge, família e amigos. A palavra *orçamento* é decisiva, pois conota que o tempo é intrinsecamente precioso, cada pedacinho do qual você deve tratar com o mesmo cuidado com que trata seu dinheiro. O que você faz e, mais importante, o que consegue alcançar determinarão se o tempo que dedicou a isso foi um bom investimento. Se não o foi, o que você deveria ter feito diferente?

Passo 4: dificulte para si mesmo – dê um passo adiante. Se você acredita que um bom orçamento de tempo para o trabalho é reduzir a carga horária para quarenta e cinco horas semanais, então se esforce mais e comprometa-se a chegar a trinta e cinco. Mesmo que isso possa ser impossível de alcançar, esforçar-se para cumprir esse orçamento acelerará suas habilidades, seu desempenho e seu desenvolvimento.

Passo 5: defina em uma planilha a semana de trabalho ideal. Distribua na planilha seu orçamento de tempo semanal por dia útil. Por exemplo, às segundas-feiras, você começará a trabalhar

---

* Situação em que as pessoas são forçadas a agir, pois a alternativa de não fazer nada é pior. O termo procede do episódio em que, durante o incêndio da plataforma de petróleo Piper Alpha, um trabalhador, ao ver-se cercado pelo fogo, jogou-se no mar, escolhendo a alternativa da morte provável no mar gelado à morte certa pelo fogo. [N. T.]

às oito e meia da manhã e terminará às dezessete horas; na terça-feira, começará às oito e terminará às dezoito horas, e assim por diante.

Controle de tempo				
Segunda-feira				
Horário de início planejado	Horário de início real	Horário de término planejado	Horário de término real	Ideias e aprendizados

Passo 6: controle seu horário de início e término todos os dias. Controle seu horário de início e término na planilha que preparou e reflita sobre as seguintes perguntas:

- Cumpri meu orçamento de tempo?
- Se não, por quê?
- Quais ideias quero aproveitar daqui em diante?

Hábito de uso de tempo 2: atenha-se ao plano

Eis aqui uma armadilha comum que você precisa evitar. Digamos que você normalmente termina de trabalhar às vinte horas, planeja terminar às dezessete, mas, na realidade, termina às dezoito e trinta. Por já ser alguma melhora, você pode se sentir tentado a relaxar. O problema de pensar assim é que essa situação é como uma ladeira escorregadia. Em pouco tempo, você estará de volta onde começou. Portanto, especialmente no início, faça *tudo o que puder para* terminar na hora planejada – é preciso ser meticuloso e fazer esforço concentrado para cumprir seu compromisso.

Hábito de uso de tempo 3: trate cada desvio como oportunidade de melhorar

Naturalmente, haverá dias em que você não conseguirá se ater ao plano. Nesses dias, é crucial que se concentre naquilo que o fez falhar em atingir sua meta e analise o que será necessário para eliminá-lo.

Hábito de uso de tempo 4: seja claro sobre o tempo que tem disponível para projetos e tarefas em equipe

Se você trabalha em mais de um projeto colaborativo, é importante ser franco com as pessoas com as quais está trabalhando sobre o montante de tempo de que dispõe para trabalhar com elas. Muitos de meus clientes que gerenciam várias tarefas enfrentam estresse constante por não dedicar tempo suficiente a cada uma delas.

Depois de ter clareza sobre quanto tempo você pode dedicar, trabalhe com os colegas para aproveitá-lo ao máximo. Desenvolva um modelo operacional com eles e revise-o semanalmente. Isso aumenta a sensação de controlar seu tempo e de ser dono dele, além de permitir a você e aos colaboradores aproveitarem-no de maneira ainda mais inteligente.

7

Comprometa-se a manter um diário todos os dias

Fácil para implementar na vida profissional

Não aprendemos com a experiência. Aprendemos refletindo sobre a experiência.

— JOHN DEWEY

A vida só pode ser compreendida olhando-se para trás; mas deve ser vivida olhando-se para a frente.

— SØREN KIERKEGAARD

Registrar as atividades diariamente em um diário é uma maneira poderosa de incentivar o FRE. Passar de quinze a vinte minutos, todos os dias, escrevendo, refletindo e aprendendo é um modo simples de gerar mais sensação de controle e realização, e essa sensação reduz o estresse e a ansiedade. Escrever traz à tona seus pontos fracos de desempenho, permitindo-lhe basear-se mais em fatos, levando a um autoconhecimento mais detalhado e propiciando precisão na forma como conduz seu desenvolvimento.

Manter um diário significa, fundamentalmente, refletir sobre suas experiências. A pesquisa científica confirma os benefícios da reflexão e da aprendizagem diárias; testes demonstram que pessoas que refletiram sobre como realizaram uma tarefa ou sobre como resolveram um problema saíram-se muito melhor que aquelas que não o fizeram quando uma tarefa ou um problema semelhante foram apresentados novamente a ambos os grupos.[1]

Talvez você pergunte: Por que refletir por escrito? Não basta apenas se sentar e pensar no dia? A resposta, como já dito, é que a escrita cria estruturas neurais muito mais fortes que meros pensamentos. Nossa memória de trabalho* é limitada; é muito mais difícil, para nós, extrair ideias completas de pensamentos fugazes que de um produto escrito. A escrita também é eficaz na regulação de nossas emoções; quando estamos aborrecidos ou entusiasmados, o diário nos traz de volta à Terra. E, finalmente, escrever exige que organizemos e editemos nossas ideias, aprimorando nossas habilidades mentais.

A maioria de meus clientes usa o controle de tempo diário e os registros no diário de forma conjunta, com resultados poderosos. A maior parte deles experimenta senso mais profundo de controle e nível muito mais profundo de aprendizado sobre si mesmo e seus contextos. Alguns conseguiram reduzir seu tempo de trabalho em quinze ou vinte por cento, acelerando seu desenvolvimento e sua *performance*.

Aqui estão duas dicas importantes para um diário bem-sucedido: primeiro, reserve um horário recorrente em seu calendário para não se esquecer de fazer suas anotações todos os dias. Comprometa-se a fazê-las,

---

* Memória de trabalho é um tipo de memória de curto prazo usada para armazenar temporariamente as informações enquanto são processadas. É essencial para o raciocínio lógico, a tomada de decisões e a realização de tarefas. [N. T.]

mesmo nos dias em que está sob estresse ou pressionado pelo tempo. Você vai descobrir que nesses dias o diário é uma importante válvula de escape, assim como um modo de recuperar o controle e a capacidade de ação.

No ano passado, testemunhei um exemplo potente dos benefícios da prática cotidiana do diário. Um cliente, executivo sênior de uma corporação global, foi promovido a diretor de vendas da maior e mais bem-sucedida região de sua empresa. Começamos a trabalhar juntos alguns meses antes de ele assumir a nova função, criando um plano detalhado para seus primeiros cem dias.

Durante as primeiras seis semanas depois que meu cliente se mudou para a região e assumiu o cargo, nós nos reuníamos *on-line* a cada quinze dias. Senti que talvez as coisas não estivessem indo tão bem, o que foi confirmado quando fiz uma viagem internacional para passar alguns dias com ele. Enquanto estive lá, obtive das pessoas com as quais interagia profissionalmente um *feedback* 360°* sobre o progresso dele.

O *feedback* foi gelado. Ele passava a maior parte do tempo na própria sala, disseram-me. Quase não participava de reuniões e, quando dizia alguma coisa, não contribuía nem liderava. Além disso, os subordinados diretos o achavam inacessível. Quando lhe contei isso, ele admitiu que estava se sentindo perdido. Primeiro, "tudo" já funcionava bem na região, então de que maneira ele poderia contribuir? Segundo, o território era grande e complexo demais para que ele conseguisse compreendê-lo. Terceiro, ele sentia imensa pressão em relação a não decepcionar o chefe anterior – aquele que o promovera. Eu mesmo me senti perdido só de ouvi-lo!

Eu disse a ele que não existiam soluções mágicas: ele teria que se esforçar para assumir seu papel. Concordamos que uma reflexão diária e a

---

* *Feedback* 360° é uma avaliação que reúne comentários de todos os envolvidos no desempenho de um trabalho, incluindo o próprio avaliado, a chefia, os colegas, os subordinados, os colaboradores e os clientes. [N. T.]

manutenção de um diário ofereciam abordagem estruturada para entender a dinâmica no novo ambiente de trabalho – por exemplo, o modo de trabalhar dos colegas e subordinados diretos –, e que isso ajudaria a tornar mais palpável seu progresso ou a falta dele. Nosso plano daí em diante era que ele compartilhasse o diário comigo. Teríamos encontros semanais por videoconferência, nos quais conversaríamos sobre o que ele havia feito naquela semana e o que esperava fazer na seguinte. Embora eu seja tipicamente otimista, fiquei preocupado, dadas as questões que meu cliente estava enfrentando, sem falar ainda que ele estava do outro lado do mundo, a catorze fusos horários de distância dos antigos colegas e amigos.

Após um mês, comecei a notar uma mudança. Havia perspicácia em suas reflexões, no relato que fazia sobre o que se passava ao seu redor, sobre o comportamento e o desempenho da equipe e sobre aquilo que ele precisava melhorar. Percebi que ele estava se sentindo mais no controle. A maneira como descrevia o próprio desempenho sugeria que era capaz de sentir que estava melhorando. Mas eu não estava lá com ele, de modo que não poderia ter certeza. Depois de quatro meses, fiz outro *feedback* 360°, incluindo todos os seus subordinados diretos.

Conversei com doze pessoas, e a experiência me deixou assombrado. Todos com quem falei disseram que meu cliente havia se tornado uma pessoa diferente – que, após um início instável, ele estava totalmente à altura de seu papel. Participava de tudo de maneira proativa, liderava, contribuía e era acessível a todas as partes envolvidas. Claro, ele fez isso acontecer mudando sua abordagem, não apenas se comprometendo a manter o diário. Mas os registros diários o ajudaram a reconhecer os desafios e a assumir o compromisso de superá-los.

Cathy fornece outro exemplo extraordinário do poder e dos benefícios da prática dos registros escritos diários. Hoje, ela é uma profissional de alto desempenho que aprecia todos os aspectos de seu trabalho, mas quando a conheci era consultora júnior da McKinsey & Company que acabara de receber uma avaliação de desempenho devastadora. Eis sua história, em suas próprias palavras:

Concedei-me serenidade para aceitar as coisas que não posso modificar, coragem para mudar as que posso e sabedoria para distinguir umas das outras.

A Oração da Serenidade vem imediatamente à minha mente quando penso nos benefícios que experimentei fazendo uso cotidiano do diário. Essa prática me ajudou a ganhar autoconhecimento, criar sensação de controle e poder, assumir a responsabilidade sobre meu destino, aceitar "o que é" em vez de desejar que as coisas fossem diferentes e, o mais importante, entrar em ação.

Quando o uso do diário me foi apresentado, eu estava no fundo do poço. Havia entrado na McKinsey um ano antes, mas as coisas não tinham saído conforme eu planejara. Assim que entrei, comecei a me sentir isolada, sobretudo porque levou muito tempo para encontrar um projeto relevante de cliente no qual eu pudesse trabalhar. Quando finalmente consegui um, senti, de imediato, que não era boa o suficiente em comparação aos meus pares e colegas. Foi uma profecia autorrealizável e um círculo vicioso. Senti-me impotente. Não conseguia pensar direito e estava sem ideia do que fazer.

Então, me apresentaram a prática das anotações diárias em um diário. Quase imediatamente as coisas começaram a mudar para melhor: isso me ajudou tanto na cura emocional quanto no crescimento profissional. Escrever sobre minhas experiências me permitiu me distanciar emocionalmente delas, vê-las de diferentes ângulos, pensar de maneira construtiva sobre o que eu poderia aprender com elas, bem como o que deveria fazer diferente da próxima vez.

Ao apenas refletir sobre minhas interações com os demais, minhas principais conquistas e meu estado emocional – e pensar na razão pela qual certos diálogos se desenrolaram da forma como aconteceram ou por que meu estado emocional era como era –, aprofundei-me cada vez mais em mim mesma. Logo descobri que minhas experiências pessoais anteriores constituíam boa parte do motivo pelo qual eu estava tendo dificuldades. Isso me deu as ferramentas para, pouco a pouco, remover essas experiências da equação. Elas não desapareceram, mas fui capaz de administrá-las.

Minha capacidade de interagir com um conjunto diversificado de pessoas cresceu. Por quê? Bem, acredito que, quando ficamos melhores em ouvir a nós mesmos, ficamos melhores em ouvir os outros.

Resumindo: para mim, manter um diário foi e é uma ferramenta que altera vidas. É a minha âncora em tempos tempestuosos e a vela que desfraldo quando os ventos sopram na direção certa.

O uso cotidiano do diário não é relevante apenas quando você está em baixa. É igualmente útil quando você está em seu melhor momento. Aqui está uma história de outro cliente, profissional de alto desempenho chamado Tim:

A ansiedade quanto ao meu desempenho havia atingido níveis inéditos. Senti que muitos fatores além de meu controle trabalhavam contra mim.

Então, fui apresentado à prática diária de manter um diário. Depois de apenas alguns dias, comecei a perceber o que me levava a sentir essa falta de controle, por exemplo, não ter um modelo claro sobre como resolver problemas, estruturar meus pensamentos ou executar uma tarefa.

A sensação também era causada pela falta de controle ou de transparência sobre o desempenho e os resultados dos membros da minha equipe.

Reconhecendo isso, comecei a refletir sobre essas situações, a discuti-las com colegas e a fazer planos de ação para dividi-las em partes e analisá-las, de modo que pudesse criar um repositório de casos sobre como lidar melhor com o estresse em diferentes situações. Atualizo constantemente essa biblioteca com novas situações e recorro a ela sempre que me sinto estressado. Sei que nem sempre posso controlar o que acontece lá fora, mas manter um diário me ensinou que frequentemente posso controlar o que se passa em minha mente.

Manter um diário cotidiano me ajudou, ainda, a me concentrar firmemente na meta mais crítica de cada dia e a garantir que realizarei uma entrega clara referente àquilo que de fato importa. Certifico-me de estar focando minha energia e capacidade em coisas que importam, dedicando cinco minutos por dia a pensar no dia seguinte; mais importante, também me certifico de não empregar muito esforço em coisas que não importam tanto. Tomar decisões conscientes sobre como passo meu tempo me ajudou a reduzir a ansiedade e o estresse, pois sei que não preciso dar o meu melhor em todas as situações. Algumas vezes, não há problema em se contentar com um resultado bom.

Assim, em que você deve se concentrar em seu diário?

A resposta simples é: em tudo aquilo importante para você. Quando utilizar as ferramentas e princípios deste livro, mantenha um diário sobre os resultados que você está vendo (ou não). Se tem metas de longo prazo, faça um diário sobre seu progresso visando alcançá-las. Se quer mudar certos comportamentos ou sua mentalidade, defina uma meta e mantenha um diário sobre esse processo. Mais especificamente, pergunte-se:

Pelo que sou grato? Refletir sobre aquilo pelo qual você é grato é uma maneira simples, sobre a qual muito se discute, mas infelizmente pouco se usa, de fortalecer o pensamento sistêmico (capacidade de compreender como as coisas estão conectadas), de modo que possa enxergar os significados mais profundos das coisas em sua vida. Registre duas ou três coisas todos os dias. Refletir continuamente sobre aquilo pelo qual você é grato também reduz o risco de depressão e ansiedade, aumenta o entusiasmo e o otimismo, melhora o sono, reduz a pressão arterial e aumenta a capacidade de estabelecer relacionamentos profundos.[2]

Além disso, o hábito de procurar aquilo que faz você se sentir orgulhoso e grato desenvolve os neurônios associados a essas emoções, de modo que, com o tempo, será mais fácil para você sentir orgulho e gratidão e, portanto, ter visão mais positiva sobre si mesmo e seu contexto. Os objetos de sua gratidão podem ser muito simples, como ser saudável, ter uma família, um emprego, e assim por diante. Não precisam ser extraordinários (se bem que esses também aparecerão em sua vida, se aplicar os métodos deste livro).

Que emoção(ões) senti com mais intensidade hoje? Rotular as emoções, em especial as negativas, é importante, pois traz alívio. Pesquisas mostram que, quando as pessoas estão emocionalmente excitadas, a simples descrição de seu estado emocional com uma ou duas palavras reduz a atividade na área cerebral que controla as emoções. Suprimir emoções, por outro lado, nunca funciona e pode sair pela culatra. Você pode parecer normal por fora, mas a atividade emocional em seu cérebro pode se intensificar. Se você não identificar a emoção para si mesmo, ela pode muito bem ressurgir no dia seguinte.

E as emoções positivas? Bem, descrevê-las com uma ou duas palavras pode levar a afirmações positivas. Isso torna mais fácil que também revivam no dia seguinte.

Que erros cometi hoje e tentarei evitar no futuro? Com base em minha experiência com os clientes, anotar os erros que você cometeu pode reduzir a ocorrência deles em até 50%. As razões são: (1) você tende a se recordar daquilo que escreveu; (2) se sabe que é esperado que escreva seus erros, vai prestar mais atenção ao que está fazendo e errará menos.

Quais foram meus principais diálogos e reuniões hoje? Você pode manter um registro deles em uma tabela como esta:

Com quem, sobre o quê?	O que funcionou bem?	O que posso melhorar?

Poucas coisas nos estressam tanto quanto as outras pessoas, sobretudo quando sentimos que não estamos nos relacionando bem com elas ou colaborando de maneira efetiva. Manter um registro dessa maneira nos ajuda a desenvolver nossas habilidades de compreender os demais e, portanto, de estabelecer e manter relacionamentos produtivos com eles.

8

Visite sua "Zona Verde" diariamente

Moderadamente exigente para implementar na vida profissional

Somos constituídos basicamente da mesma forma que nossos ancestrais, que costumavam caminhar dez quilômetros por dia em busca de comida. Hoje, a maioria de nós passa longe desse alto nível de atividade física.

Infelizmente, isso nos torna propensos a doenças e a uma saúde mental precária, o que foi demonstrado por vários estudos ao longo dos anos. Um estudo mostrou que pessoas que realizavam menos de duas horas e meia de atividade física moderada por semana tinham maior incidência a grandes problemas de saúde em comparação àquelas que realizavam mais que isso – por exemplo, quarenta e um por cento mais mortalidade, quarenta e três por cento de aumento de doença coronariana e oitenta e cinco por cento de aumento de câncer de cólon. Um estudo recente da Organização Mundial de Saúde, com duzentas mil pessoas, mostrou que não se exercitar é pior que fumar.

Por outro lado, praticar atividade física regular traz múltiplos benefícios: deixa você menos ansioso e/ou deprimido, reduz a pressão arterial e o colesterol ruim e melhora o fluxo de sangue para o cérebro.

Um dia típico para uma equipe do SEAL da Marinha dos EUA começa com uma reunião para discutir o que está na agenda do dia. Em seguida, os membros se separam ou visitam em equipe a "Zona Verde", que é sua atividade física favorita – correr, nadar ou qualquer outra coisa que gostem de fazer.

Durante a Zona Verde, eles não pensam em nada específico; em vez disso, permitem que a mente inconsciente vague por experiências passadas, pela agenda do dia, pela situação de vida e pelas prioridades. Essa prática funciona como uma limpeza da mente, que os energiza, mas também os deixa mais inteligentes, porque a atividade física cria novas células nas áreas do cérebro focadas no aprendizado. Além disso, a mente inconsciente tem acesso a toda a nossa mente, o que significa que pode criar novas combinações de conteúdo cerebral, permitindo-nos desenvolver novas ideias e soluções. Esse é um ponto fraco de nossa mente consciente, que tende a ter visão afunilada; quando pensamos em um problema, nossa mente consciente tende a selecionar apenas as informações que parecem ter relação direta com ele.

Pesquisas mostram que pessoas apresentadas a um problema complexo com muitos dados, forçadas a tomar uma decisão imediata, tomam decisões piores que pessoas que primeiro estudam os dados, se distraem com outra coisa e depois tomam sua decisão.[1] O motivo? Exames cerebrais mostram que a mente inconsciente do segundo grupo continua a trabalhar no problema enquanto a mente consciente estava focada em outra coisa.

O ideal é que sua Zona Verde seja de duas horas de exercícios físicos todos os dias, o que, para a maioria das pessoas, é impossível. Felizmente, a ciência mostra que trinta minutos por dia já são suficientes. Você pode até dividir esse período em três blocos de dez minutos. Fazer uma caminhada rápida de dez minutos antes de uma reunião importante lhe dá até noventa minutos de energia extra, fornece mais capacidade de foco e queima o excesso de hormônios do estresse.

Assim, tente visitar sua Zona Verde todos os dias. E por que não fazê-lo como fazem os SEALs – reúna-se com sua equipe ou um colega e, em seguida, visitem juntos a Zona Verde.

9

Cumpra totalmente os prazos com resultados inquestionáveis

Moderadamente exigente para implementar na vida profissional

Para mim, é surpreendente a frequência com a qual os profissionais perdem os prazos a que se comprometeram. Para piorar, muitas vezes eles não avisam quando vão se atrasar. Isso leva a grandes transtornos, uma vez que, em geral, muitas partes interessadas dependem de seu trabalho para atingir as próprias metas e prioridades.

Pior ainda, grande parte do trabalho que os profissionais entregam está incompleto e/ou repleto de erros óbvios. Isso não é apenas um fardo para as pessoas que estavam contando com ele, mas para as pessoas que devem corrigi-lo.

Se você tem dificuldade em cumprir prazos e entregar resultados completos, aqui estão alguns princípios que deve aplicar:

Opere com base no princípio de que todos os prazos devem ser cumpridos e todas as promessas, mantidas. Você colherá grandes benefícios caso cumpra sempre os prazos. Isso inclui chegar a reuniões no horário e respeitar o tempo destinado a cada tópico da pauta. Esse princípio simples é o segredo do sucesso de muitos profissionais de alto desempenho, independentemente do cargo.

A presteza leva ao desenvolvimento, pois exige constantemente levar em conta aquilo que você tem de fazer e como deve fazê-lo para cumprir os prazos. Você também se torna mais cuidadoso na estimativa de quanto tempo uma tarefa levará. O mesmo se aplica ao hábito de cumprir suas promessas. Ser confiável requer que você tenha cuidado com aquilo com que se compromete e se certifique de que a pessoa a quem a promessa foi feita e você tenham o mesmo entendimento quanto às implicações do compromisso.

Mantenha as pessoas informadas sobre os problemas. Se acontecer algo que possa comprometer um prazo, discuta o caso com as partes envolvidas.

Discuta conflitos sobre prazos. Se você não concordar com algum prazo estabelecido pela outra parte interessada, explique proativamente seu entendimento e defina um novo prazo com o qual ambos possam concordar.

Discuta de forma proativa a qualidade do trabalho. Se você não está entendendo claramente a qualidade dos resultados de trabalho exigida pela outra parte interessada, pergunte-lhe de maneira explícita.

Planeje todas as tarefas antes da execução. Faça a si mesmo perguntas do tipo:

- Qual é o principal contexto da tarefa nas implicações comerciais e nas pessoas envolvidas?
- Como posso maximizar o valor daquilo que crio?
- Como posso tornar essa tarefa mais interessante e agradável?
- Como posso aumentar minha eficiência geral nessa tarefa?
- Como posso dividir a tarefa em etapas e quanto tempo devo dispensar a cada uma delas?

- Que desafios cada etapa apresentará à minha capacidade de executá-la com a máxima precisão, eficiência, valor e prazer, no prazo?
- Que perguntas devo fazer a mim mesmo para submeter meu raciocínio a um teste de estresse?*
- Seria necessário obter apoio de alguém? Em caso afirmativo, por quê? Seria necessário que eu alterasse a forma como executo determinadas subtarefas? Em caso afirmativo, qual delas, por que e como? Seria preciso inovar e desenvolver as ferramentas que uso? Em caso afirmativo, quais, por que e como?

---

* Em inglês, *stress test*. Forma de teste propositalmente intenso que visa determinar a estabilidade de dado sistema, infraestrutura ou organização. Compreende testes rigorosos, além da capacidade operacional normal, às vezes até um ponto de ruptura, a fim de observar os resultados. [N.T.]

10

Defina as metas mais importantes para cada dia de trabalho

Moderadamente exigente para implementar na vida profissional

Num mundo ideal, este é o método com o qual você deve começar, pois é a maneira mais eficiente e rápida de reprogramar o cérebro para o FRE. Entretanto, como é bem provável que seu cérebro esteja programado para dar suporte ao comportamento focado na atividade, talvez esse método exija demais no início. Ele é poderoso porque oferece um modo integrado de fazer uso de quatro dos cinco elementos cognitivos do comportamento focado em resultados empolgantes: (1) ter paixão por criar um belo produto final; (2) desafiar a si mesmo e competir consigo mesmo constantemente; (3) cultivar expectativas conscientes quanto à experiência emocional que você deseja; (4) ser capaz de monitorar o próprio progresso, tanto durante a execução dele quanto depois.

Criar metas diárias não é complicado. Há seis passos simples:

1. Durante a sessão de planejamento semanal, observe a semana seguinte no calendário.

2. Para *cada dia de trabalho,* selecione um ou dois eventos/tarefas como metas diárias. Pelo simples fato de definir metas com clareza, você ativa a mente inconsciente a começar a trabalhar nelas, o que o ajuda a estar mais bem preparado na hora de executá-las. As metas diárias podem ser tarefas que você:
   a. precisa executar melhor ou com mais eficiência;
   b. acha desconfortáveis ou chatas;
   c. estará gerenciando pela primeira vez;
   d. sabe que são importantes para o chefe, os colegas ou outras partes envolvidas;
   e. e. acredita que são importantes para as próprias metas e aspirações de longo prazo.

3. Defina um resultado ambicioso e empolgante para cada tarefa que o force a fazer algo diferente enquanto se prepara ou a executa.

4. Elabore táticas para a execução da meta diária que o aproximem do resultado desejado. Isso lhe permite se desenvolver e aprender, mesmo que não atinja, de fato, o resultado final.

5. Após ter executado a tarefa, avalie até que ponto você alcançou o resultado, focando no que não funcionou.

6. Quando repetir a tarefa, concentre-se nos componentes que não funcionaram e pense no que quer fazer de maneira diferente.

Eis um exemplo de um de meus clientes:

Dia: Sexta-feira, 18 de fevereiro	
Qual é a meta diária?	Melhorar o resultado da reunião quinzenal com minha chefe.
Qual é o resultado ambicioso e empolgante que desejo?	Quero que minha chefe finalmente concorde que devemos mudar nossa forma de interação com o departamento de vendas. Tentei conseguir isso nos últimos dois meses, sem sucesso.
Tática: O que preciso fazer melhor ou diferente para alcançar esse resultado?	Nas tentativas anteriores, acho que não tive uma narrativa coerente o bastante para apresentar com a documentação suficiente. Dessa vez, vou preparar um resumo de uma página que descreva claramente os prós e contras de minha proposta e farei questão de explicar, com exatidão, como podemos executar a mudança. Além disso, vou começar a reunião pedindo à minha chefe que reflita sobre o que está funcionando bem e o que não está funcionando tão bem em nossas interações com o departamento de vendas, para que eu tenha certeza de que entendo o que ela pensa a respeito.
Avaliação após realizar a meta diária:	
Consegui alcançar meu resultado?	Quase. Ela aceitou a ideia de que talvez precisemos mudar nosso modo de interação com o departamento de vendas, mas quer um plano mais detalhado sobre como fazê-lo.
Dei seguimento à minha ideia do que fazer melhor ou diferente? O que devo fazer melhor ou diferente da próxima vez?	Sim, e é bom convidar minha chefe a refletir antes de começar a dar minhas ideias. Mas eu deveria ter tido um plano detalhado em mãos. Agora, todo esse processo levará, pelo menos, mais duas a quatro semanas para decolar.

Algumas dicas para definir seus resultados empolgantes

É importante que as metas diárias sejam "boas o suficiente" – não se desgaste criando metas cem por cento absolutas. Ser perfeccionista sobrecarrega o cérebro com emoções e faz com que você se sinta fora de controle.

Depois de selecionar uma atividade para transformar em meta diária, pense nas perguntas a seguir. Elas vão ajudá-lo a ver todos os aspectos da atividade, para que possa mirar um resultado que o entusiasme.

O único critério do qual você necessitará ao selecionar uma tarefa para um resultado empolgante e a tática que empregará para tal é que *seja algo que você pode fazer melhor do que costuma fazer!* O objetivo é competir consigo mesmo.

Em qualquer tarefa, você pode competir consigo mesmo nestas três dimensões:

1. Tempo: você consegue executar a tarefa mais rápido que de costume? Em caso afirmativo, quanto tempo a tarefa e cada subtarefa devem levar para serem executadas? Exemplo: *Em vez de usar os sessenta minutos de sempre para preparar o material para a reunião com meu chefe sobre o andamento de meu projeto, quero utilizar quarenta minutos, mas alcançar o mesmo nível de qualidade do material.*

2. Quantidade: você consegue aumentar a produção ao executar a tarefa, mas sem aumentar o tempo? Exemplo: *Enquanto preparo o material para a reunião com meu chefe, também quero criar uma primeira versão do mesmo tipo de material para entregar aos meus colegas de projeto.*

3. Qualidade: que nível de perfeição no resultado final poderia me desafiar e empolgar? Por exemplo, consigo executar a tarefa sem cometer erros? Qual é a sensação que quero ter ao executar a tarefa? Qual é a reação que quero das pessoas quando me virem executar a tarefa ou meu resultado final? Exemplo: *Quero que meu chefe diga, "Stefan, este é, sem comparação, o melhor material que você já preparou para nossas reuniões!".*

Outro conjunto de perguntas que você deve fazer a si mesmo é *Se eu executar melhor essa tarefa, quais serão os benefícios diretos e indiretos para*

- nossos clientes?
- nossa organização como um todo?

- cada departamento que depende da tarefa?
- meu gerente e meus colegas?
- meu desenvolvimento pessoal?

Para definir as táticas que usará para alcançar seu resultado empolgante, você deve pensar nas seguintes perguntas:

- Como devo executar a tarefa?
- Em que ordem devo executar as subtarefas relacionadas?
- Como devo executar cada subtarefa?
- Há coisas que devo evitar quando executo a tarefa?

Pense, ainda, em como você executou essa tarefa no passado e concentre-se em como e o que mudar na execução. *Concentre-se no que é desafiador e empolgante*. Por exemplo, se a tarefa que você escolheu foi conduzir uma reunião, pense em:

- Como tenho me apresentado em reuniões recentes? Em quais áreas tive bom desempenho e em quais não fui tão bem? O que me desafia e me deixa empolgado nas reuniões?
- Como tenho me saído nesse tipo específico de reunião? Quais partes do meu desempenho funcionaram bem e quais não funcionaram tão bem? Quais me desafiaram e fizeram com que me sentisse empolgado?
- Quais são as duas ou três coisas que eu poderia mudar ou acrescentar ao meu comportamento para chegar mais perto do resultado desejado?
- Como, na prática, vou fazer essas duas ou três coisas durante a reunião?
- Que preparação é necessária para que eu consiga fazê-las da maneira que planejei?

Forçar-se a pensar sistematicamente melhora as chances de chegar perto de seu resultado empolgante.

Além do mais, seu desenvolvimento e seu domínio aumentarão se você estabelecer o hábito de escrever o que aprendeu ao executar as metas diárias, respondendo a estas quatro perguntas:

- Alcancei o resultado desejado?
- Mantive minha abordagem?
- O que aprendi?
- O que eu faria de diferente da próxima vez?

Use as metas diárias da mesma forma que um atleta se prepara para um jogo

Digamos que você tenha uma apresentação importante daqui a três semanas. Identifique alguns eventos de seu calendário a cada semana até essa apresentação importante e transforme-os em metas diárias que lhe permitam praticar suas habilidades de apresentação. Os tópicos não precisam ser os mesmos da sua apresentação importante; o que interessa são os resultados.

Use as metas diárias para melhorar o ânimo quando você se sentir desanimado

Quando estamos infelizes, a instrução-padrão de nosso cérebro é que nos recolhamos; só queremos ficar quietinhos, sem fazer nada, e esperar o baixo-astral passar ou tentar sair dele pensando na situação. Infelizmente, isso só leva a um astral ainda mais baixo, uma vez que nossa rede de modo padrão, a parte de nosso cérebro em que pensamos no passado e no futuro, entra em hiperatividade e começamos a remoer os pensamentos. O remédio adequado é fazer o contrário e usar o FRE para voltarmos a nos mexer. Isso nos empurra para o momento presente, ativando nossa rede executiva (onde estão hospedadas nossas habilidades cerebrais mais importantes, como a tomada de decisões). Durante qualquer atividade direcionada pelo FRE e após ela, sentimo-nos mais capazes e, portanto, melhor em relação a nós mesmos. Não precisa ser nada extraordinário. Sempre digo aos meus clientes que, se você está com pouca energia e motivação, sua meta diária pode ser, simplesmente, "De manhã, vou separar meus *e-mails* em urgentes para responder de imediato e menos urgentes para responder até a hora do almoço". Esse FRE aparentemente simples e pouco ambicioso é suficiente para que você tenha sensação de realização e se sinta, assim, mais energizado.

Quando fazemos as mesmas coisas da mesma maneira todos os dias, logo ficamos entediados conosco mesmos e com o que fazemos. Também tendemos a cometer mais erros. A rotina faz com que operemos "sem pensar". A pesquisa de Csikszentmihalyi mostra que nos sentimos mais vivos quando estamos empregando nossas capacidades mentais em atividades como resolução de problemas. Definir ativamente uma nova meta para uma tarefa rotineira é um modo infalível de combater o tédio e de reduzir os possíveis erros que você poderia cometer. Basta ampliar o resultado desejado de forma que o obrigue a pensar em como poderia executar a tarefa de maneira nova e diferente, por exemplo, realizando um *timeboxing** impiedoso e proposital. Se uma tarefa de rotina costuma levar uma hora, tente reduzir para trinta minutos o tempo que você destina a ela. Isso o força a pensar em termos de resultados e a conceber uma nova maneira de executá-la. Depois de executar a tarefa da nova maneira, você pode avaliar seu desempenho e aprender. Outra abordagem é manter igual o tempo necessário para executar

---

* Método de gestão de tempo que limita a duração de uma tarefa ou projeto, focando o tempo e o esforço necessários de modo a concluir o trabalho em um orçamento de tempo. [N. T.]

a tarefa familiar, confortável ou chata, mas elevar radicalmente o nível de produção ou de qualidade almejado. Qualquer uma dessas técnicas vai ajudá-lo a se desenvolver e oferecer-lhe uma experiência mais empolgante.

Eis um exemplo pessoal: odeio fazer a faxina! É chato, mas tem que ser feita. Por achá-la tão chata, meu cérebro trabalha mais devagar quando a faço, e, com isso, ela demora ainda mais. Para torná-la mais interessante, impus a mim mesmo a meta de concluir a tarefa em tempo cada vez menor e criei novas táticas para conseguir isso, incluindo o modo de realizar a faxina e a ordem em que limpo os cômodos.

Essa abordagem mudou tudo. Eu não estava mais focado na faxina, mas em saber se estava procedendo de acordo com meu plano e se ele estava funcionando bem. Competir comigo mesmo e desafiar-me a ir além tornaram a tarefa, se não exatamente prazerosa, bem mais interessante. Além disso, aprendi muita coisa sobre a faxina, o que tornou a tarefa menos chata, por si só. Quando sabemos mais sobre um tema ou uma tarefa, tendemos a gostar mais dele, por causa de nossa necessidade psicológica de sentir que o "dominamos".

Use o método de metas diárias para superar cicatrizes e traumas

Muitos de meus clientes sofreram traumas – memórias dolorosas indeléveis que desencadeiam reações de luta, congelamento ou fuga.[*]

O trauma tem função sólida e saudável, que é nos lembrar de evitar eventos ou situações semelhantes no futuro. Não podemos apagar um trauma. Assim, você deve ter como foco principal o modo de gerenciá-lo.

---

[*] Luta, fuga e congelamento são três tipos de respostas das pessoas a situações de estresse. A luta envolve enfrentar a situação de maneira ativa, buscando soluções. A fuga é a resposta de evitar a situação. O congelamento é uma reação de imobilidade e de desconexão emocional ao estresse. [N. T.]

Uma vez que nossa mente examina o ambiente que nos rodeia para dar sentido ao que estamos vivenciando com base em nossas experiências passadas, o evento traumático original é um dos filtros mais influentes que ela tem. Dessa forma, o trauma está constantemente presente. Pior ainda, a mente infla as semelhanças entre o trauma original e as coisas que nos fazem nos lembrar dele.

Digamos que você teve uma reunião horrível em uma sala de conferências no local de trabalho, na qual se sentiu humilhado e ridicularizado. Hoje, passar em frente a essa sala, ou apenas pensar nela, age como gatilho, assim como a interação com os participantes daquela reunião. O simples fato de pensar sobre eles pode desencadear uma reação de luta ou fuga, e o mesmo pode acontecer com outras pessoas que sua mente interpreta como sendo semelhantes a eles.

Você não pode eliminar o trauma, mas pode desinflá-lo, identificando, de maneira proativa, os eventos e as experiências que, quando enfrentados, poderão desencadeá-lo. Use o método de metas diárias para definir suas táticas e estabelecer os resultados desejados. Se você teve uma experiência ruim em uma sala de conferências, defina um resultado que ajude a neutralizá-la. Pode ser apenas agir de modo diferente dessa vez ou focar a atenção em algo que vai distraí-lo quando você sofrer um gatilho. Usar as metas diárias dessa maneira vai reeducar sua mente para identificar com mais precisão as semelhanças entre o evento original e os eventos e as experiências presentes e futuros. Se o gatilho for acionado, você saberá o que está acontecendo e o motivo disso, e será capaz de moderar a reação.

Os múltiplos benefícios do método das metas diárias

Dedique-se a uma ou duas metas diárias e:

- **seu cérebro vai reprogramar a si mesmo** e começar a ver o mundo em termos de resultados e táticas empolgantes.

- **você ficará menos sensível** aos *feedbacks* externos e mais propenso a vê-los de maneira equilibrada, com base na consciência ampliada tanto de seu desempenho quanto da forma como os outros o percebem.
- **seu senso de realização crescerá.** Muitas vezes, especialmente quando estressados, podemos ter a sensação de não termos conquistado nada. As metas diárias ajudam você a cultivar um padrão de pensamento que diz: "Bem, posso não ter feito todas as coisas que planejei fazer hoje, mas o que fiz, fiz muito bem".
- **você vai dormir melhor.** Uma das razões pelas quais não dormimos bem é porque não temos metas ou prioridades claras para o dia seguinte, o que faz com que nosso inconsciente se ocupe dos desafios que enfrentamos. Definir metas claras para o amanhã permite que você relaxe.
- **você vai melhorar o foco e a atenção, bem como a memória geral e o aprendizado.** A mente estará mais atenta antes e depois de executar as tarefas, já que o comportamento de FRE ativa no cérebro o circuito de recompensa impulsionado pelo esforço. Isso, por sua vez, vai ampliar quanto você se lembra de seu dia, bem como aquilo que aprende ao executar as tarefas.
- **você se tornará mais persistente e de "longo prazo".** Definir metas diárias fortalece o sistema de recompensa indireta, forçando-o a pensar nos impactos de curto e longo prazos de ter realizado algo.

O poder das metas diárias

Trabalhei com Monica, uma administradora que atua na educação pública. Além de melhorar os resultados no trabalho, ela usou o método de metas diárias para parar de fumar. "O que considero ser, talvez, o maior presente desse método", ela me disse, "é como ele me permitiu construir e manter alto nível de motivação. O que aprendi é que a principal fonte de motivação não são as metas, mas o processo de estabelecer resultados e táticas, definir a abordagem e avaliar os resultados. É quase como um trabalho de detetive, em que você define o problema e depois descobre como resolvê-lo. Mais que tudo, acho que foi o desafio de resolver o problema, não os benefícios de não fumar, que me manteve motivada."

Aqui estão alguns outros depoimentos de clientes:

- "Após apenas alguns dias trabalhando com metas diárias, percebi que operava a, no máximo, trinta por cento de meu potencial. A maioria das coisas que fazia era baseada no hábito, sem muita atenção aos detalhes ou aos resultados, de fato. As metas diárias fazem com que cada dia seja mais significativo e divertido. Trabalhar com metas diárias deveria ser tão natural quanto escovar os dentes" – Larry, presidente do conselho, empresa de serviços financeiros.
- "Por algum motivo, sinto que tudo o que faço durante o dia fica mais focado. Sinto-me mais atenta ao que realmente acontece" – Nina, chefe de equipe, empresa fabril.
- "Para mim, o real benefício de ter uma meta diária é que ampliei meu autoconhecimento. Ser sincero ao pensar sobre os desafios envolvidos em minha meta diária me ensinou muito sobre o que eu costumava tentar evitar, e isso significa que não estava realmente expandindo minhas habilidades. Pensar nos desafios os torna mais fáceis de entender e superar" – Brett, diretor financeiro, empresa de serviços públicos.

Veja como uma atleta, goleira olímpica de hóquei, descreveu sua experiência com as metas diárias:

Acho que tenho duas características em comum com outros atletas: o esforço incessante para encontrar maneiras mais inteligentes de me aprimorar e o estresse mental de saber que há tantas coisas nas quais devo melhorar. Essas duas características criam um jogo interno constante que você só precisa dominar e vencer.

O estresse mental pode facilmente colocá-lo em uma situação em que você se desgasta demais e tenta se dedicar, ao mesmo tempo, a muitas áreas de aprimoramento, o que gera ainda mais estresse mental, uma vez que você tende a se perguntar se está se desenvolvendo suficientemente rápido e de maneira palpável.

Trabalhar com metas diárias tem me ajudado nesse desafio mental. Posso, todos os dias, dividir em partes e avaliar todas as minhas metas de longo prazo e áreas de aprimoramento de modo concreto e perspicaz. Isso me dá tranquilidade e a sensação de que estou progredindo de fato. Além disso, pensar em resultados e táticas ambiciosas e empolgantes me tornou muito mais consciente dos detalhes decisivos em cada uma das minhas áreas de aprimoramento, detalhes que só preciso acertar para acelerar meu desenvolvimento e desempenho.

Com metas diárias consigo melhor meu desempenho nos treinos e jogos? Com certeza. Ganhar o jogo interno me ajuda a ter desempenho no nível em que desejo.

11

Estabeleça metas estendidas semanais ou mensais para o desenvolvimento de habilidades e mais eficiência

Exigente para implementar na vida profissional

Quando sentir que domina o método de metas diárias e que ele se tornou parte de sua rotina, você estará pronto para o próximo passo: definir uma meta estendida,* uma meta de longo prazo ou um resultado empolgante além daquilo que deseja alcançar em um dia de trabalho. Nesse ponto, recomendo a você que ainda utilize períodos de tempo factíveis, como uma semana ou um mês, em vez de anos. Isso porque, quanto menor o prazo, mais fácil definir um FRE claro e palpável e criar um plano passo a passo concreto para alcançá-lo.

Metas de mais longo prazo, que exigem que você saia constantemente da zona de conforto, aceleram o aprendizado e a inovação, por exemplo, se

---

* Metas estendidas (em inglês, *stretch goals*) são metas definidas com o objetivo de alcançar resultado excepcional e motivar a equipe a trabalhar para superar as expectativas. São estabelecidas como um desafio, estimulando a inovação, a criatividade, o empenho e a motivação. [N. T.]

você quiser melhorar radicalmente uma habilidade, desenvolver rapidamente uma nova habilidade ou entregar um projeto muito mais depressa do que, em geral, eles são entregues. A mentalidade que as metas estendidas exigem é semelhante à dos astros do atletismo, que, para acelerar seu desenvolvimento, estabelecem continuamente metas que estão muito além de suas capacidades no momento.

Importante: se você estabelecer metas estendidas semanais ou mensais, vincule a elas as metas diárias e as tarefas mais importantes quando trabalhar seu diário e seu aprendizado.

Digamos que eu planeje uma meta estendida de desenvolvimento para minha prática de *coaching* e a defina como "melhorar radicalmente a efetividade da minha prática e o valor dela para o cliente". Um dos meus resultados mensais seria focar no número de clientes que sou capaz de gerenciar ao mesmo tempo.

Suponhamos que hoje eu gerencie vinte clientes e, digamos, defina um resultado mensal empolgante como "aumentar de vinte para vinte e cinco o número de clientes que posso gerenciar de maneira efetiva". Essa meta é razoável e me dá algum conforto psicológico por ser factível. É uma sensação boa, mas, provavelmente, vou pensar no que preciso mudar e melhorar, o que colocará um limite em meus resultados reais.

Se, em vez disso, eu formular a meta como "aumentar de vinte para quarenta o número de clientes que posso gerenciar de maneira efetiva", algo interessante e valioso acontece em minha cabeça. Percebo que preciso analisar e experimentar todos os aspectos da minha abordagem, por exemplo, seleção e eficiência de tempo:

- Que critérios aplico ao fazer a seleção de clientes?
- Como estou empregando meu tempo com minha carteira de clientes atual? Por quê?

Eu também poderia avaliar quais elementos do modelo de *coaching* não estão funcionando de maneira efetiva para mim, por exemplo:

- avaliação inicial das capacidades e da mentalidade do cliente;
- criação das metas empresariais e de desenvolvimento do cliente;
- seleção de ações palpáveis para atingir tais metas;
- avaliação do progresso e ações corretivas;
- efetividade do meu próprio preparo e do preparo do cliente para as sessões de *coaching*;
- efetividade das sessões de *coaching* para cada canal utilizado, como reuniões físicas, por Skype e por telefone, trocas de *e-mail* ou envio de mensagens;
- efetividade da distribuição de tempo e da combinação de canais.

Como resultado dessa análise, provavelmente serei forçado a olhar além da minha abordagem atual. Isso me leva a fazer perguntas como:

- Existem ferramentas inteligentes, como aplicativos, que posso usar para tornar meu *coaching* mais efetivo?
- Posso criar equipes de aprendizagem formadas por clientes, ou seja, haveria clientes meus que se beneficiariam ao trabalhar uns com os outros para fortalecer seu desenvolvimento e crescimento?

O ponto aqui não é se sou capaz de gerenciar quarenta clientes, mas como uma meta estendida ambiciosa exige que eu me torne muito mais inteligente para ser potencialmente capaz de alcançá-la.

12

Puxe todas as quatro alavancas para o sucesso visando alcançar o que a maioria das pessoas consideraria impossível

Exigente para implementar na vida profissional

A maioria dos profissionais tem dificuldade de trabalhar visando alcançar seus sonhos ou aquilo que eles ou outras pessoas ao redor consideram quase impossível alcançar. Entre as muitas razões para isso, a principal é que eles não miram alto o bastante e, portanto, não conseguem puxar todas as quatro alavancas para o sucesso. São elas:

1. Identificar e mobilizar pessoas que podem recompensá-los, apoiá-los e ensinar-lhes.
2. Pensar continuamente de que modo ajustar o ambiente, as atividades e as situações para melhor capacitá-los a trabalhar visando àquilo que desejam alcançar.
3. Certificar-se de que cada passo dado é gratificante, empregando o método de metas diárias para tornar empolgante o trabalho.

4. Identificar e gerenciar proativamente tudo o que possa distraí-los ou dissuadi-los de trabalhar visando àquilo que desejam alcançar. Isso inclui fazer uma lista de pessoas que é preciso evitar – e seguir evitando-as.

Para demonstrar que uma abordagem intencional como essa pode funcionar, quero contar a você duas histórias de sucesso de meus clientes.

De temido cara inteligente a líder admirado pelas pessoas em menos de vinte e quatro meses

Jim era diretor de vendas de uma empresa global quando o conheci no outono de 2016. O CEO da companhia me chamou para ajudar Jim a desenvolver suas habilidades pessoais, de modo que pudesse ser candidato a substituí-lo quando deixasse o cargo dali a dois ou três anos. O resumo que recebi do CEO foi de que Jim era inteligente e experiente em negócios, mas, muitas vezes, era impossível trabalhar com ele.

Jim e eu tivemos nossa primeira reunião na sala dele, no início de uma manhã. A primeira pergunta que lhe fiz foi como ele via seu trabalho e as pessoas com quem trabalhava. Sem nenhuma hesitação, Jim respondeu que seu trabalho era legal, mas que estava cercado de dois tipos de pessoas: inteligentes e idiotas. Perguntei-lhe, então, sobre suas aspirações e sonhos. Ele disse que desejava se tornar CEO de uma empresa pública. Minha pergunta seguinte foi se ele compreendia quais eram os requisitos para um cargo de CEO, em particular a capacidade de mobilizar vários grupos de pessoas em torno de uma estratégia e criar forte apoio e confiança em toda a organização. Jim respondeu de forma vaga, mas claramente entendia que essa era uma habilidade importante a qualquer um que aspirasse àquele cargo.

Então, concentrei-me na opinião dele em relação às pessoas serem inteligentes ou idiotas e perguntei-lhe se achava que essa era uma perspectiva viável a um aspirante a CEO, tendo em vista o que havíamos acabado de discutir. Jim ficou em silêncio por algum tempo. Em seguida, disse: "Acho que tenho um trabalho sério a fazer em relação ao modo como penso sobre as pessoas e lido com elas".

Concordamos que uma boa maneira de começar nosso trabalho juntos seria recolher o *feedback* de um grupo grande e diversificado de pessoas quanto à visão que tinham de Jim, de seus pontos fortes e de suas necessidades de desenvolvimento. As respostas que obtive foram muito claras: todos diziam que Jim era um cara inteligente, mas limitado quanto aos tipos de pessoas que respeitava e com as quais trabalhava bem. Se Jim não gostava de você, deixava isso extremamente claro. Algumas pessoas com quem conversei me disseram que temiam as reuniões com ele.

Depois disso, Jim e eu nos concentramos nas especificidades de sua gestão de pessoal, desde o modo como se preparava para as reuniões e se comportava nelas até os problemas que tinha com certos colegas e subordinados. Mostrei-lhe formas de criar planos concretos de desenvolvimento para os subordinados diretos e como treiná-los e orientá-los. Além disso, transmiti a ele informações relevantes de ciência comportamental e neurociência, por exemplo, de que modo a mente processa informações e como avaliar as motivações e os padrões de pensamento das pessoas.

À medida que continuávamos a nos reunir, o modo como Jim falava dos colegas mudou. Ele se tornou muito mais capaz de se concentrar nos pontos fortes deles. Passo a passo, desenvolveu maneiras produtivas de trabalhar com todos os colegas e aumentou a capacidade de estabelecer rapidamente uma colaboração eficaz com pessoas que acabara de conhecer.

Depois de vinte e dois meses, o CEO anunciou sua aposentadoria, e Jim foi escolhido candidato ao cargo. Fiz outro conjunto de entrevistas de *feedback* 360º para dar continuidade ao desenvolvimento dele, mas também como potencial insumo para quando a diretoria o avaliasse. Voltei a entrevistar todos com quem tinha conversado antes e adicionei várias outras pessoas para obter uma sensação mais ampla e profunda possível, chegando a um total de 29 entrevistados. Os resultados foram fascinantes. O mote de cada entrevista era que Jim havia mudado drasticamente. Sua inteligência ainda estava lá, mas o que se destacava agora era sua capacidade de lidar construtivamente com todos os tipos de pessoas e ajudar os funcionários a florescer e crescer. "Ele não é a mesma pessoa. O desenvolvimento que conseguiu alcançar como líder é inacreditável", disse um entrevistado. "Não sei como ele conseguiu fazer isso."

Jim conseguiu o cargo de CEO, e continuamos a trabalhar juntos desde essa época. Pedi a Jim que descrevesse sua jornada, e ele me disse:

Como me transformei? Acho que várias coisas tornaram isso possível. A primeira foi a percepção de que o caminho que estava trilhando como líder não me levaria aonde eu queria chegar, que era me tornar CEO. Até que pudesse trabalhar bem com todos os tipos de pessoas na empresa, eu não chegaria lá. Lembro-me da sala em que estava sentado quando esse *insight* me ocorreu.

A segunda coisa foi o autoconhecimento, ou seja, compreender *por que* eu estava agindo e pensando daquela maneira sobre as pessoas ao meu redor. Quando comecei a trabalhar minhas habilidades de gestão de pessoal, percebi que ao longo da minha carreira eu tinha muito orgulho de sempre fazer as melhores e mais inteligentes avaliações de tudo, incluindo pessoas. Ser o cara mais inteligente da sala fora muito importante para mim. Percebi que era algo que eu precisava mudar.

A terceira coisa foi conseguir apoio. Tive apoio do meu chefe, de minha esposa e de meu *coach*, o que significava que eu era lembrado diariamente do que precisava fazer para me tornar um líder orientado às pessoas – tinha as oportunidades diárias de discutir meus esforços para atingir essa meta.

A quarta coisa foi mudar meu ambiente de modo que isso me forçasse a focar em minhas habilidades pessoais. Uma coisa que fiz foi marcar reuniões individuais frequentes com os membros da minha equipe para que pudéssemos discutir como cada um deles se sentia em relação a própria situação, o que estava e não estava funcionando para eles, e assim por diante. Outra medida que adotei foi passar mais tempo com um membro da equipe que estava tendo alguma dificuldade. Meu plano original era deixar que fosse embora, mas decidi investir de verdade nele, para ajudá-lo a ter desempenho melhor, mas também como oportunidade de me esforçar para me tornar melhor em entender e desenvolver pessoas diferentes de mim. Além disso, criei em minha equipe alguns processos orientados a pessoas, de modo a manter no alto da minha agenda o desenvolvimento de minhas habilidades pessoais. Uma coisa que fiz foi garantir que todos os membros da equipe me escrevessem, duas vezes por ano, memorandos detalhados de *feedback*, nos quais criticavam minha liderança. Também escrevi memorandos semestrais sobre suas conquistas, seus pontos fortes e suas necessidades de desenvolvimento.

A quinta coisa foi provavelmente a mais importante. Logo no início, a jornada de desenvolvimento em si se tornou meu propósito e foco, não minha ambição de me tornar CEO. Desfrutei de cada passo que dei, uma vez que os passos me renderam muitos benefícios. De repente, vi como cada pessoa era única em termos tanto de seus pontos fortes quanto de suas necessidades de desenvolvimento, e isso me ajudou a entender como eu poderia ajudá-las a desfrutar mais do que faziam e agregar mais valor à empresa. Ser mais capaz de apreciar as opiniões, as perspectivas e as experiências de outras pessoas enriqueceu meu pensamento.

Aprendendo a falar uma língua estrangeira em oito semanas

Clarita é uma cliente minha que trabalha para uma grande empresa de *private equity*. Quando a conheci, fiquei surpreso ao saber que ela era fluente em sueco. Perguntei-lhe como havia aprendido o idioma, e ela me contou esta história incrível, que mostra como a deliberação e o planejamento são importantes para alcançar uma meta estendida:

Eu havia acabado de me mudar dos Estados Unidos para a Suécia para começar um novo trabalho. Nunca tinha estado na Escandinávia antes e não sabia nada de sueco. Quando fui entrevistada para o cargo, disseram-me que o idioma não seria um problema, pois todos falavam inglês.

Na primeira reunião de que participei, todos os funcionários estavam presentes. Eu achara que seria conduzida em inglês, mas estava muito enganada. Todos falavam sueco, e não entendi uma única palavra. Depois, um dos sócios do escritório se apresentou para mim e disse: "Eu sugeriria que você estabelecesse um prazo para aprender nosso idioma. Que tal se começar a falar sueco no dia 15 de outubro?".

Estávamos no dia 14 de agosto. Olhando em retrospectiva agora, o sócio provavelmente estava tentando me encorajar, mas também fazendo uma piada. Fosse o que fosse, aquilo teve efeito incrivelmente motivador em mim. Pensei: "Esse cara acha que não consigo? Vou mostrar a ele!".

Contratei uma tutora de idiomas para trabalhar comigo por uma hora, duas vezes por semana. Eu lhe disse que minha meta era me tornar capaz de trabalhar em sueco até o dia 5 de outubro. Ela riu, mas logo percebeu que eu estava falando sério.

O primeiro passo foi que me recusei a falar qualquer outra língua que não o sueco com minha tutora e em todas as situações não relacionadas ao trabalho – por exemplo, no supermercado, nos táxis, saindo e pegando as crianças na creche. As pessoas com as quais conversava com dificuldade podiam mudar para o inglês se quisessem, mas eu continuava respondendo a elas em meu sueco ruim.

Depois de algum tempo, quando senti que era capaz de falar frases simples, expandi minha zona de segurança para incluir minha assistente no trabalho. Ela podia mudar para o inglês quanto quisesse, mas eu teimosamente respondia a ela em sueco.

O terceiro passo foi mudar para o sueco no trabalho em geral. Aqui, usei muito minha tutora. Testava minhas apresentações e outras comunicações relacionadas ao trabalho com ela, antes de levá-las para minhas equipes.

Começar a trabalhar em sueco aconteceu de forma gradual. No entanto, a partir de 15 de outubro, sempre falei em sueco com aquele sócio em particular que havia me desafiado e nunca mudei para o inglês em nenhuma das reuniões internas.

A primeira coisa que se destaca em ambas as histórias é o que considero uma das alavancas mais importantes para o cumprimento de metas: o *apoio de outras pessoas!* Vá atrás de pessoas que lhe ensinem o que você precisa saber para alcançar suas metas, force-se a manter o foco em seus objetivos e comemore consigo mesmo quando fizer progressos. Você deve procurar estar na companhia de pessoas boas naquilo em que você deseja se tornar bom ou boas em alcançar os resultados que você deseja alcançar. Quando crianças, todos nós entendíamos isso. Tivemos professores, treinadores e amigos que nos apoiaram, recompensaram e treinaram.

A segunda é o pensamento consciente. A quais atividades e situações você deveria se dedicar? Como pode remodelar o ambiente para que ele o obrigue a pensar e a trabalhar tendo em vista sua meta? Você precisa adicionar atividades, situações, hábitos ou práticas ou pode simplesmente adaptar suas atividades atuais?

A terceira é a importância de se sentir recompensado a cada passo do caminho. Não importa quão importante seja a meta, se você não experimentar os próprios passos que está dando como sendo gratificantes, não continuará a trabalhar para alcançá-la. As metas diárias são essenciais para que isso ocorra.

A quarta coisa que se destaca é uma compreensão profunda do que pode distraí-lo ou dissuadi-lo de trabalhar visando alcançar sua meta. É o modo que você pensa sobre si mesmo? São seus hábitos ou suas habilidades atuais? São suas experiências anteriores? São outras prioridades concorrentes? Hoje, há pessoas em sua vida que vão dissuadi-lo?

A última pergunta é particularmente importante se sua meta é mudar seu comportamento, porque os seres humanos estão programados para punir as pessoas que rompem as normas comportamentais. Desse modo, se está convivendo com pessoas que não gostariam de sua mudança de comportamento, não conviva com elas!

Em conclusão, se você quer viver seu sonho, certifique-se de puxar todas essas quatro alavancas.

13

Quando você achar que tem "coisa demais para fazer", não estabeleça prioridades

Exigente para implementar na vida profissional

No início, hesitei quando pensei em incluir um capítulo sobre definição de prioridades. Por quê? Um dos motivos é que, quando você tiver reprogramado o cérebro para dominar o FRE, definir prioridades não será um problema.

No entanto, decidi incluí-lo de qualquer maneira, apenas por causa de toda a histeria no local de trabalho relacionada a ter "coisa demais para fazer". Então, vou lhe dizer outra vez: pare de pensar que não pode se dedicar a tudo que está em sua agenda se não tiver recursos extras ou ajuda. Esse simplesmente não é o caso. Comece com a compreensão de que o tempo está aí para quem se compromete a usá-lo melhor. Depois de cultivar essa mentalidade, tem início o trabalho para descobrir como fazer isso com sucesso.

Vou usar a mim mesmo como exemplo. Em qualquer momento em particular, estou trabalhando com trinta clientes ou mais. Faço o *coaching* de cerca de um terço deles semanalmente, outro terço quinzenalmente e o último terço mensalmente. Todas essas sessões com os clientes, mais o trabalho de preparação necessário, significam que meu calendário está lotado.

Todos os meus clientes trabalham em ambientes profissionais dinâmicos, nos quais novos problemas, desafios e oportunidades surgem o tempo todo, interferindo, muitas vezes, no horário que marcamos. Numa certa manhã, uma de minhas clientes, que ocupa o cargo de CFO, me ligou e disse: "Stefan, acabei de ser notificada por um membro da diretoria de que o CEO está deixando a empresa e os diretores estão pensando em mim para o cargo. Estou muito entusiasmada com essa oportunidade e gostaria de saber se você poderia entrevistar pessoas com as quais interajo no trabalho. Eu usaria os resultados para apoiar minha candidatura".

Perguntei quantas entrevistas ela queria que eu fizesse e para quando precisaria dos resultados. Ela respondeu: "Tenho 26 pessoas em mente. Poderia ter o resultado em três semanas?" (!). O grande número de entrevistados fazia sentido, já que se trata de uma empresa global, mas minha reação ao prazo foi "Isso é impossível. Ajudá-la com isso levaria, pelo menos, trinta horas. Como vou encaixar isso em minha agenda?".

A parte primitiva da minha mente queria dizer: "Não posso ajudá-la, isso é impossível". Mas a reprogramei para que, sempre que minhas vísceras dissessem "Isso é impossível", minha reação treinada interferisse: "Essa é uma situação interessante. Será que eu teria algumas oportunidades de desenvolvimento a explorar aqui?". Respondi à cliente que ia ver o que podia fazer e ligaria de volta dali a uma hora.

Uma vez que pratico o que prego, toda minha vida está no meu calendário. Ao analisar as próximas três semanas de compromisso, fiz a mim mesmo as seguintes perguntas:

- *Há alguma tarefa que eu possa adiar?* Em geral, hesito em seguir esse caminho, porque você corre o risco de acumular muitas tarefas, o que gera estresse e ansiedade, além de ir contra minha ambição de ser flexível e oferecer alto nível de serviço. Mas achei uma tarefa importante, mas não crítica quanto ao prazo, e isso liberou aproximadamente três horas.

- *Quais dessas tarefas posso executar de maneira mais inteligente e rápida?* Esse é um caminho muito mais lucrativo a seguir que o primeiro, uma vez que leva ao desenvolvimento. Identifiquei catorze tarefas que senti que poderia executar com mais eficiência, o que me rendeu mais oito horas.

- *Posso realizar as entrevistas de* feedback *e o trabalho associado a elas de modo mais eficiente?* Essa é uma questão importante e uma grande oportunidade para identificar áreas de potencial aprimoramento. Em geral, planejo as entrevistas de *feedback* 360º com bastante antecedência, o que significa que eu mesmo faço o agendamento. Isso leva algum tempo, provavelmente quinze minutos por entrevistado, e envolve toda a troca de correspondências e mensagens de texto. Se conseguisse que o assistente da cliente os reservasse, isso me pouparia quinze minutos para cada uma das 26 entrevistas, ou seis horas e meia. Outro aspecto que analisei foram os trinta minutos que costumo dedicar a cada entrevista. A maioria, na verdade, leva menos tempo. Então, decidi que deveria agendar apenas vinte minutos para cada entrevista, o que me pouparia 26 × 10 minutos, ou 4,3 horas.

- E quanto ao meu orçamento de tempo, que geralmente é de cinquenta e cinco horas por semana? Decidi acrescentar três horas por semana, o que me deu mais nove horas.

Agora meu investimento de tempo era de cerca de vinte horas (quinze horas para fazer todas as entrevistas, uma hora para compilá-las em um único documento, duas horas para fazer minha análise do *feedback* e duas horas para discutir o *feedback* com minha cliente). Com todo o outro tempo que economizei, mais as três horas extras por semana de trabalho, eu poderia facilmente realizar essa tarefa impossível.

As três semanas seguintes estavam lotadas, mas consegui enviar à cliente o documento final um dia antes do prazo. No dia seguinte, tivemos nossa reunião. Como me senti quando terminamos? Como o Super-Homem! Eu havia superado minha própria *kryptonita*, que era minha reação visceral de que a tarefa era impossível.

Nada é impossível se você dedicar algum tempo para pensar em como fazê-lo.

SEÇÃO DOIS

Molde seu destino

Desenvolva sua mentalidade para se tornar o astro que você pode ser

---

Quando o comportamento de FRE se tornar um hábito diário, você terá aprendido a amar tudo o que quer ou necessita fazer. Agora você pode dar o próximo passo, que é desbloquear o potencial ilimitado para se tornar o astro que pode ser. Para fazer isso, você precisa desenvolver o único ativo que pode realmente controlar: a mente ou mentalidade. Isso porque a forma como você pensa sobre si mesmo moldará seu destino. Lembre-se disso todos os dias!

Nossa mentalidade é composta de todas as nossas crenças e expectativas conscientes e inconscientes em relação ao que é possível e, portanto, em relação ao que devemos aspirar, quais prioridades devemos definir e para quais tipos de pessoas somos atraídos. Ao visualizar sua mentalidade de maneira clara e palpável como um conjunto de crenças e refletir sobre elas, você ativa a parte mais poderosa do cérebro – a mente inconsciente.

A mente inconsciente é um mecanismo extraordinário de processamento de informações que funciona o dia inteiro, todos os dias, para ajudá-lo a observar o que acontece ao redor e tomar decisões rápidas com base em suas crenças, muitas vezes antes de que você esteja ciente de estar fazendo isso. Como já mencionado, a mente inconsciente tem acesso a toda a nossa mente, o que significa que pode criar novas combinações de conteúdo cerebral, permitindo-nos criar novas ideias e soluções. Também pode continuar a trabalhar em um problema, mesmo quando você decide deixá-lo de lado para focar a mente consciente em alguma outra coisa.

Além do mais, pesquisas recentes referentes à mentalidade sugerem que nossas crenças e expectativas conscientes e inconscientes influenciam não apenas nossa personalidade, mas também nossa fisiologia.

Para provar isso, as psicólogas Alia J. Crum e Ellen J. Langer perguntaram a oitenta camareiras quanto elas se exercitavam.[1] A maioria disse não se exercitar regularmente, e mais de um terço relatou não fazer nenhum exercício, embora limpasse, em média, quinze quartos por dia. Trocar roupa de cama por quinze minutos queima quarenta calorias; aspirar por quinze minutos queima cinquenta calorias; limpar banheiros por quinze minutos queima sessenta calorias, e assim por diante para outras tarefas domésticas.

As pesquisadoras verificaram o peso, a gordura corporal e a pressão arterial das trabalhadoras; em seguida, dividiram-nas em dois grupos. Um grupo voltou ao trabalho normalmente. O segundo grupo passou algum tempo com as pesquisadoras, as quais informaram às trabalhadoras quantas calorias elas queimavam em um dia típico de trabalho, o que mais que atendia às recomendações do CDC (órgão nacional de saúde pública dos Estados Unidos) para um estilo de vida ativo. Depois de quatro semanas, as pesquisadoras checaram de novo o peso, a gordura corporal e a pressão arterial de ambos os grupos. Embora o comportamento do segundo grupo não tivesse mudado, as médias de peso, pressão arterial, gordura corporal, relação cintura-quadril e índice de massa corporal mudaram para melhor.

Que resultado fascinante! Mas esse é apenas um exemplo do poder monumental de nossos pensamentos. Por exemplo, se você visualizar um evento potencialmente difícil no futuro, como uma reunião com um colega que, muitas vezes, faz você se sentir estressado, seus pensamentos podem evocar exatamente as mesmas reações físicas dolorosas que você está prevendo! Nesse caso, o cérebro não distingue entre imaginação e realidade – apenas reage. Para um exemplo mais leve desse fenômeno, se você imaginar que um cachorro entrou na sala, seu cérebro reagirá exatamente da mesma maneira como se um cão tivesse feito isso de fato.

Uma demonstração fascinante do poder do pensamento é um experimento que a psicóloga Ellen J. Langer realizou em 1979 com um grupo de homens na casa dos 80 anos.[2] Ela assumiu um mosteiro e o decorou para parecer que fosse 1959, quando os homens eram vinte anos mais novos. Ainda o abasteceu com jornais e LPs de 1959 e passou a exibir filmes da época.

Em seguida, dividiu os participantes em dois grupos. O grupo experimental se mudaria para o mosteiro, viveria e agiria o máximo possível como se estivesse em 1959. O grupo de controle só falaria sobre como vivia em 1959.

Todas as capacidades físicas e mentais dos homens foram testadas, antes e depois do experimento. Todos eles se tornaram um pouco "mais jovens" em áreas como peso, marcha e postura, mas entre o grupo experimental sessenta e três por cento dos participantes melhoraram a inteligência (em comparação a quarenta e quatro por cento do grupo de controle). O grupo experimental também mostrou melhora na mobilidade e na destreza manual – até mesmo a artrite diminuiu. O que é ainda mais incrível é a duração do experimento: levou apenas uma semana para que os participantes alcançassem esses benefícios.

Essas foram apenas pequenas mudanças de mentalidade e tiveram grandes resultados. Agora imagine o que uma grande mudança de mentalidade pode fazer por você.

Sua voz interior hiperfalante

A maioria dos profissionais reconhece a importância da mentalidade, mas tem dificuldade de moldar a própria mentalidade de maneira adequada. Por quê? Porque nossa mentalidade é pré-configurada. Essa pré-configuração é como uma voz interior hiperfalante que nos bombardeia, o tempo todo, com ideias ruins, raciocínios incompletos, medos desnecessários e instruções que nos distrairão, de modo que não possamos desbloquear nosso potencial ilimitado.

No livro *The Untethered Soul: The Journey Beyond Yourself,* o líder espiritual Michael A. Singer descreve a atividade sempre presente de nossa mente pré-configurada:

> Caso não tenha notado, você tem um diálogo mental acontecendo na cabeça que nunca cessa. Apenas continua e continua. Você já se perguntou por que existe esse falatório ali dentro? Como a mente decide o que dizer e quando dizer? Quanto do que é dito é verdade? Quanto do que é dito é importante de fato? E se agora você está ouvindo: "Não sei do que você está falando. Não tenho nenhuma voz na minha cabeça!" – é dessa voz de que estamos falando.

Singer afirma que você não é sua mente, a qual tem vida própria. Para se libertar da influência negativa dela, você precisa aprender a dar um passo atrás e observá-la.

A voz interior é produto do ambiente em que nós, seres humanos, vivemos durante a maior parte dos duzentos mil anos de nossa existência. Nesse ambiente primitivo, a disponibilidade de alimentos e outras provisões era sazonal e constituía um desafio constante. Os seres humanos também conviviam com ameaças frequentes, como animais perigosos e tribos rivais.

Moldada por esse ambiente, a voz interior tem tudo a ver com uma coisa: sobrevivência. Assim, ela aconselha você a correr o menor risco possível, gastar o mínimo de energia possível e (de qualquer maneira possível) parecer atraente aos olhos dos outros.

A voz interior impõe inúmeros comportamentos completamente contraproducentes no processo de desbloquear seu potencial. Quando lhe é apresentada uma ideia ou uma decisão no trabalho que você não entende, a mente o alerta para que a rejeite dizendo: "Que ideia ou decisão mais idiota. Quem inventou isso?". A mente instrui você a dividir o mundo em nós e eles e a evitar quem quer que seja diferente. Atribui apenas características boas a "nós" e características más a "eles", garantindo que você permaneça alinhado às opiniões compartilhadas por seu grupo, em vez de decidir por si mesmo. Quando tem relacionamentos problemáticos, a voz interior pressiona você a falar mal dos outros pelas costas (ela é covarde!). Quanto aos seus sonhos e aspirações, ela vê apenas riscos e incertezas e bombardeia você com dúvidas: "Sou mesmo capaz de fazer isso? Parece que não tem mais ninguém fazendo isso. É melhor eu continuar com o que sei".

Na tentativa de minimizar a energia que você gasta, a voz interior o pressiona a se ater ao que já sabe e é bom, em vez de construir novos conhecimentos e aprender novas habilidades. Ela pede a você que adote a maneira mais fácil de alcançar uma meta ou realizar uma atividade, mesmo que isso envolva trapacear ou fazer o trabalho de qualquer jeito. Em geral, isso o leva a se concentrar no que você não pode influenciar, em vez do que pode. Por quê? Porque, caso se concentre no que pode influenciar – a si mesmo –, você vai precisar gastar muita energia.

Quando as coisas dão errado, a voz interior pede a você que sinta pena de si mesmo em vez de assumir o controle e agir para melhorar as coisas, além de que atribua a culpa a outra pessoa. Ela diz que talento é algo que outras pessoas têm, que você deve ficar satisfeito em ver Roger Federer e Serena Williams jogando tênis na TV em vez de praticar para que você mesmo seja o melhor possível em alguma coisa. Na tentativa de fazer com que você pareça atraente aos outros, a voz interior o pressiona a exagerar suas conquistas ao falar sobre elas e a fazer promessas que sabe que não poderá cumprir.

A maioria de seus maus comportamentos, sentimentos questionáveis e pensamentos ridículos não têm nada a ver com sua personalidade, sua educação ou suas experiências de vida. A maior parte é gerada por essa voz interior. Você nunca pediu para tê-la, então não pode se culpar pelos danos que ela causou em sua vida pessoal e profissional. Mas pode fazer algo a respeito.

O primeiro passo é perceber quem você realmente é. *Você* tem o poder de remodelar o cérebro para hospedar qualquer pensamento, sentimento, habilidade ou comportamento e criar qualquer uma das possibilidades ilimitadas que a vida oferece e dedicar-se a ela. *Você* é seus sonhos, seu desejo de aprender e de se desenvolver e seu apetite para explorar o desconhecido. *Você* é ilimitado. Dentro de você está o embrião de alguém que pode dar uma contribuição única ao mundo – um Mozart, um David Bowie, um Ram Dass, um Steve Jobs, uma Serena Williams, um Martin Luther King, uma Oprah Winfrey, um Albert Einstein, uma Lady Gaga ou qualquer outra pessoa que você admire.

Para desbloquear seu astro interior, pare de acreditar no talento. Se acredita que o talento existe, você evitará gastar energia em coisas que acha não ter talento para fazer. Para mim, talento não existe.

Uma das coisas que me torna um *coach* bom e eficiente é que vejo todos os meus clientes como os astros potenciais que são. O que quer que os clientes queiram ou precisem alcançar, posso imaginá-los alcançando. Isso me ajuda a ver os passos que devem seguir e quais ferramentas e abordagens precisam aprender. Além disso, a convicção de que o talento não existe alimenta meus clientes com a coragem de aceitar as muitas deficiências e áreas de desenvolvimento que os ajudo a trabalhar para alcançar seus sonhos e aspirações.

Esse supercombustível também está prontamente disponível a você, se pensar em si mesmo da maneira correta.

Desbloqueie seu potencial ilimitado

Para desbloquear seu potencial ilimitado, aprimore o modo como você pensa nos problemas e em como resolvê-los. A resolução de problemas é fundamental para a motivação intrínseca, o bem-estar, o desenvolvimento e o desempenho. Como meu mentor Mihaly Csikszentmihalyi descobriu em sua pesquisa sobre o funcionamento ideal do ser humano, poucas coisas nos fazem sentir tão vivos e fortes quanto quando estamos resolvendo problemas, e poucas coisas destroem tanto nossa motivação quanto enfrentar problemas que não conseguimos entender ou não podemos resolver.

A maioria dos profissionais erra terrivelmente na resolução de problemas por causa da voz interior.

"Um famoso ditado diz que opinião é como a bunda – todo mundo tem a sua", disse o compositor, músico, comediante e ator Tim Minchin à turma de formandos da Universidade da Austrália Ocidental, em 2013. "Há nisso uma grande sabedoria, mas eu acrescentaria que as opiniões diferem significativamente das bundas pelo fato de que devem ser examinadas de maneira constante e minuciosa."[3]

Obviamente, é melhor manter um ponto de vista objetivo e raciocinar de modo lógico em relação aos problemas que encontramos, mas poucas coisas são mais difíceis para nossa voz interior aceitar que observações, ideias e fatos que contradigam nossas opiniões preexistentes – mesmo que, por instinto, sintamos que uma contradição quase sempre sinaliza que novas ideias e conhecimentos potenciais podem ser obtidos. Não só temos dificuldade em aceitar contradições como nossa voz interior fica irritada quando somos expostos a elas. Em certas circunstâncias, evidências contrárias podem nos levar a nos apegar às nossas crenças com ainda mais força.

No final dos anos 1990, quando comecei minha jornada pela neurociência e pela mente humana, fiquei assombrado ao saber como a mente é conservadora em relação a seus vieses; na tentativa de preservá-los, ela rejeita com frequência novos conhecimentos. Para alertar sobre essa tendência, um colega da McKinsey e eu lideramos um projeto chamado os Arquivos H (os Arquivos Humanos), que focava nas fraquezas da mente humana. Ele incluía esta ilustração:

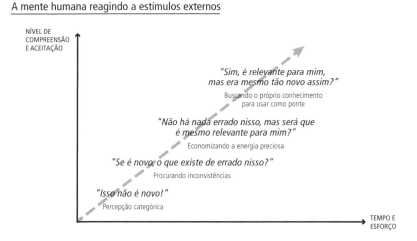

Não era algo científico, de modo algum, mas mostrei essa ilustração a milhares de pessoas ao longo dos anos. A maioria ri e diz: "Sim, é exatamente isso que acontece na minha cabeça quando sou confrontado com coisas que contradizem o que acredito".

Primeiro, tentamos rejeitar a contradição alegando que a pessoa que a expõe é alguém de fora ou não tem qualificações, experiência ou antiguidade suficiente. Mas a probabilidade de que você, ou alguém exatamente como você, com a mesma formação, interesses, qualificações e experiência, crie uma contradição – por exemplo, uma maneira completamente nova de trabalhar – é baixa. A fonte é quase sempre alguém externo a seu grupo.

Segundo, a voz interior tenta contornar a contradição alegando que você e sua situação são únicos. Por isso, você afirma que ela – a nova forma de trabalho – parece boa, mas não é aplicável à sua situação específica.

Terceiro, e como último recurso, a voz torna você mentiroso ao fazê-lo declarar que já tentou a nova forma de trabalho proposta, mas ela não funcionou.

Os consultores, muitas vezes, enfrentam esses três truques quando tentam ajudar uma organização, porém isso também acontece entre o próprio pessoal de uma empresa. Se um departamento executa bem um processo de trabalho específico e tenta compartilhar a técnica com outro departamento, as pessoas desse outro departamento farão uso de todos esses truques para evitar ter de aprender uma nova maneira de trabalhar. Em meus primeiros anos como consultor, eu acreditava nos clientes quando alegavam que o que havíamos proposto era irrelevante ou já havia sido tentado, mas não demorei muito para descobrir que estavam mentindo.

Obviamente, a contradição pode, de fato, estar errada. Pode ser uma coisa ruim de tentar realizar. No entanto, por outro lado, pode não o ser.

A voz interior é crédula

Embora a voz interior faça você resistir a novas ideias, ela também o torna extremamente crédulo. Imagine o seguinte cenário: você está caminhando pela rua e decide tomar um café. A cafeteria em que entra está lotada, mas você consegue encontrar uma mesa. Depois de algum tempo, aparece um cara e pergunta se pode se sentar com você. Ele se apresenta, e vocês começam a conversar. Você fica sabendo que o sujeito trabalha como vendedor para uma empresa de *software* especializada em análise avançada e *big data* e sente que ele é um cara legal e bom no que faz. De repente, ele muda de assunto: "Hoje de manhã, recebi uma ligação de um de meus amigos. Ele tem um amigo cujo amigo tem um colega de trabalho, Stevenson, que está desaparecido faz algum tempo e foi dado como morto pelas autoridades. Fico me perguntando como ele morreu". Logo depois de lhe dizer isso, ele olha para o relógio, percebe que está atrasado para uma reunião e sai correndo. Ao terminar o café, você não consegue parar de pensar no tal Stevenson. Como será que ele morreu? Você começa a analisar o problema dividindo-o em todos os aspectos.

"Ele morreu de causas naturais?", você se pergunta. "Talvez tenha sido assassinado ou cometido suicídio." Você resume as alternativas: causas naturais, assassinato, suicídio. "Sim", você pensa, "isso resume todas as opções."

Mas você está errado! Foi vítima de um dos maiores obstáculos ao pensamento crítico que existe: a ancoragem. A ancoragem é um poderoso viés cognitivo que a voz interior desenvolveu para facilitar a tomada de decisões rápidas e energeticamente eficientes de modo a mantê-lo seguro. Ela está sempre presente na forma como percebemos a nós mesmos e ao mundo. O que isso significa é que a primeira informação que recebemos sobre um problema ou uma situação tende a enviesar nosso pensamento subsequente.

A âncora nessa situação é o questionamento: "Eu me pergunto como ele morreu". Se você voltar e pensar no que seu novo conhecido disse, vai identificar um aspecto óbvio ou uma opção para o problema: ninguém sabe ao certo se o tal Stevenson está morto.

Vale lembrar que Stevenson está desaparecido, e as autoridades apenas supõem que esteja morto. Isso não significa que *esteja* morto de fato. Ele está desaparecido por causa das próprias ações? Foi sequestrado?

Outro aspecto ou opção importante a considerar, dadas as informações que você tem, é contraintuitivo: talvez Stevenson não esteja morto porque nunca existiu! Convenhamos, você conheceu um cara que compartilhou alguma informação de terceira ou quarta mão. Você não tem fatos que sugiram que deva acreditar nela.

O novo conhecido parecia um sujeito legal. Mas poderia ser um vigarista ou um mentiroso patológico. Você confiou nele por causa de outro viés cognitivo: tendemos a confiar em pessoas com as quais podemos nos conectar. Mas pessoas de aparência agradável não são intrinsecamente mais confiáveis que pessoas menos simpáticas.

Portanto, esteja sempre ciente de qual é a âncora em qualquer situação – e não pressuponha automaticamente que pessoas que parecem ser iguais a você podem ser confiáveis. Nem sempre é esse o caso.

Então, com tudo isso em mente, vamos começar. Nesta seção, fornecerei ferramentas e princípios que podem ajudá-lo a superar essa voz interior e abraçar novos conhecimentos, pensar de forma mais lógica e resolver problemas de maneira mais eficiente.

14

Não participe de conversas negativas

Fácil para implementar na vida profissional

A negatividade é a configuração-padrão na maioria das organizações que encontrei. As pessoas comumente falam mal umas das outras e reclamam dos empregos enquanto são cínicas em relação à gestão. As forças em ação aqui emanam de fraquezas que a maioria de nós compartilha por meio de nossa voz interior: a falta de disposição para correr riscos e enfrentar situações desconfortáveis. Então, em vez de confrontar as pessoas, achamos mais fácil e seguro falar delas pelas costas. A voz interior também é fundamentalmente preguiçosa; assim, em vez de repensar nossas tarefas, preferimos reclamar delas. Reclamar consome menos energia que melhorar nossa situação, de fato. E, por fim, a voz interior tem enorme necessidade de se sentir importante e notada. É por isso que nossa reação-padrão às decisões que outras pessoas tomam e nos afetam é de repulsa, raiva ou algum outro tipo de negatividade.

Participar de conversas negativas no trabalho só vai distraí-lo da jornada para se tornar o astro que você pode ser. Além disso, fará com que se sinta uma pessoa ruim. No fundo, todos sabemos que reclamar, fofocar e falar mal dos outros é errado.

Aqui está o que você precisa fazer:

- Nunca compartilhe com ninguém conflitos ou diferenças de opinião que você tenha com um colega, exceto com ele mesmo.
- Se você não vai trabalhar para resolver seu problema de relacionamento, pare de pensar nele! Não deve ser tão importante assim.
- Se alguém se aproximar de você para falar mal de um colega, recuse-se a participar. Incentive a pessoa a discutir essas diferenças com a outra pessoa.
- Se alguém tomar uma decisão que você não entende, não a julgue muito rapidamente. Descubra mais sobre o histórico dessa decisão e o que ela significará na prática. Você tem cérebro; use-o.

Leve esses princípios a sério. Se você se propuser a segui-los, garanto-lhe que experimentará maior sensação de paz interior e será visto como uma pessoa íntegra.

15

Faça semanalmente uma avaliação de risco e um planejamento de contingência

Fácil para implementar na vida profissional

Os SEALs da Marinha dos Estados Unidos investem muito em avaliação de risco e planejamento de contingência; eles planejam de forma meticulosa suas missões. Mas também têm um ditado que diz que "nenhum plano sobrevive ao primeiro contato com o inimigo". Eles sabem que "merdas acontecem" – que sempre haverá fatores além do controle ou aspectos da situação sobre os quais não pensaram o suficiente.

Por que isso é relevante para você? Bem, você não vai querer que sua voz interior fique obcecada ou entre em uma espiral de pensamento negativo. Contudo, quanto mais tempo de qualidade investir pensando no que pode dar errado, mais preparado você estará para lidar com o que vier.

A seguir estão alguns exemplos de surpresas negativas comuns que tenho visto com clientes:

- decisões importantes são alteradas ou não são tomadas;
- novas tarefas são introduzidas;
- prazos e exigências são alterados;
- as pessoas não fazem o que deveriam;
- as principais partes interessadas discordam sobre as questões;
- os colaboradores deixam de fazer sua parte.

Crie o hábito semanal de pensar adiante e se perguntar: "O que pode dar errado?". Então, você poderá se planejar para esses riscos, caso eles se materializem.

Por experiência, sei que profissionais em boa situação raramente fazem avaliações de risco porque acham que não precisam. Se tudo está indo bem, por que focar no que pode dar errado? É quase como se pensar em coisas ruins lhes causasse dor emocional. Entendo os processos psicológicos por trás disso – é um pouco como fazer planos de contingência para o eventual divórcio ao mesmo tempo em que você está planejando o casamento.

Alguns anos atrás, eu estava aconselhando o CEO de uma empresa de biotecnologia em rápido crescimento quanto à estratégia de fusões e aquisições. A companhia dele aguardava aprovações das agências reguladoras antes de poder promover certos aspectos dos benefícios de seu produto no marketing. Uma aprovação também permitiria que a empresa fechasse um acordo de distribuição global com um grande parceiro.

Eu lhe perguntava com frequência sobre o progresso das aprovações, e o CEO insistia que estava tudo certo. Ele chegou até a me mostrar parte da correspondência entre a organização e as agências reguladoras, que parecia promissora. No entanto, opero com a noção de que nada está feito até que esteja feito e perguntei-lhe, em pelo menos três ocasiões, sobre seu plano B. Em todas as vezes, ele quase ficou irritado, mas depois desdenhou do assunto, rindo, e disse: "Stefan, agradeço sua preocupação, mas, sinceramente, sei como essas agências reguladoras pensam e operam; dado nosso histórico, esse é um negócio fechado".

A empresa dele obteve a aprovação das agências reguladoras? Não.

A empresa tinha um plano de contingência? Não.

O CEO manteve o emprego? Não!

O ponto principal de uma avaliação de risco e do planejamento de contingência é que nada é um negócio fechado até que seja um negócio fechado, não importa quão boas as coisas pareçam. Você nunca consegue controlar todos os fatores para o sucesso. Sempre estará dependente de outras pessoas e da maneira como os eventos relacionados – e, às vezes, até não relacionados – se desenrolam.

A gestão de risco e o planejamento de contingência são igualmente importantes se você está enfrentando alguma dificuldade ou fracassou em algo. Uma das razões é ter visão equilibrada dos riscos que você está enfrentando; quando está em uma situação ruim, você tende a superestimar a probabilidade de mais falhas, o que pode levar à paralisia da análise e à inação. Outro motivo é compreender melhor por que, primeiro, você falhou – quais riscos não foram levados em consideração?

Depois de começar a praticar a gestão de risco semanal e diariamente, um de meus clientes disse:

> Antes de cada semana, e antes de cada dia, reflito sobre os riscos potenciais. Para riscos que poderiam ter grande impacto, faço intenções de implementação, ou seja, planos de ação de que modo lidar com o risco caso ele se torne realidade. Uma das principais razões pelas quais me sentia estressado antes de começar a fazer gerenciamento de risco foi porque sabia que sempre havia o risco de a "merda bater no ventilador". Ao *identificar proativamente os riscos e reduzir a probabilidade de sua ocorrência*, sinto-me muito mais no controle; sempre sei que fiz o melhor para evitar os piores resultados. Mas, se os riscos ocorrerem, tenho um plano para gerenciá-los.

16

Não seja a vítima –
seja o detetive

Fácil para implementar na vida profissional

Se prisioneiros de guerra podem treinar a mente para resistir à tortura, você pode gerenciar sua mente para ter uma vida melhor e mais resiliente no trabalho. A mentalidade número um a evitar talvez seja nossa mentalidade-padrão como seres humanos: sentir-nos vítimas.

A mentalidade de vítima nos ajuda no curto prazo. Se você é vítima das circunstâncias, ou das ações e demandas de outras pessoas, não precisa fazer nada a respeito; só quem está lhe fazendo mal tem o poder de mudar as circunstâncias em que você se encontra. Apague de seu modelo mental essa forma de pensar. Quando você permite que ela entre em seu mundo, está dando permissão a si mesmo para se sentir impotente. Isso só piora as coisas.

Em vez disso, pratique o que chamo de mentalidade de detetive. Se uma pessoa é má ou é difícil trabalhar com ela, transforme-a em um problema interessante a ser resolvido. Procure descobrir em seu projeto por que essa pessoa se comporta desse modo e como você pode gerenciá-la de maneira mais eficaz.

Perdi as contas de quantos de meus clientes sofreram com relacionamentos ruins com os chefes ou com um ou mais colegas e pensaram em largar o cargo para buscar alguma outra coisa longe dessas "pessoas ruins". Essa é uma tendência natural, já que poucas coisas nos machucam mais, emocional e mentalmente, que relacionamentos ruins. O problema é que o mundo está repleto de pessoas difíceis. Assim, se você quer crescer e moldar seu destino, precisa dominar a habilidade de transformar situações aparentemente impraticáveis em produtivas.

Digo aos meus clientes que passem duas ou três semanas observando as pessoas que lhes causam problemas e procurem tentar descobrir por que elas falam e se comportam da maneira como o fazem – bem como ponderem o que eles próprios poderiam estar dizendo e fazendo para desencadear esses maus comportamentos. Peço-lhes que tentem diferentes maneiras de interagir com essas pessoas. Na maioria das vezes, é algo que funciona bem, e alguns clientes conseguiram, em semanas, mudar de forma radical a dinâmica desses relacionamentos aparentemente impossíveis.

Aqui está um depoimento de um deles:

Trabalhei com uma pessoa difícil que, muitas vezes, desqualificava minhas sugestões e ideias sem nenhuma explicação real. Eu não conseguia descobrir como lidar com esse colega e estava ficando cada vez mais frustrado. Então, foi-me apresentada a mentalidade de detetive, que substitui o medo e as emoções pela curiosidade intelectual. Comecei a sondar o colega quanto ao motivo pelo qual ele recebia daquela maneira as ideias e sugestões que eu lhe apresentava e o que faria de diferente se fosse eu. Estudei suas motivações e decisões. Logo concluí que ele estava sob tremenda pressão pessoal e profissional, e isso estava afetando sua capacidade de se envolver comigo. Conhecer esse histórico mudou minha mentalidade; percebi que precisava me colocar no lugar dele e primeiro estabelecer confiança e credibilidade antes de começar a trabalhar com ele. Depois que coloquei em prática o que havia aprendido, ele começou a me ver como um colega de confiança e consultor.

A mentalidade de detetive é relevante em todas as áreas da vida profissional, não apenas nos relacionamentos. Se você não consegue cumprir uma meta, sentir-se mal por causa disso não vai ajudá-lo. O maior problema do fracasso não é o fracasso em si, mas a dor emocional que ele causa, o que infla nossa percepção da real dimensão e da gravidade desse fracasso. O mesmo acontece quando experimentamos o sucesso – é muito fácil que o prazer emocional nos leve a superestimar a nós mesmos. O truque, esteja você experimentando o fracasso ou o sucesso, é sair logo dessa intoxicação emocional. Adote uma abordagem analítica para obter visão equilibrada, não emocional, da situação; ou seja, transforme-a em oportunidade de aprendizado: *Por que não fui bem-sucedido? Estabeleci a meta errada? Preparei-me mal? Meu plano foi incompleto e não foi pensado o suficiente? Faltaram esforço e convicção à minha execução? O que preciso fazer diferente da próxima vez?* Ou inversamente: *O que fiz certo? Como posso fazer isso de novo?*

Use o princípio dos cinquenta-cinquenta, que uma cliente me ensinou, para pensar sobre seus sucessos e fracassos passados, presentes e futuros. Essa cliente, antes de entrar no ramo empresarial, era atleta de elite. Desde então, gerenciou uma série de projetos "impossíveis", dos quais a maioria das pessoas não teria dado conta.

Ela nunca se lamuriou ou reclamou; sempre falava sobre seus desafios baseando-se em dados e desapaixonada. Quando lhe perguntei como era capaz de manter visão tão equilibrada e construtiva, ela respondeu:

"Bem, eu uso a mentalidade que tinha quando estava no esporte: sempre que falho ou tenho sucesso, cinquenta por cento tem a ver comigo e cinquenta por cento tem a ver com fatores além do meu controle. Então, por que me matar se eu fracassar ou me deixar empolgar demais quando tiver êxito? Só posso me concentrar em me preparar e fazer o meu melhor. É claro que, com o tempo, aprendo mais sobre os fatores que estão além do meu controle, o que me ajuda a me preparar e executar o trabalho de maneira ainda melhor".

A mentalidade de detetive também é importante quando você enfrenta o que parecem ser desafios impossíveis. Em meu trabalho, encontro o tempo todo clientes que diariamente enfrentam o impossível. Além disso, vivi várias situações "impossíveis" em grande escala, por exemplo, a crise das empresas ponto.com no início dos anos 2000, o *crash* financeiro de 2008 e o surto de Covid-19 em 2020. Para se manter motivado em situações como essas, você deve pensar como detetive, comprometendo-se, outra vez, com o que todos sabemos lá no fundo: que nada é impossível, e, mesmo que seja quase impossível, você sempre pode melhorar as coisas. De certa forma, você deve ser grato pelos desafios que essas situações impossíveis criam, porque exigem que extraia o melhor de si mesmo e dos outros.

A mentalidade de detetive rapidamente transforma o mundo em um lugar mais interessante, cheio de problemas para analisar. Quase todos os problemas podem ser resolvidos. É apenas questão de quanto tempo e atenção você investe.

Uma vez que aceite que você, e somente você, pode decidir como pensar sobre si mesmo e sobre as coisas que lhe acontecem, sua saúde mental e física vai melhorar. Ao criar o hábito de sempre dar um passo atrás e decidir com ponderação como pensar sobre seus desafios, você fortalece a capacidade de se dissociar do estresse.

17

Faça sempre o que é certo para a empresa

Fácil para implementar na vida profissional

Por que você recebe salário? Pense nessa pergunta, porque sua resposta terá grande impacto sobre o modo como você pensa em relação a si mesmo e sobre como se comporta no trabalho. Antes que eu lhe diga o que acredito ser a resposta certa, quero contar como cheguei a isso, porque foi um divisor de águas em minha carreira. Quando deixei a McKinsey & Company para assumir meu primeiro cargo executivo, há muitos anos, estava mergulhado em uma crise pessoal e profissional. Estava rodeado de pessoas que raramente faziam o que deveriam, as quais, muitas vezes, se comportavam de maneira improdutiva e jogavam jogos políticos intermináveis (desde então, aprendi que essa é a norma na maioria das organizações).

Eu estava extremamente mal equipado para liderar. Todos com quem trabalhei na McKinsey eram extraordinariamente construtivos e sabiam trabalhar de forma muito eficiente em equipe e com todos os tipos de pessoas. Sempre, sem exceção, os colaboradores desempenhavam seus papéis de acordo com as expectativas ou melhor. Perder um prazo era inédito; isso simplesmente nunca acontecia.

Durante os primeiros seis meses no meu novo cargo, enfrentei dificuldades; queria estar no controle da situação e fazer grandes coisas, mas como? Não queria apenas adotar os hábitos da minha nova empresa. Então, comecei a pensar profundamente sobre meu papel e sobre qual seria minha responsabilidade fundamental, além das tarefas concretas próprias do cargo. Uma grande pergunta se formou aos poucos em minha cabeça: "Por que meu empregador está me pagando um salário?". Então, me veio a resposta: "Recebo um salário para pensar e agir no melhor interesse da empresa". Era isso!

Permita-me ser claro em relação ao que quero dizer com foco nos melhores interesses da empresa. Estes não são a mesma coisa que os melhores interesses do seu chefe, ou da diretoria, ou do CEO, ou de qualquer outra pessoa na companhia. A questão é prestar atenção se seu trabalho, suas conquistas e seus comportamentos e os das pessoas que você supervisiona tornam a empresa mais forte, saudável e um lugar melhor para trabalhar. Se você tem objeções morais à empresa – se acredita que seu trabalho é prejudicial à sociedade ou que sua gestão é corrupta –, deve pensar em ir embora. Caso contrário, seu trabalho é ajudar as pessoas de sua equipe e da empresa a prosperar.

Armado com essa nova perspectiva, descobri que poderia pensar e agir em relação aos meus subordinados diretos, colegas e chefe de maneira que me desse conforto, bem como direção clara. Quando eles se comportavam mal, não cumpriam seus deveres ou agiam de outras formas que claramente não eram do melhor interesse da empresa, eu os chamava. Não os atacava; fazia-lhes perguntas. Se dois subordinados diretos meus não colaboravam bem por causa de algum conflito, eu convidava ambos para minha sala e lhes dizia algo como: "Então, Bob e Jane, é evidente que vocês têm algum tipo de conflito que prejudica seus resultados de trabalho. Podem me explicar como essa situação é do melhor interesse da empresa?".

Se tentavam explicar por que tinham esse "problema", eu os interrompia dizendo: "Não estou interessado no motivo pelo qual vocês têm esse problema. O que estou perguntando é como essa situação pode ser do melhor interesse da empresa". Como eles não tinham resposta, eu lhes dizia que usassem a meia hora seguinte para encontrar uma solução e me reportar. Deixava claro que o problema deveria ser totalmente resolvido e não ocorrer novamente.

Descobri que essa abordagem era extremamente poderosa. Facilitava muito a vida não só para mim, como líder, mas para todas as pessoas com quem trabalhei. De repente, tínhamos uma métrica compreensível que poderíamos usar para avaliar nossos comportamentos, resultados de trabalho, ideias e prioridades.

Todavia, esses não eram os únicos benefícios. Para mim e para as pessoas ao meu redor, o foco no melhor interesse da empresa também nos tornava melhores pensadores. Por quê? Porque, para manter o foco nos melhores interesses da empresa, tínhamos que deixar nossa voz interior, com todas as demandas egoístas, em casa. Quando você traz suas necessidades egoístas para o trabalho, inevitavelmente estará deixando muito da inteligência para trás.

Ser regido, de forma consciente ou inconsciente, por suas necessidades egoístas lhe dá visão afunilada, pois você só registrará os elementos de sua condição que se relacionam consigo mesmo. Esse viés permeará tudo o que você faz: como executa suas tarefas, como se envolve com os colegas e as partes interessadas e o que vai aprender. Além disso, colocar em primeiro lugar suas necessidades egoístas causa estresse. Por quê? Simplesmente porque você vai tomar tudo o que não atende às suas necessidades como afronta pessoal. Isso significa que, provavelmente, você sairá do trabalho todos os dias se sentindo frustrado, irritado e insatisfeito, sobrecarregado por pensamentos negativos a respeito de pessoas que, como você, se permitiram ser governadas por suas necessidades egoístas.

Se construir continuamente sua visão sobre o que é do melhor interesse da empresa, você poderá falar com confiança com qualquer pessoa, sem importar quem ela seja ou o que pensa. Não importa como possam se comportar, a maioria das pessoas entende que deve colocar suas responsabilidades corporativas em primeiro lugar. Contanto que você deixe claro que essa é sua única motivação, as demais pessoas acreditarão que você tem integridade e não está impondo suas questões ou opiniões em benefício próprio.

Outra maneira de pensar sobre isso é se perguntar o que é *sempre* do melhor interesse da empresa. Aqui estão três coisas:

1. Tudo o que você faz deve criar mais valor que o custo de fazê-lo. Por isso, consulte regularmente quem utiliza os resultados do seu trabalho e verifique o valor do que você produz.
2. Química pessoal, interesses diferentes, aparência ou outros fatores nunca devem afetar a qualidade de sua colaboração ou comportamento em relação aos outros.
3. Exercite a autoliderança e a tomada de iniciativa: se perceber que uma tarefa essencial não está sendo feita, você é responsável, no mínimo, por descobrir por que ela não está sendo feita pela pessoa que a deveria estar fazendo. Se essa pessoa tiver um motivo aceitável, não é crime se oferecer para ajudá-la.

Muitas outras coisas estão sempre certas porque são sempre do melhor interesse da empresa, mas essas três são um bom começo.

Lidando com um chefe que não faz a coisa certa para a empresa

Sim, chefes que não fazem a coisa certa para a empresa existem, e um dos principais motivos é que o processo de recrutamento de muitas organizações é fraco ou falho. Além disso, as empresas podem ser igualmente ruins ao fazerem a avaliação de desempenho de líderes e funcionários. Não só há chefes ruins, incompetentes e interesseiros como raramente eles são confrontados.

Já tive minha cota de maus chefes. Na última parte de minha carreira executiva, quando entrei em uma empresa para ajudá-la a dar a volta por cima, o CEO parecia um cara legal, com habilidades sociais altamente desenvolvidas, mas logo percebi que a maneira como enxergava as pessoas era desprezível. O mais importante para ele era se elas estavam bem-vestidas e atraentes; se não estivessem à altura de seus padrões, a vontade dele era demiti-las. Muita gente não satisfez aos requisitos do sujeito enquanto estive na empresa. Além disso, ele era sensível demais ao que as pessoas externas à organização pensavam sobre ela. Não clientes ou parceiros de negócios, mas pessoas aleatórias no bairro chique em que ele morava. Ele me ligava aos fins de semana e ordenava que eu fizesse mudanças radicais nas operações da empresa com base em algum *feedback* frágil de um dos vizinhos. Esse homem, meu chefe, representava tudo que eu não sou.

No início, achei que deveria pedir demissão, mas sabia que seria possível elaborar e executar um plano que pudesse tornar a empresa um lugar muito melhor. Então, fiquei e desafiei meu chefe. Toda vez que ele queria demitir alguém ou buscar alguma mudança ridícula, eu pedia a ele que delineasse seu raciocínio e explicasse especificamente como sua ideia apoiaria os melhores interesses da empresa e a recuperação dela. Ele nunca soube dar uma explicação. Por isso, não demitiu ninguém nem executou suas "ideias de melhoria". Aos poucos, ele parou de apresentar suas ideias estúpidas, o que significava que eu poderia me concentrar totalmente em nosso trabalho para transformar a empresa, o que fizemos com sucesso, apesar do CEO.

O que você pode fazer se tiver um chefe ruim? Se puder, meu primeiro conselho é ir embora! Poucas coisas alimentam nossa voz interior como um mau chefe o faz, e isso significa estresse e sofrimento constantes. Mas e se, por qualquer motivo, você não puder sair? A primeira pergunta a se fazer é se o mau comportamento do chefe vai impedi-lo de sempre fazer a coisa certa para a empresa. Se a resposta for não, você pode continuar fazendo o que é certo para a empresa e esperar que o chefe seja substituído ou que, com o tempo, você seja notado e recompensado por seu trabalho.

Se a resposta for sim, então você tem duas opções. A primeira é conversar com o chefe, como fiz, para tentar convencê-lo a fazer a coisa certa (e por "a coisa certa" não quero dizer que você deva tentar convencer o chefe a pedir demissão, mesmo que isso seja a coisa certa para a pessoa fazer). Se o chefe insistir que você deve fazer o que lhe mandam, mesmo que seja contrário ao melhor interesse da empresa (mas não totalmente ilegal), você só tem uma opção: fazer exatamente o que o chefe diz.

O que você *não* deve fazer é recusar ou fazer qualquer outra coisa para criar um conflito visível com o chefe, porque a maioria das pessoas opera na crença de que "é preciso dois para brigar" e, portanto, pensará que a culpa do conflito deve ser, em parte, sua. Além disso, você não deve reclamar sobre o chefe para outras pessoas da empresa, já que o tiro pode sair pela culatra. Acima de tudo, não deve reclamar com o chefe do chefe, que provavelmente o contratou e, portanto, tem interesse em fazê-lo parecer bom.

Parece deprimente, certo? Permita-me lhe apresentar algumas palavras de consolo. Uma das maneiras mais seguras de se livrar de um mau chefe é fazer exatamente o que ele diz. Se você deixar claro a todos que são as ideias e as prioridades do chefe que você está seguindo e ficar evidente que não estão criando valor, é provável que o chefe seja convidado a ir embora.

18

Escreva uma carta de boas-vindas a si mesmo

Fácil para implementar na vida profissional

Quando volta de férias, você acha difícil retomar o ritmo normal de trabalho ou se sente entusiasmado para trabalhar? Uma dica interessante é escrever para si mesmo uma carta de boas-vindas antes de sair de férias. Ela deve trazer breves palavras sobre algumas coisas empolgantes que você conquistou antes da saída, algumas ideias para tarefas simples, mas empolgantes, para realizar durante a primeira semana de volta e delinear as principais prioridades de trabalho para os próximos meses.

Escrever essa carta traz vários benefícios. Primeiro, permite que você se descontraia quando estiver de férias, sem preocupações quanto a definir qual será o foco ao retornar, ou de que maneira vai se motivar, uma vez que você já tem um plano definido. Segundo, é um exercício divertido, tanto ao escrever a carta quanto ao lê-la depois das férias.

Como exemplo, eis aqui uma carta de minha cliente Linda, diretora de recursos humanos de uma empresa global:

Bem-vinda das férias, Linda!

Espero que tenha curtido a temporada com a família na nova casa de verão. Imagino que as crianças tenham adorado nadar no lago.

Você deve estar se sentindo energizada por estar de volta ao trabalho, pronta para retomar todas as coisas incríveis que conquistou nos meses e nas semanas antes de sair de férias:

- A nova arquitetura de talentos* foi aprovada pelos *stakeholders* como tremendo avanço no modo como a empresa avalia líderes e funcionários.
- Você conseguiu melhorar o relacionamento com Bob, chefe de serviços, e isso levou a mais transparência na liderança e nas necessidades de desenvolvimento do setor de serviços.
- Você treinou Jenny para conduzir sozinha o processo de *people reviews*,** e isso aumentou muito a satisfação dela no trabalho, e também liberou tempo útil para si mesma.

O que precisamos começar na primeira semana depois da volta ao trabalho? Eis algumas ideias:

- Reúna a equipe e peça a eles que compartilhem as melhores lembranças das próprias férias, bem como as prioridades para as próximas duas semanas.

---

* Arquitetura de talentos é uma estratégia usada pelas organizações para identificar, desenvolver e gerenciar seus talentos. Concentra-se em compreender e suprir as necessidades de talentos da organização, ajudando-a a atingir seus objetivos. [N. T.]

** *People review* é um processo de avaliação de pessoas de uma organização cujo objetivo é verificar se estão alinhadas aos objetivos e à visão da empresa. Conduzido com regularidade, esse processo revela se as pessoas certas estão nas funções certas para promover o crescimento da organização. [N. T.]

- Reúna-se com Bob a fim de discutir as férias dele e quais serão os próximos passos na criação de planos robustos para o desenvolvimento dos líderes de alto potencial.
- Delineie algumas ideias iniciais sobre como melhorar o recrutamento em P&D.

Eis algumas das coisas importantes que você quer alcançar durante os próximos meses:

1. Iniciativa de gestão de desempenho em operações globais – discutir com a equipe executiva os prazos para as propostas de *people review* de outubro.
2. Até 30 de setembro, elaborar planos robustos de execução para todas as funções centrais na Índia, na China e nos Estados Unidos.
3. Até 15 de outubro, treinamento de segurança psicológica para todos os líderes na Índia.
4. Melhorar o processo de recrutamento para engenheiros de P&D com James, chefe de P&D – o plano detalhado deve estar em vigor antes de 1º de novembro.

Linda, mais uma vez, bem-vinda de volta das férias para momentos empolgantes no trabalho.

19

Gerencie ativamente
a ansiedade

Moderadamente exigente para implementar na vida profissional

A voz interior é extremamente ansiosa na busca para manter você em segurança, o que significa que todos nós ficamos nervosos e ansiosos. O problema é que, quando o fazemos, não conseguimos pensar com clareza.

Uma boa maneira de reduzir a ansiedade geral na vida é praticar diariamente a meditação *mindfulness*. Ela vai lhe ensinar a prestar atenção na respiração, o que possibilita reduzir a ansiedade quando ela bate à sua porta. Pratico meditação *mindfulness* há mais de vinte anos, e ela é poderosa.

No entanto, praticar meditação *mindfulness* diariamente não impedirá que você enfrente situações que o deixarão nervoso ou ansioso. O problema é que, quando sabemos que em breve enfrentaremos determinada situação, temos a tendência a lidar com ela de maneira errada. Ou tendemos a não querer pensar nela — porque isso, por si só, é algo doloroso —, ou pensamos demais nela, ou seja, nossa mente amplia quão ruim será a situação.

A melhor maneira de lidar com essas situações é livrar-se do nervosismo e da ansiedade antes do evento, para que você possa olhar para ele de forma objetiva e estabelecer uma abordagem intelectual.

Nas seções a seguir, estão algumas ferramentas que você pode usar para lidar com a ansiedade. Use-as isoladamente ou combinadas entre si, como quiser que funcione para você.

Identifique proativamente todos os eventos que podem causar nervosismo ou ansiedade

Consulte seu calendário e pergunte-se: "Quais eventos nas próximas semanas provavelmente me causarão ansiedade?". Imprima seu calendário e marque os eventos. Melhor ainda, use um código de cores nele, com todos os eventos desafiadores destacados em vermelho, e o restante, em verde.

Esse procedimento traz muitos benefícios. Primeiro, ver a proporção real entre eventos causadores de ansiedade e eventos normais lhe dá visão mais equilibrada. A expectativa do estresse pode tomar conta de sua mente, fazendo você acreditar que a situação está pior do que é de fato.

Em segundo lugar, apenas assinalar os eventos é um primeiro passo para estabelecer o controle, o que, por si só, é um alívio.

Defina suas táticas

Dois ou três dias antes de um evento causador de ansiedade, sente-se e pense em suas táticas: quais são os prós e contras, tanto para sua preparação quanto para sua execução? Defina dois ou três piores cenários e decida como gerenciá-los se acontecerem. Reveja e refine seus alvos e táticas pelo menos duas vezes antes do evento. E não se esqueça de fazer um *post mortem* quando acabar – avalie e aprenda!

Falar em público é um problema para mim. Embora eu já tenha dado centenas de palestras, a expectativa de um evento desses ainda me deixa extremamente nervoso. Eis como lido com isso:

- Preparo minuciosamente minhas apresentações.
- Tenho um plano detalhado para os primeiros dez minutos, desde o conteúdo de minhas observações iniciais até aquilo que minha postura e linguagem corporal devem transmitir. Concentro-me especificamente em como devo me relacionar com o público. Se houver alguém na plateia que eu conheça e de quem goste, posso fingir que estou falando diretamente com essa pessoa. Ou posso escolher algumas pessoas e ter algumas interações com elas.
- Ensaio minha palestra várias vezes, experimentando diferentes maneiras de apresentá-la, em especial a abertura.

Todo esse planejamento ajuda a me dissociar do nervosismo. Por mais estressado que eu esteja quando subo no palco, sei o que tenho que fazer em cada passo do caminho.

Escreva suas ideias ou fale em voz alta consigo mesmo

Se sentir que está ficando nervoso na manhã do evento, sente-se e pegue uma folha de papel em branco ou abra sua agenda para fazer algumas anotações.

Anote cada pensamento que está em sua mente. Estrutura e lógica são completamente desimportantes; basta escrever, não analisar. Então, quando tiver escrito tudo o que puder, analise. Se está se sentindo em dúvida quanto à sua apresentação, debata consigo mesmo até sentir sensação de controle sobre como pensar.

Outro método é fechar a porta e falar sozinho em voz alta. Quando tiver todos os pensamentos iniciais e puder "ver" quais são, debata consigo mesmo sobre se é lógico se sentir assim e, se não, pergunte qual caminho seria melhor.

Você pode repetir esses métodos várias vezes, dependendo de quanto tempo tem disponível.

Use o método de respiração 4 + 4

Se estiver ficando ansioso pouco antes do evento, sente-se e inspire lentamente por quatro segundos, depois expire lentamente por quatro segundos. Repita isso por pelo menos dois minutos. Isso ajudará a trazer os batimentos cardíacos e a respiração de volta ao normal, o que limpa a mente. Você também pode usar esse método de respiração durante o evento, se precisar.

20

Use o raciocínio lógico quando estiver diante da incerteza

Moderadamente exigente para implementar na vida profissional

Poucas coisas despertam tanto nossa voz interior quanto a incerteza. Diante da incerteza, podemos nos estressar tanto a ponto de ficarmos paralisados. Em ambientes profissionais de alta pressão e ação rápida, as coisas podem ficar, de fato, muito incertas. Decisões são tomadas no topo da cadeia e não são bem explicadas (algo comum), e novas prioridades corporativas ou formas de trabalho são comunicadas na intranet sem uma explicação mais profunda do motivo e do que acontecerá a seguir (igualmente comum).

Nosso cérebro vê a incerteza como um risco, e isso coloca a Rede de Modo Padrão em hiperatividade. Com isso, ficamos obcecados, amplificando nossa percepção de probabilidade e da magnitude dos riscos.

Já trabalhei com muitos clientes que sofrem de *burnout*. Em praticamente todos os casos, a causa não era terem coisas demais com que lidar ou cargas horárias excessivas – era terem de acomodar *na mente incertezas não resolvidas demais, as quais eles estavam tentando suprimir em vez de trazer à luz.* As incertezas enfrentadas por esses clientes variavam desde questões pessoais, como relações com cônjuges e filhos, até chefes imprevisíveis, ambientes de trabalho hostis, falta de visão clara do futuro profissional, e assim por diante. A supressão de emoções negativas intensifica as atividades em nossos centros de alerta e medo, o que gera mais estresse.[1] O estresse maior leva à hipersensibilidade, que pode criar uma espiral negativa que reforça a si mesma, na qual a dificuldade do subconsciente diante das incertezas ocupa cada vez mais espaço mental, atrapalhando a concentração da mente consciente durante o dia e impedindo-nos de ter as horas suficientes de sono à noite. Quanto mais cansados estamos, pior *nossa capacidade de pensar e menos energia e desejo temos de nos envolver em nossas tarefas e ambientes.* Vamos ficando cada vez mais para trás.

Nessas situações, é crucial que você entre em ação para ativar outra rede cerebral, suas funções executivas. Aqui está uma maneira simples de fazer isso:

1. Anote essas incertezas e descreva-as, sejam elas particulares, profissionais ou ambas.
2. Crie um plano simples de como você pode trabalhar para tornar cada uma delas um pouco menos incerta.
3. Faça algo pequeno todos os dias baseado no(s) plano(s) que você elaborou.

Ao fazê-lo, faça a si mesmo as seguintes perguntas:

1. De que tenho certeza absoluta que devo fazer?
2. O que acho que devo fazer, mas não tenho certeza?
3. De que não tenho ideia quanto ao que devo fazer?

Coloque as respostas em "compartimentos" separados, como no diagrama a seguir.

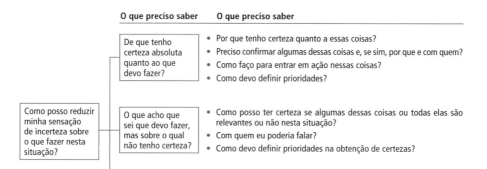

Maneira lógica de lidar com a incerteza e ainda ser produtivo

Ao fazer isso, você provavelmente verá que tem bastante certeza sobre muitas coisas; isso contrabalançará a narrativa da Rede de Modo Padrão com relativa rapidez, enquanto reduz o estresse ao aumentar a sensação de controle. Também vai dar apoio ao trabalho do subconsciente, que está acompanhando tudo e lutando para resolver essas incertezas, mesmo enquanto você estava tentando suprimi-las. E, mais importante de tudo, é seu primeiro grande passo para quebrar o ciclo negativo.

21

Comunicando-se quando há incerteza

Moderadamente exigente para implementar na vida profissional

Tipicamente, meus clientes se sentem inseguros quando são colocados no comando de uma nova área e requisitados a apresentar seus planos e prioridades a ela.

Um CEO recém-nomeado com quem trabalhei iria encarar a primeira reunião de diretoria. Ele estava nervoso não só porque estava no cargo fazia pouco tempo como também porque sabia que dois dos membros da diretoria eram extremamente detalhistas e exigiriam respostas claras às suas perguntas (o CEO anterior havia sido demitido, em parte, porque não respondera, de modo satisfatório, às perguntas deles).

A pior coisa que você pode fazer com pessoas detalhistas é tentar inundá-las com generalidades. Você deve se antecipar ao foco detalhista delas nas áreas em que você não será capaz de fornecê-lo. Uma maneira simples de lidar com isso é dividir o que você apresenta em três categorias, semelhantes às do capítulo anterior:

1. Coisas sobre as quais você tem total certeza e as implicações delas.
2. Coisas que você acha que são verdadeiras, mas sobre as quais ainda não têm certeza, e as implicações delas.
3. Coisas sobre as quais você ainda não tem perspectiva clara, por qual motivo é importante que tenha e o que está fazendo para se informar sobre elas.

Foi exatamente isso que o CEO fez. Resultado: a diretoria ficou feliz com as ideias que ele tivera até aquele momento e respeitou a transparência dele. Isso lhe permitiu construir relacionamentos sólidos com os membros diretores.

Maneira lógica de se comunicar quando há incerteza

Fluxo da narrativa	Exemplo de elementos componentes
De que tenho certeza absoluta em termos do problema X e quais implicações haveria	• *Conclusões:* benefícios, custos e desafios empresariais relacionados à solução do problema X • Fatos e análises que sustentam as conclusões • Implicações das conclusões • Próximos passos com base nas implicações
O que acho, mas sobre o qual não tenho certeza em termos do problema X, e quais implicações potenciais haveria caso fosse verdade	• *Hipóteses:* benefícios adicionais potenciais em termos empresariais, custos e/ou desafios relacionados à solução do problema X • Pressupostos e indicativos que sustentam as hipóteses • Implicações caso as hipóteses sejam verdadeiras • Próximos passos para o teste das hipóteses
De que ainda não tenho perspectiva ou *insight* em termos do problema X e quais são meus planos para resolver isso	• *Estimativa:* qual é a importância potencial das coisas sobre as quais não tenho perspectiva ou informação em termos de benefícios, custos e desafios empresariais relacionados à solução do problema X • Pressupostos e indicativos que sustentam a estimativa • Próximos passos para trazer clareza sobre a validade da estimativa

(Hoje, falarei sobre três aspectos do problema X)

Lembre-se sempre de que, para transmitir a certeza de que você sabe do que está falando, a estrutura é rei, e o conteúdo, rainha. Em outras palavras, a estrutura que você utiliza ao falar ou se apresentar é sempre mais importante que o conteúdo que coloca nela.

22

Use o *e-mail* de maneira mais inteligente

Moderadamente exigente para implementar na vida profissional

Com frequência, meus clientes reclamam de que estão sobrecarregados com a quantidade de *e-mails* que recebem. Na realidade, sua caixa de entrada pode ser um recurso altamente valioso se você a encarar de maneira analítica. Eis algumas diretrizes simples para extrair o máximo de seu *e-mail*:

1. **Quantifique o volume de *e-mails*.** Pegue quatro semanas de *e-mails* recebidos e analise-os. Quantas mensagens você recebe em um dia típico? A maioria de meus clientes fica surpresa com quão poucos recebem de fato, em comparação a quantos sentem que recebem. Quantos dos *e-mails* que você recebe em um dia típico são especificamente endereçados a você? E quantos exigem sua resposta?

2. **Analise quem está escrevendo os *e-mails*.** Organize sua caixa de entrada criando pastas para as pessoas que mais lhe escrevem. Analise os tópicos sobre os quais elas escrevem e de que forma o fazem. Poucas coisas são mais reveladoras da mentalidade, das habilidades e do modo de pensar das pessoas que a maneira como elas escrevem.

3. **Analise quais tópicos são inadequados para um *e-mail*.** Muitos tópicos sobre os quais as pessoas escrevem a você por *e-mail* poderiam ter sido tratados de maneira muito mais eficiente por outros canais. Alguns *e-mails* solicitam informações que os remetentes eram ignorantes demais ou preguiçosos demais para obter. Às vezes, um bate-papo rápido por telefone pode eliminar a necessidade de uma longa e demorada troca de mensagens.

4. **Separe trinta minutos, todos os dias, para ler seus *e-mails* e responder a eles.** Você pode, é claro, dividi-los em três sessões de dez minutos ou em duas sessões de quinze minutos por dia. A chave é destinar um tempo definido para responder aos *e-mails*.

5. **Importante: nunca use o *e-mail* para tópicos emocionalmente sensíveis.** E não o use de jeito nenhum se tiver algum problema de relacionamento com a pessoa a quem o está enviando. Muitos de meus clientes cometeram o erro de usar o *e-mail* para tentar discutir ou resolver um problema de colaboração; isso nunca funciona e cria o risco de aumentar o problema. Qualquer tema sensível será mais bem tratado pessoalmente ou, se isso não for possível, por meio de aplicativos de videochamada, como o Zoom, ou por telefone.

23

Limite o tempo nas redes sociais

Moderadamente exigente para implementar na vida profissional

Perdi a conta de quantas organizações clientes visitei nas quais as pessoas relatavam que estavam excessivamente estressadas e tinham cargas de trabalho pesadas demais. Em geral, passo algumas horas andando pelos escritórios para observar os funcionários e conversar com eles. Concentro-me em especial naquilo que eles têm na tela do computador, que, muitas vezes, são as redes sociais.

Não é à toa que estão estressados! Se você desperdiça tempo de trabalho valioso nas redes sociais, é claro que vai perceber seu trabalho como sendo exigente demais. Em um brilhante artigo no *The Wall Street Journal*, Nicholas Carr resumiu algumas pesquisas interessantes sobre os *smartphones* e sobre como interferem em nossa vida e em nossa capacidade de desempenho.[1]

Se você é como o típico proprietário de um iPhone, vai pegá-lo e usá-lo cerca de oitenta vezes por dia, de acordo com dados coletados pela

Apple. Multiplique isso por trezentos e sessenta e cinco, e estará usando o celular quase trinta mil vezes em um ano.

O que acontece com a mente quando você permite que o *smartphone* domine sua vida a esse ponto? Os resultados da pesquisa sobre essa questão são preocupantes.

Adrian Ward, professor assistente da Universidade do Texas em Austin, tem estudado a maneira como os *smartphones* afetam nosso raciocínio e nossos julgamentos. Usar um *smartphone*, ou mesmo ouvir um toque ou uma vibração, torna muito mais difícil que nos concentremos em um problema complexo. Um estudo de 2015 mostrou que, quando as pessoas ouvem o celular tocar, mas são incapazes de atender, exibem aumento da pressão arterial, o pulso acelera, e a capacidade de resolução de problemas diminui.[2]

Ward e seus colegas realizaram testes para avaliar a capacidade cognitiva disponível dos participantes (quão plenamente podem se concentrar em uma tarefa específica) e sua inteligência fluida (capacidade de resolver um problema desconhecido).[3] Em seguida, dividiram os participantes em três grupos e testaram-nos de novo. Um grupo colocou os telefones diante de si, em suas mesas; outro grupo guardou os telefones no bolso ou na bolsa; e os telefones do terceiro grupo foram mantidos em outro aposento.

Os resultados foram claros. Em ambos os parâmetros, os participantes com telefones em outra sala se saíram melhor. Aqueles que mantiveram os telefones no bolso ou na bolsa se saíram pior, mas não tão mal quanto aqueles cujos telefones estavam à vista. Em outras palavras, a capacidade cerebral diminui à medida que aumenta a proximidade do celular.

Não é apenas o raciocínio que é prejudicado quando os celulares estão por perto. Você também se sai pior com habilidades sociais e construção de relacionamento. Em um estudo de 2013, os participantes conversaram em duplas por dez minutos.[4] Metade tinha um telefone consigo;

outra metade, não. A presença de telefones celulares claramente inibiu o desenvolvimento de proximidade interpessoal e confiança, diminuindo a empatia e a compreensão.

Então, o que fazer com seu *smartphone*? Aqui estão três regras simples:

1. Nunca leve o celular consigo para uma reunião. Se estiver esperando alguma ligação urgente, deixe-o com um colega que poderá interromper a reunião e avisar você.
2. Silencie o celular e mantenha-o longe da vista quando estiver trabalhando em uma tarefa ou um problema exigente.
3. Defina horários específicos ao longo do dia em que vai usar o *smartphone*.

24

Use o raciocínio lógico com todos os tipos de problema

Exigente para implementar na vida profissional

Como você pode evitar que suas crenças, experiências e vieses o ceguem? Desenvolvendo a capacidade de pensar de forma lógica.

Pensar de forma lógica tem a ver não só com o raciocínio em si, mas também com comportamentos e hábitos. Três hábitos, em particular, favorecem o raciocínio lógico.

Use sempre papel e caneta. Nossa memória laboral limitada torna praticamente impossível lidarmos com qualquer tipo de problema de maneira abrangente se todas as suas partes ainda estiverem em nossa cabeça. Analisar o problema se torna muito mais fácil quando os pensamentos são registrados por escrito.

Quando tiver certeza absoluta, faça soar um alerta vermelho. Sempre que você se sentir completamente seguro sobre um problema e sua solução, um alerta vermelho deverá disparar em sua cabeça. Por quê? Porque a sensação de certeza pode levá-lo a ignorar sinais que contradizem suas crenças.

Em uma palestra na Oxford Union, o professor Jordan Peterson disse que, toda vez que as pessoas enfrentam uma situação ou um problema, devem se perguntar: "Preciso de uma imagem em alta resolução da situação ou minha imagem-padrão em baixa resolução é suficiente?". Em minha experiência, a maioria dos profissionais atua com imagens de baixa resolução dos problemas nos quais trabalham, o que leva a muitos erros e energia desperdiçada.

Recordando os erros que cometi, eles quase sempre ocorreram quando eu tinha certeza absoluta de que estava certo. Quando tem alguma dúvida, você presta muito mais atenção a detalhes e às lacunas no raciocínio.

Sempre que enfrentar um problema, você deve se perguntar: "Sei o suficiente ou preciso saber mais sobre o problema para lidar com ele da maneira correta?". Ou: "O que estou ignorando que potencialmente poderia tornar equivocada a maneira como penso em relação a esse problema?".

Faça as três listas a seguir com o que você acha que sabe sobre o problema:

1. Os fatos que indicam que esse é o problema.
2. Minhas suposições ou crenças conscientes ou subconscientes que indicam que esse é o problema. Pergunte-se como você pode validar ou resvalar essas suposições ou crenças.
3. As áreas que ainda não compreendi. Pergunte-se como você pode validar ou resvalar informações nessas áreas.

Ao se concentrar nas lacunas e fraquezas na visão do problema, você evita proativamente três vieses:

- **O efeito Ikea**. Consiste em nossa tendência a dar valor desproporcionalmente elevado a objetos que nós mesmos montamos parcialmente, incluindo nossas ideias. Esteja ciente de que a voz interior tentará torná-lo apegado demais à própria definição de um problema e/ou à solução dele.

- **A lei do instrumento**. A voz interior tende a torná-lo confiante demais em ferramentas ou métodos familiares, ao mesmo tempo que o leva a ignorar ou subestimar abordagens alternativas. "Se tudo que você tem é um martelo, tudo parece prego." Ou confiante demais em um contexto profissional – se você trabalha com marketing, todos os problemas comerciais podem ser resolvidos por esforços de marketing. Lembre-se, o problema que está enfrentando pode ser importante, mas você pode não ser a pessoa certa para resolvê-lo.

- **Heurística de ancoragem**. Como mencionado anteriormente, nossa voz interior tende a nos tornar excessivamente confiantes na primeira informação que ouvimos, mesmo que informações adicionais posteriores a contradigam.

Sempre, sem exceção, quantifique um problema que você enfrenta. Qual é o tamanho dele, de fato? Por que é tão importante? Esse procedimento ajuda você a estabelecer prioridades. Se você compreende o tamanho de um problema, pode compará-lo a todo o restante de sua agenda e estimar corretamente seu tempo e esforço. Se você compreende o tamanho de um problema e o valor de resolvê-lo, é fácil calcular o que pode investir nele. Além disso, saber o tamanho do problema impede você de varrer problemas desconfortáveis para debaixo do tapete. Se o problema é grande, você simplesmente deve resolvê-lo. Se for pequeno ou inexistente, pode tratá-lo da maneira adequada. Estimo que até 80% dos problemas nos quais as pessoas trabalham nas empresas são (1) inexistentes, (2) sem importância e/ou (3) abordados de maneira errada, com nível equivocado de recursos. Baseio minha estimativa no que vi até agora em mais de cem empresas.

Em uma das organizações nas quais trabalhei como executivo, estampamos moletons que foram entregues a todos os líderes. O *slogan* escrito neles constitui o MELHOR AMIGO DE UM LÍDER: QUAL É O TAMANHO DO PROBLEMA?

Quando você tiver feito a lista das coisas que precisa explorar para saber mais sobre o problema, defina no calendário data e hora em que vai fazê-lo. Identifique, ainda, pessoas ou fontes de dados que podem ajudá-lo a obter o conhecimento de que necessita.

Não trate contradições que você acredita ser verdades como falhas ou ameaças

As contradições impulsionam o progresso, pois estimulam o desenvolvimento de novos conhecimentos e habilidades e levam a novas descobertas. Mesmo que você acabe demonstrando que não existe contradição, ela o terá levado a novos *insights*. Além disso, ao criar o hábito de explorar contradições, você desenvolve a habilidade de identificá-las. Reconhecê-las e agir em relação a elas são características centrais do raciocínio crítico.

Quando alguém detectar uma lacuna ou fraqueza em seu raciocínio, não permita que a voz interior o deixe irritado ou com raiva. Em vez disso, encare o fato como um presente. É uma oportunidade de aprendizado porque fornece informações sobre os próprios processos de pensamento (nesse caso, a informação de que houve algo que você ignorou e agora precisa lidar com sua fraqueza) e os do colega que identificou a falha (qual processo mental ou lente analítica fez com que ele enxergasse o que você não enxergou? Pergunte a ele!).

Comece um diário no qual você registra continuamente as lacunas ou fraquezas que os colegas detectaram em seu raciocínio. Com o tempo, isso se tornará um recurso valioso para aprimorar suas habilidades analíticas.

Sempre que uma de suas crenças for contrariada, abra seu calendário e defina uma data e hora para explorar mais a fundo esse episódio.

25

Raciocínio lógico como método – cinco perguntas abrangentes a fazer

Exigente para implementar na vida profissional

Ao longo dos anos, ajudei centenas de profissionais a dominar uma abordagem de cinco perguntas abrangentes, e, sem exceção, ela melhorou radicalmente a eficiência deles. Os benefícios mais sentidos são (1) maior capacidade de articular e defender seus pontos de vista, (2) compreensão e resolução mais rápidas de problemas, (3) melhor capacidade de estabelecer a prioridade dos problemas e (4) reuniões e discussões mais efetivas.

Use essas cinco perguntas lógicas quando estiver trabalhando com colegas ou sozinho; elas são igualmente úteis se você estiver desenvolvendo soluções para seu próprio problema ou fazendo um teste de estresse com as propostas de outra pessoa em uma reunião.

1. **Qual é o problema que estou tentando resolver?** Formule o problema como uma pergunta, certificando-se de incluir o resultado(s) desejado(s).

2. **Qual é o tamanho do problema?** Com que frequência ocorre? Que consequências negativas palpáveis ele acarreta? Que dados e observações objetivas comprovam-no? Que valor adicional e benefícios podem ser obtidos ao resolver esse problema?

3. **Quais são as causas-raiz do problema?** Quais têm maior e menor influência? Quais são as mais difíceis e as mais fáceis de resolver?

4. **Existem soluções alternativas?** Em caso afirmativo, que critérios devemos utilizar para avaliá-las? Podemos aprender com pessoas que enfrentaram e administraram problemas semelhantes?

5. **Qual é a melhor solução e como podemos implementá-la?** Quais são as atividades "hora da verdade" na implementação? Como dividir a implementação em etapas de curto prazo (dias, semanas, meses etc.) para avaliar seu progresso? Com que frequência precisamos acompanhar seu progresso?

Nas seções a seguir, discutirei cada uma dessas cinco indagações com um pouco mais de profundidade.

Formulando o problema

Digamos que seu problema é descobrir a idade de uma pessoa nascida em determinado ano, digamos 1937. A maioria das pessoas, se não todas, encontraria a solução do problema fazendo uma subtração do ano corrente e, supondo-se que seja 2022, respondendo: "A pessoa tem 85 anos". Isso é correto, mas apenas se a pessoa ainda estiver viva. Vamos presumir que a pessoa ainda estivesse viva, mas, na realidade, não tínhamos essa informação. Caso não esteja, todo problema e sua solução mudam. Você deve ser extremamente específico na formulação do problema.

Um bom hábito é fazer perguntas que lhe forneçam mais informações sobre o problema logo de cara. O diálogo a seguir do filme *Phenomenon*, com John Travolta, ilustra a importância da especificidade:

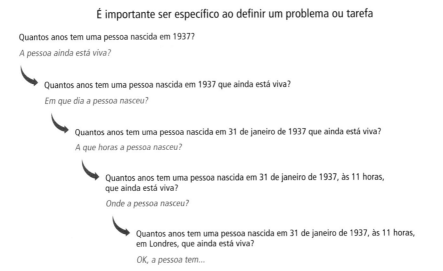

É importante ser específico ao definir um problema ou tarefa

Quantos anos tem uma pessoa nascida em 1937?
A pessoa ainda está viva?

→ Quantos anos tem uma pessoa nascida em 1937 que ainda está viva?
Em que dia a pessoa nasceu?

→ Quantos anos tem uma pessoa nascida em 31 de janeiro de 1937 que ainda está viva?
A que horas a pessoa nasceu?

→ Quantos anos tem uma pessoa nascida em 31 de janeiro de 1937, às 11 horas, que ainda está viva?
Onde a pessoa nasceu?

→ Quantos anos tem uma pessoa nascida em 31 de janeiro de 1937, às 11 horas, em Londres, que ainda está viva?
OK, a pessoa tem...

Esforçar-se para ser específico é fator-chave de sucesso na resolução de problemas

Fonte: diálogo do filme *Phenomenon*, 1996.

Formular o problema como pergunta que expressa o que você deseja obter confere vários benefícios:

- Colocar a meta em palavras força você a ir mais fundo no problema, tornando mais precisas as soluções propostas.
- Cria energia positiva – você está tentando fazer algo melhor em vez de apenas resolver um quebra-cabeça abstrato.
- Isso leva naturalmente ao próximo passo, que é dividir o problema em uma bifurcação mental.

Aqui estão alguns exemplos de formulações de problemas menos ou mais claros e específicos:

Menos claro e específico	Mais claro e específico
Melhorar o relacionamento com meu colega Robert	Como posso melhorar o diálogo com meu colega Robert para que não discordemos com tanta frequência?
Reduzir os gastos mensais	Como posso reduzir meus gastos mensais em quinhentos reais de forma sustentável?
Passar mais tempo com minha família	Como posso passar mais tempo com minha família ao não trabalhar nos fins de semana e além do expediente?
Fazer com que meu chefe me escute	Como posso fazer com que meu chefe peça proativamente meus conselhos sobre os tópicos A, B e C?

Criando bifurcações mentais

Depois de formular o problema, você precisa dividi-lo em bifurcações mentais.

Bifurcação mental, também chamada de árvore de problemas, é simplesmente uma divisão do problema em todos os aspectos relevantes e lógicos que você precisa analisar para resolvê-lo. Perguntar "O que preciso saber?" é uma grande ajuda para fazer isso.

Criar bifurcações mentais é, de longe, o truque mais poderoso, mas também o mais difícil na resolução de problemas. Por quê? Porque a especificidade é contraintuitiva; vai na contramão de como nossa mente normalmente funciona.

Aqui estão exemplos de algumas bifurcações mentais simples:

Problema	O que preciso saber
Em que devo me concentrar?	O que posso influenciar? O que não posso influenciar?
Como devemos dividir o trabalho?	Qual é a minha responsabilidade? Qual é a sua responsabilidade?

Problema	O que preciso saber
Não tenho tempo suficiente	Minha carga de trabalho pode ser reduzida? Meu processo de trabalho pode se tornar mais eficiente? Posso conseguir mais tempo? Posso aumentar meus recursos?

Aqui está um exemplo de uma bifurcação mental mais complexa:

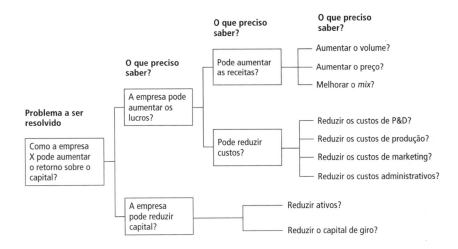

Criar bifurcações mentais é, de longe, a parte mais desafiadora da resolução de problemas, e, uma vez que você pega o jeito da coisa, há vários benefícios:

1. Ajudam você a evitar vieses cognitivos comuns.
2. Ajudam você a estabelecer prioridades, tanto na hora de escolher entre os problemas a serem resolvidos quanto na decisão sobre como resolvê-los.
3. Constituem uma maneira eficiente de estruturar sua experiência com o(s) problema(s) semelhante(s).

4. São uma excelente forma de transformar uma ideia, análise ou outra tarefa em um plano pragmático de execução.

5. Melhoram a memória e a quantidade de informações que você pode receber e manter em relação a um problema específico.

As bifurcações mentais são uma ótima ferramenta de comunicação; com elas, orientar e convencer as pessoas torna-se muito mais fácil.

Dimensionando o problema

Digamos que você tenha percebido que você e seu colega Robert discordam com muita frequência. Essa situação o incomoda, e você deseja melhorar a relação com ele. Então, formula o problema: como posso melhorar o diálogo com meu colega Robert para que não discordemos com tanta frequência?

A próxima pergunta, de longe a mais importante, é *Qual é o tamanho do problema?*

O que você está fazendo aqui é *quantificar o valor da resolução do problema.* Isso é investigado com perguntas como:

- Com que frequência o problema ocorre? Ou, mais especificamente, com que frequência vocês discordam e sobre o quê?
- Quais são os efeitos do problema?
- O que você ganharia se resolvesse o problema, fora evitar os efeitos negativos?

Observação: escolhi um problema referente a relações no local de trabalho por um motivo. Minha experiência diz que as pessoas tendem a inflar as estimativas que fazem de suas relações laborais, vendo-as como muito boas ou muito ruins. Uma coisa em jogo aqui é o viés cognitivo de sua voz interior, a "regra do pico-fim", na qual tendemos a lembrar os pontos altos emocionais, assim como os finais de eventos ou de relacionamentos. Se duas pessoas trabalharem juntas harmoniosamente por muito tempo e, de repente, tiverem um rompimento, é provável que ambas vejam todo o relacionamento como ruim – mesmo que o rompimento tenha ocorrido após terem passado centenas de horas produtivas trabalhando juntas.

No entanto, digamos que seu problema com Robert é real e vale a pena ser abordado. Você estima que ambos discordam entre si pelo menos uma vez por mês, o que leva a, no mínimo, quatro horas de trabalho extra para cada um de vocês enquanto tentam chegar a um acordo. Ademais, quando os desentendimentos acontecem, você tem dificuldade de se concentrar em qualquer outra coisa por, pelo menos, algumas horas. Além disso, as desavenças levam a atrasos naquele produto que você precisa entregar a outros colegas, o que faz com que eles também atrasem. Digamos que três colegas sejam diretamente afetados.

Em suma, você estima que seus desentendimentos custam diretamente pelo menos três a quatro dias úteis de trabalho extra e atrasos toda vez que ocorrem. Como acontecem uma vez por mês, os custos diretos totais ficam em torno de quarenta dias úteis por ano. Esse é o valor de resolver o problema, que é significativo.

Análise de causa-raiz

A próxima pergunta é: *Quais são as causas-raiz do problema?* Com Robert, o ponto de partida é pensar sobre quando os desentendimentos ocorrem e o que acontece quando ocorrem. Que situações ou assuntos tendem a causá-los? Como você expressa sua discordância? Como Robert expressa a dele? O que ele diz e como a demonstra? Como você o faz?

Você também deve pensar nas situações em que você e Robert concordam e fazer o mesmo tipo de perguntas em relação a elas. O que há de diferente nessas situações – no período que antecede o evento e no evento em si?

Fazendo essas perguntas, você encontrará um padrão, por exemplo:

- Você e/ou Robert não se preparam o bastante para o evento (uma das causas mais comuns de desentendimentos no local de trabalho) e, portanto, não têm conhecimento suficiente sobre o assunto.
- O *timing*, o fluxo e a agenda de suas discussões não são eficientes.
- O assunto sobre o qual vocês discordam é mais sensível em comparação aos assuntos em que vocês concordam.

Seja qual for a combinação de causas-raiz identificada, agora você está pronto para resolver o problema.

Resolvendo o problema

Qual é a melhor solução para o problema e como ela pode ser implementada? Que soluções alternativas existem? Quando você está pensando em opções, é útil considerar os critérios a seguir. Eles devem ser formulados em forma de perguntas, como:

- **Quanto pode custar uma solução?** Você deseja conseguir uma economia equivalente a quarenta dias de trabalho, de modo que isso justifica um orçamento bastante alto, desde que a solução funcione.
- **Quanto tempo uma solução pode levar para ser implementada?** De preferência, não muito tempo, pois isso pode levar à falta de foco e à diminuição dos níveis de compromisso.
- **Quais são seus recursos?** Mesmo que você chegue a uma solução perfeita, é possível que você e Robert não tenham recursos para implementá-la sozinhos. Nesse caso, você precisará obter apoio, o que acarretará custos adicionais em termos de tempo e dinheiro.

Claro que sempre existe a opção "Não faremos nada em relação ao problema". Essa não é uma alternativa nesse caso, tendo em vista o enorme custo da relação ruim.

Ao definir a solução, você deve estar ciente de dois vieses cognitivos:

Efeito de manada ou pensamento de grupo. Nossa voz interior tem a forte tendência a nos convencer de fazer coisas (ou a acreditar nelas) porque muitas outras pessoas as fazem (ou acreditam nelas). Quando todos pensam da mesma maneira, ninguém pensa muito. Se acha que a melhor solução é algo que contradiz o modo de pensar das pessoas de seu grupo, talvez você a evite e escolha algo mais fácil. Em vez de fazer isso, pense profundamente em como você pode conseguir aceitação para a solução correta.

Aversão à perda. Quando perdemos, temos sentimentos duas vezes mais intensos que quando nos deliciamos com um ganho. A voz interior é avessa à perda; prefere eliminar o risco de perder em vez de aumentar a probabilidade de ganhar. Isso pode levar você a evitar soluções que possam lhe acarretar alguma perda – um privilégio, por exemplo, ou uma área de responsabilidade ou influência. Ignore esses impulsos e tenha a integridade de buscar o que é correto. Você se sentirá orgulhoso de si mesmo.

Quando tiver planejado uma solução que ambos concordem ser a ideal, faça as seguintes perguntas para garantir seu sucesso:

1. Quem é responsável pela implementação?
2. O que você fará e o que Robert fará?
3. Quais componentes da solução são fáceis ou difíceis e como você lidará com os difíceis?
4. Você e Robert precisarão do apoio de alguém para implementar a solução, por exemplo, do chefe?
5. Você precisará de recursos adicionais?

6. Quais são os riscos e como você vai gerenciá-los?

7. *E se Robert não estiver totalmente comprometido com a solução? Como você deve gerenciá-lo se esse parecer ser o caso?*

8. Quais métricas você usará para verificar a efetividade da solução?

9. Com que frequência você acompanhará o progresso?

10. Como a solução está funcionando?

26

Cultive uma mentalidade para a paz interior

Exigente para implementar na vida profissional

Quando tiver começado a dominar sua voz interior com a aplicação das ferramentas desta seção, em especial o raciocínio lógico, você estará pronto para atuar plenamente com base nesta verdade fundamental: *Nascemos incompletos e nunca nos tornaremos completos. Por isso, nosso propósito de vida é aprender e nos desenvolver o máximo que pudermos, para sermos um pouco menos incompletos quando deixarmos este mundo.* Muitos de nós aceitam isso do fundo do coração, mas poucos de nós colocam em prática.

Essa crença central molda quase todos os aspectos de como lido comigo mesmo e com as pessoas ao meu redor. Se você quer permitir que ela molde sua mentalidade, então adote este lema:

É sempre importante tomar alguma distância e refletir sobre as limitações de ideias, conclusões e opiniões. Há sempre coisas novas para serem aprendidas e novas maneiras de pensar sobre coisas antigas. Quando acontecimentos ou a discordância de outras pessoas colocam minhas crenças à prova, eu os acolho como oportunidade para maior reflexão e desenvolvimento.

Se fizer dessa sua crença central e deixar que ela permeie e molde sua mentalidade, será capaz de vivenciar a coisa mais próxima que há do que as pessoas querem dizer quando falam de felicidade: a paz interior. Ela também vai aumentar sua integridade e fazer você ter foco nas formas como pode crescer.

Pare de ter opiniões sobre tudo

Liberte-se do fardo de gerar o tempo todo opiniões sobre tudo, seja aquilo que vivencia pessoalmente, sejam as coisas que outras pessoas lhe dizem ou as quais você lê ou ouve na mídia.

A verdadeira paz interior só pode ser alcançada quando você não tem total certeza de estar mais certo que errado. Você deve compreender que dizer coisas como "não sei", "não sei o suficiente para ter uma opinião" ou "eu estava errado" são atalhos para a paz interior em um mundo em que as pessoas tentam se posicionar como bem informadas, perspicazes e corretas o tempo todo, mesmo que a maioria delas esteja perdida.

Pare de permitir que a voz interior o engane e o leve a pensar que você tem conhecimento sobre coisas sobre as quais não tem a menor ideia. As pessoas com mais certezas que já conheci são, invariavelmente, aquelas que não fazem ideia do que estão falando.

Resista à oportunidade de falar só porque acha que precisa. Pare de dizer coisas ou fazer perguntas sem qualificar a relevância delas em nível mais profundo. Prepare-se meticulosamente para as discussões das quais participa no trabalho. Saiba de antemão o que é relevante perguntar ou sugerir em uma reunião. Não improvise!

Ignore a voz interior quando ela tentar fazê-lo crer que aquilo que você não entende é estúpido, errado ou desnecessário. Dê às coisas que você não entende o benefício da dúvida. Não entender algo é sinal da incompletude da qual todos partilhamos – e, como tal, é uma oportunidade de crescimento.

Cultive um nível saudável de dúvida

Uma vez, li um perfil do grande tenista Rafael Nadal com uma citação dele em que dizia que a dúvida era sua chave para o sucesso.[1] Parece algo negativo, mas faz todo sentido.

Digamos que Nadal vai jogar a semifinal contra Marin Cilic, em Wimbledon, e o venceu em doze das quinze partidas nas quais ambos já se enfrentaram, incluindo as últimas nove. Se Nadal pensar apenas nas estatísticas, estará otimista. Mas isso convida ao excesso de confiança, tanto na preparação quanto na execução da partida. Assim, Nadal, ao cultivar um nível saudável de dúvida, mantém o foco em todos os detalhes necessários, tanto antes quanto durante o jogo.

Um cliente com quem tenho trabalhado há muito tempo tem atitude semelhante. Lembro-me de uma conversa que tivemos, logo após ele ter sido indicado como candidato a sócio da McKinsey. Eu disse a ele: "Parabéns, fantástico!". Ele respondeu: "Obrigado. Mas, honestamente, creio que talvez seja cedo demais. Acho que não tenho uma plataforma de conquistas tão sólida quanto os outros colegas indicados. Contudo, da forma como encaro, o *feedback* do processo vai ser inestimável e algo que poderemos usar para definir metas claras com as quais trabalhar".

Algumas semanas depois, recebi uma ligação do cliente. Ele fora eleito sócio.

Sou, de forma geral, muito bom como *coach* de desempenho e ajudei inúmeros profissionais a se tornarem mais felizes e bem-sucedidos. No entanto, penso muito mais em meus fracassos que em meus sucessos. Um motivo óbvio é que quero me tornar melhor no que faço. Outro é que estou sempre na dúvida de se posso ajudar meus clientes a se tornarem mais bem-sucedidos; a dúvida me ajuda a permanecer alerta e estar presente com eles. Mas o motivo mais importante é que a dúvida faz parte da condição humana – sei que sou e sempre serei incompleto. Isso me dá paz interior; não sou obrigado a esconder, de mim e do mundo, as áreas nas quais preciso me desenvolver ou minhas deficiências. Por reconhecer a existência delas, posso trabalhá-las todos os dias.

A dúvida é apropriada em qualquer ambiente, mas especialmente no mundo profissional. Mesmo que você tenha dez boas reuniões com uma pessoa, não há garantias de que a próxima será tão boa. Assim como ocorre em uma partida de tênis, cada situação é única e requer atenção consciente – algo mais fácil de manter quando se tem um nível saudável de dúvida. Por quê? Porque um nível saudável de dúvida leva a um nível moderado de ansiedade! Bem, a ansiedade é vista, com mais frequência, como algo ruim, e de fato o é se você sofre de ansiedade excessiva. No entanto, um nível moderado de ansiedade é bom, pois mantém você afiado.

Sem exceção, todas as pessoas com as quais tenho trabalhado que apresentam desempenho excepcionalmente alto, seja nos negócios ou no esporte, são "*overachievers*[*] inseguros" que nunca consideram algo como garantido. Funciona bem para elas.

Considero que a atitude de aceitar nossa própria incompletude e a importância da dúvida fundamenta muito as ideias de Ray Dalio, criador

---

[*] *Overachiever* é uma pessoa que procura exceder os padrões ou as expectativas, normalmente fazendo mais que o necessário e devotando esforço enorme à tarefa. [N. T.]

de fundos de *hedge* e pensador de gestão, sobre verdade radical e transparência radical. Como ele mesmo diz:

> A maior tragédia da humanidade é que as pessoas têm ideias e opiniões, mas não têm um processo para examinar essas ideias de modo adequado para descobrir o que é verdade. Isso cria um mundo de distorções. Esse aspecto é relevante para o que fazemos, e acho que é relevante para todas as tomadas de decisão. Assim, quando digo que acredito na verdade radical e na transparência radical, tudo que quero dizer é que pegamos coisas que as pessoas normalmente esconderiam e as colocamos em cima da mesa, em especial erros, problemas e fraquezas. Colocamos tudo em cima da mesa e olhamos para tudo em conjunto. Não escondemos nada.[2]

Busque ter saúde a longo prazo por meio do crescimento pessoal e profissional

De acordo com meu amigo Dr. John Arden, autor de muitos livros sobre o cérebro e a saúde, existem cinco fatores principais por trás de uma boa saúde cerebral, decisiva para a saúde geral. São eles (1) manter uma vida social agradável, (2) dormir o suficiente, (3) praticar exercícios físicos, (4) comer os alimentos certos e (5) dedicar-se ao aprendizado diário.

Trabalhar diariamente para se tornar um pouco menos incompleto cria um ciclo virtuoso: o cérebro cria sinapses ou conexões mais fortes, permitindo a você aprender e se desenvolver ainda mais. Quando você não está aprendendo, o cérebro sente que algo está errado e faz um redirecionamento automático para fora de sua zona de conforto, em que todo o desenvolvimento e aprendizado acontecem. À medida que a capacidade do cérebro de aprender e se desenvolver se torna mais forte, torna-se mais fácil que você identifique coisas novas a aprender e áreas de si mesmo que precisa trabalhar, e será mais gratificante fazê-lo. Nem sempre é necessário que seja algo grandioso; apenas executar uma de suas tarefas-padrão de maneira nova e diferente alimentará o apetite do cérebro por aprendizado.

Procedendo dessa forma, sua vida se tornará mais interessante, e você vai ficar menos sensível e estressado em relação às experiências que não correspondem ao seu conhecimento prévio. Isso leva à maior adaptabilidade, resiliência e criatividade. Você se tornará mais ambicioso e ousará estabelecer metas cada vez mais exigentes para si mesmo. Além disso, aprender e se desenvolver ativamente todos os dias cria reserva cognitiva, isto é, o cérebro se torna mais resiliente ao ser danificado por acidentes ou doenças. Um cérebro mais forte faz com que você tenha muito mais chances de desfrutar de uma vida longa e saudável.

Busque o respeito pelos motivos certos

Nossa voz interior está desesperada para ser querida, respeitada e necessária. Isso, muitas vezes, dificulta que as pessoas, em especial os líderes, ajam da maneira correta. Se você é líder ou ambiciona se tornar um, deve cultivar uma mentalidade muito parecida com a de um pai ou uma mãe. Quer saibam ou não, ou admitam ou não, as pessoas que você lidera têm necessidade tão grande de aprender e crescer quanto as crianças e precisam de figuras fortes que estabeleçam limites a elas e constituam bons exemplos (embora a maioria seja menos encantadora, criativa ou bem-intencionada que as crianças reais). Assim como bons pais e mães, os bons líderes devem:

- **Trabalhar para se tornarem desnecessários.** Ser um bom líder significa tornar seu pessoal forte, autossuficiente e capaz de moldar o próprio destino. Se você está liderando bem, com o passar do tempo, sua equipe precisará cada vez menos de você.

- **Não interferir o tempo todo.** Como bom progenitor, você deve sempre querer o melhor para seu pessoal, mas, em muitas situações, caso se envolva demais, vai atrapalhar o desenvolvimento das pessoas. É necessário evitar a "lei do instrumento" ou a "lei do martelo", de Abraham Maslow, viés cognitivo que o leva a pensar que, já que é um martelo, tudo deve ser prego. Você não tem todas as ideias, o conhecimento e a experiência de que seu pessoal precisa. Apresente-os a outras pessoas externas à equipe, ou até mesmo à organização, que possam ajudar a orientá-los.[3]

- **Nunca assumir o crédito pelas realizações da equipe, mas sempre assumir parte da responsabilidade pelos fracassos.** Sempre que seu pessoal alcançar algo importante, dê-lhe todo o crédito e comemore-o. Quando alguém ou a equipe fracassar, pergunte-se: "O que eu deveria ter feito diferente? Em que foi que não pensei e poderia ter ajudado essa pessoa a evitar o fracasso?". Insista para que você e quem falhou aprendam o máximo possível sobre os motivos pelos quais a falha ocorreu. Como já dito, *o fracasso é inevitável. Mas o fracasso sem aprendizado nunca é aceitável.*

- **Comemorar os comportamentos excelentes e desencorajar os maus.** Oriente seu pessoal a *não* chegar despreparado ou atrasado a reuniões e discussões, nem reclamar e lamentar quando encontrar problemas.

- **Moderar o temperamento deles com base na situação específica.** Seria aceitável ficar irritado ou ser autoritário com as pessoas que você gerencia? Quando a situação o exige, claro que sim. Faço uma analogia entre os humores de um bom líder e as cordas de um violão: é necessário usar todas. A corda E grave é usada quando você precisa mostrar sua decepção ou raiva, ou ser decidido quando seu pessoal está num impasse. A corda E aguda representa o estado de espírito oposto, quando você está completamente relaxado e dá ao seu pessoal total liberdade para fazer o que precisa ser feito. As cordas A, D, G e B representam o gradiente de humores entre elas.

- **Desafiar e apoiar seu pessoal.** Nunca pare de pressionar seu pessoal a ir mais além e a se aventurar fora da zona de conforto. Se as pessoas constantemente correspondem às expectativas ou as excedem nas classificações de desempenho, você não as está desafiando o suficiente. Deve ser difícil para elas alcançar suas metas de desempenho. Ao mesmo tempo, você precisa apoiá-las e ajudá-las a lidar com quaisquer desafios que enfrentarem. A qualidade do apoio que você lhes dá determina se elas gostam do ambiente de trabalho, e isso influencia na dedicação delas ao labor.

- **Entender quando intervir e quando dar liberdade.** Às vezes, você tem que gerenciar as pessoas bem de perto, por exemplo, quando são novas no emprego ou no que estão fazendo, têm dificuldade de apresentar bom desempenho ou se o resultado do que estão fazendo é crucial para o futuro da empresa. Estas perguntas simples podem guiá-lo: *Seu pessoal sabe o que precisa alcançar? Eles trabalham com planos críveis? Estão mostrando progresso palpável enquanto trabalham visando cumprir às metas?* Se a resposta a qualquer uma delas for não, você precisa intervir.

Se você aceita a verdade fundamental de que todos somos incompletos, cultiva um nível saudável de dúvida, busca crescimento pessoal e profissional e respeito pelos motivos certos, então já está moldando seu destino de maneiras que, provavelmente, não achava que seria capaz.

SEÇÃO TRÊS

Domine o segundo maior obstáculo para o sucesso profissional e o bem-estar: as outras pessoas

Além de gerenciar seu tempo, gostar do que faz e se sair bem nas metas e nos sonhos, o estabelecimento de boas relações de trabalho é outra área extremamente desafiadora para a maioria dos profissionais. Em nove a cada dez casos, o sentimento de desconforto dos profissionais está associado às pessoas, não às tarefas e às atividades individuais. O conselho que dou a eles tem a ver com a seguinte analogia ou metáfora: *Imagine que você chega à academia e foi instalado um novo equipamento que trabalha um grupo muscular que você nunca treinou antes. Considere as pessoas que o deixam desconfortável como um novo equipamento de ginástica que você deve aprender a utilizar.*

Seja no local de trabalho ou na sociedade em geral, as pessoas tendem a se dividir em grupos, com base nas semelhanças percebidas. Simplesmente gostamos de pessoas que achamos semelhantes a nós.

Nossa voz interior, programada para nos manter seguros, está agindo nessas circunstâncias. Como John Bargh aponta no livro *Before You Know It*, ao longo de nossa extensa história evolutiva, o maior perigo que enfrentamos foram nossos semelhantes. Escavações de cidades antigas mostram que cerca de um a cada três homens foi assassinado! Desconfiar de pessoas que não conhecemos ou que parecem diferentes de nós tem sido uma estratégia central para a sobrevivência por milhares de anos. A discriminação faz parte de nossa biologia, e por boas razões evolutivas.

No mundo profissional, essa insegurança se revela quando recrutamos ou convivemos com pessoas mais parecidas conosco, não com aquelas com as melhores qualificações e mais criatividade, mais propensas a desafiar nossa forma estabelecida de pensar. Não ser capaz de lidar efetivamente com todos os tipos de pessoas torna você menos competitivo e relevante no mundo laboral e, portanto, mais fraco e menos propenso a sobreviver.

Por outro lado, ter habilidades sociais fortes e inabaláveis, incluindo a capacidade de se comunicar bem com outros profissionais e cooperar com eles – e, ainda, se você é o chefe, de liderá-los –, confere vantagens poderosas para seu destino como profissional. E permite que você ame ainda mais seu trabalho. Quase não há barreiras para o que você pode conquistar se for capaz de lidar com qualquer tipo de pessoa.

Além disso, cultivar uma vida social saudável é fundamental para o desempenho, o desenvolvimento e a saúde, a curto e longo prazos. Manter uma vida pessoal *e* profissional que abarca vários contextos sociais nos quais as pessoas são diferentes de você força-o o tempo todo a desenvolver as áreas cerebrais dedicadas às habilidades sociais e à empatia. Você deve cultivar e manter relacionamentos saudáveis e recíprocos no trabalho, ajudando as pessoas e formando relações de amizade para apoio e inspiração. Passar regularmente algum tempo na companhia de pessoas que respeitam e amam você por quem é, não com base em seu desempenho – por exemplo, a família e os amigos –, faz com que você fique menos propenso a se fixar negativamente em seus fracassos e, portanto, torna-o mais resiliente.

Uma vida social particular e profissional boa e diversificada (1) aumenta o nível de ocitocina (hormônio do amor) em você, (2) faz crescerem os neurônios-espelho (que hospedam as habilidades sociais), (3) desenvolve as habilidades de resolução de problemas e (4) melhora a atenção e a capacidade de foco. Ademais, diminui os níveis de cortisol (hormônio do estresse) e acalma as atividades do sistema nervoso. Uma vez que somos criaturas altamente sociais que prosperaram por causa de nossa capacidade de comunicação, quando somos privados de relacionamentos saudáveis e recíprocos, o risco de problemas de saúde é aumentado.

Cultivar e dedicar-se a prioridades fora do trabalho

Meus clientes que parecem ter visão mais serena das próprias demandas profissionais são aqueles que mantêm e buscam ativamente outras prioridades igualmente fortes, sejam elas a família, os amigos ou os *hobbies*. Nota: não estou falando de clientes que apenas *dizem ter* outras prioridades (a maioria diz isso), mas de clientes que se dedicam, de maneira ativa, a elas.

Será que isso lhes proporciona melhor equilíbrio entre vida pessoal e profissional? Sim, com certeza. Mas um benefício ainda mais profundo é que eles amplificam suas habilidades e seu autoconhecimento, tornando-se mais eficientes em todas as suas prioridades. Por quê? Porque a necessidade de equilíbrio os obriga a agir de forma mais inteligente ao se dedicarem a cada prioridade.

Vejo isso com os jogadores de hóquei de elite juniores com os quais trabalho. Eles também têm duas prioridades: tornar-se jogadores de hóquei de nível internacional ao mesmo tempo em que se saem bem nos estudos. Não tenho dados estatísticos, mas vi muitos deles superarem jogadores de hóquei de elite que não estavam na escola e podiam se concentrar, em tempo integral, ao esporte. Acho que a lógica é simples: se você não pode dedicar toda a vida ao hóquei, precisa ser extremamente consciente quanto às próprias metas de treino e desempenho, de modo que o tempo que dedica ao hóquei produza o máximo retorno.

Se você tem família, estabeleçam metas juntos e avaliem constantemente o que está ou não funcionando. Tenha interesse real pela vida do seu cônjuge e conte a ele os desafios que você enfrenta no trabalho, pedindo-lhe conselhos.

Caso esteja tendo dificuldade de criar equilíbrio saudável entre trabalho e outras prioridades, use o método descrito no Capítulo 6, "Crie um orçamento de tempo e controle seu tempo todos os dias". Esse método, com sua própria versão do uso do diário e o *time-boxing* ativo de algumas de suas atividades laborais, permitirá que você alcance um equilíbrio ideal.

Cultivar e dedicar-se a prioridades no trabalho

Poucas coisas nos proporcionam mais saúde mental que sentir que fazemos parte de uma comunidade acolhedora e prestativa. Você pode fazer três coisas para ajudar a construir uma comunidade em seu local de trabalho.

Doe-se. Ajude alguém com alguma dificuldade. Ao fazê-lo, você deixa de pensar nas próprias preocupações, e isso o relaxa. E, quando consegue ajudar alguém, recebe *feedback* energizante que lhe diz que está bem, firme e no controle.

Ajudar alguém também traz saúde. Pesquisas indicam que pessoas que sofrem de doenças graves, como câncer, têm melhores taxas de recuperação se ajudarem outras pessoas; isso faz com que liberem as próprias ansiedades, o que, provavelmente, fortalece o sistema imunológico.

Mas tenha cautela. Ajudar os outros pode esgotar você, assim como tirar o foco de suas próprias metas e aspirações; portanto, crie uma estimativa de quanto tempo você investirá nisso. Pesquisas indicam que cem horas por ano é o número mágico, o que equivale a algumas horas por semana.[1]

Construa uma rede de amigos. Minha sensação é a de que o aprendizado entre pares é fraco na maioria das organizações. Então, minha recomendação é que você desenvolva e mantenha uma rede de amigos para compartilhar metas, aspirações, desafios e boas práticas.

Uma rede de colegas pode desempenhar muitos papéis diferentes; um dos mais importantes é fazer com que o local de trabalho seja mais acolhedor. Uma boa ideia é se unir a um colega ou amigo em torno de suas metas e aspirações individuais e, em seguida, passar trinta minutos ou mais juntos, semanal ou quinzenalmente, para discutir o progresso e os contratempos de ambos.

Como profissional e executivo, minha primeira linha de apoio sempre foram meus colegas. Deve ser a sua também. Faça acontecer!

Defina regras básicas com as pessoas com as quais trabalha. Não saber se relacionar com os membros da equipe causa estresse e incertezas desnecessárias, além de surpresas indesejadas, como mal-entendidos, conflitos e comportamentos desagradáveis da equipe. Minha recomendação é passar um tempo juntos pensando nas regras básicas que você e os colegas devem aspirar a manter para trabalhar juntos de forma efetiva. Depois, monitore-as com frequência.

Aqui estão as regras básicas que um de meus clientes desenvolveu com sua equipe:

- Não seja idiota.
- Trabalhe duro, jogue duro.
- Ninguém é perfeito, e as pessoas aprendem melhor saindo da zona de conforto e errando.
- Não invente desculpas. Ao cometer um erro, assuma-o e aprenda com ele.
- Esforce-se para fazer tudo da melhor maneira possível da primeira vez – e então faça melhor da próxima vez.
- Sejam brutalmente honestos uns com os outros. Criem uma pele grossa.

- Mantenham-se informados uns com os outros – comuniquem-se sempre. As más notícias não são como o vinho; não melhoram com a idade.

O que você deve evitar no trabalho:

- Pessoas insistentes e perpetuamente negativas que vão esgotá-lo.
- Pessoas passivo-agressivas ou que fingem se importar com você, mas passam a maior parte do tempo falando sobre seus últimos problemas triviais e convidando você a sentir pena delas.
- Conviver apenas com pessoas semelhantes ou com crenças e históricos similares. Essas relações embotam o cérebro em vez de aguçá-lo. À medida que os níveis do hormônio do estresse aumentam, a neuroquímica alterada prejudica os circuitos cerebrais.

Nesta seção, apresento várias ferramentas e princípios de eficácia comprovada para aprimorar suas habilidades sociais, incluindo como interagir e se comunicar com todos os tipos de pessoas, estabelecer-se como conselheiro confiável para colegas e executivos seniores, fazer com que suas ideias sejam aceitas, liderar mudanças e contratar as pessoas certas.

27

Desenvolva aspirações quanto ao modo como deseja ser percebido

Fácil para implementar na vida profissional

O único propósito de seu trabalho é trazer valor e benefícios aos outros. As próprias necessidades são sempre secundárias. Ao se destacar na entrega de valor e benefícios aos outros, você vai expandir e desenvolver suas capacidades e progredir no emprego. Mas não basta ser apenas um colega produtivo – você deve ser *percebido* como tal. Para fazê-lo, um bom começo é tornar suas aspirações públicas e explícitas.

Crie um documento de aspirações de duas páginas que responda a três perguntas-chave

Para utilizar plenamente o poder de suas aspirações, você deve investir tempo e esforço em formulá-las. Para começar, vai precisar escrevê-las. Passá-las para o papel as torna reais – este é o primeiro passo para internalizá-las.

O produto final de seu trabalho será um documento de duas páginas que delineará como você deseja ser percebido. Ele servirá como ponto de partida, mas você poderá ajustá-lo e atualizá-lo à medida que desenvolver e refinar suas aspirações e capacidades. Não seja tímido! Ouse jogar suas aspirações lá em cima. Não apenas aspire ser percebido como confiável – aspire ser percebido como tendo potencial para um cargo de diretoria. Não só aspire ser confiável; aspire ser respeitado e admirado.

O primeiro passo para criar esse documento é responder, por escrito, a três perguntas (veja a tabela a seguir).

1. **Como as pessoas o descreveriam?** Como você gostaria que os colegas, o chefe e outros associados profissionais pensassem sobre você? Mais especificamente, quais seriam os dois ou três atributos distintivos que você gostaria que essas pessoas destacassem quando indagadas a seu respeito? A resposta delas deveria destacar aspectos que fariam os demais querer conhecê-lo, trabalhar com você ou contratá-lo. Seja específico. Em vez de "Ele é uma boa pessoa", escreva frases como:
   - Ele pode resolver problemas complexos.
   - Ela sabe os pontos fortes e as necessidades de desenvolvimento das pessoas com quem trabalha e consegue expandir as capacidades delas.
   - Tenho certeza de que poderia colocar essa profissional em qualquer tipo de cargo, dado seu compromisso, sua habilidade analítica e capacidade de mobilizar as pessoas em prol do que é importante.
   - Quanto mais detalhadas forem suas respostas, mais fácil será para você regular e moldar seus comportamentos e suas abordagens para alcançar a percepção desejada.

2. **Que *feedback* você gostaria que as pessoas lhe dessem espontaneamente?** Que impressão você deixa nas pessoas quando interage com elas, seja informalmente, em reuniões ou por *e-mail*? Pergunte a si mesmo: "O que eu gostaria que meus colegas, meu chefe e as outras pessoas com as quais trabalho pensassem sobre mim depois de termos interagido?". Pense em atributos que fariam com que as pessoas o procurassem como solucionador de problemas ou diplomata, ou alguém que sempre supera as expectativas. A ideia é criar uma estrutura mental sempre presente para suas interações com as pessoas. Concentre-se em *feedback*s específicos e concretos tanto sobre sua preparação quanto sobre sua execução. Eis aqui alguns exemplos dos tipos de respostas às quais eu poderia aspirar: "Stefan, sua ajuda neste assunto tem sido, de fato, indispensável; agora sei exatamente como gerenciar isso". Ou: "Stefan, é incrível a forma como você compreende meus pontos fortes e minhas necessidades de desenvolvimento bem como me ajuda a expandir minhas habilidades".

3. **Que modelos tenho para seguir?** Identifique pessoas específicas que servem de modelo quanto às habilidades e aos comportamentos que você gostaria que os demais atribuíssem a você – usei o plural deliberadamente, já que é improvável que uma pessoa exiba todos os comportamentos e habilidades a que você aspira. O lado positivo disso é que você pode não só estudar essas pessoas como também conversar com elas sobre como criam o impacto que você espera ter. Lembre-se dos hábitos e das atitudes de profissionais intrinsecamente motivados: "A maneira mais eficaz de aprender uma nova tarefa é copiar a forma como outra pessoa a realiza. Quando me deparo com uma nova tarefa, observo e converso com alguém que sabe executá-la". Talvez algum de seus modelos gostaria de ser seu *coach*. Se você não perguntar, jamais saberá.

Tabela: Elementos de um documento de aspirações

Elemento	Como as pessoas descrevem você	*Feedbacks* espontâneos das pessoas	Meus modelos
Pergunta detalhada	Que atributos específicos as pessoas atribuiriam a você?	O que as pessoas diriam a mim depois de interagirmos?	Como eles fazem as coisas que desejo ser capaz de fazer?
Exemplos de respostas	Ele pode resolver problemas complexos. Ele aplica habilidades analíticas para mobilizar a equipe.	Com sua ajuda, agora sei como lidar com isso. Você realmente entende minhas necessidades de desenvolvimento.	Admiro Bill pela presença executiva e Pam pela capacidade de sempre fazer com que suas ideias sejam aceitas e implementadas.
Benefícios	Ajuda você a moldar seus comportamentos para mudar a percepção.	Cria uma estrutura para a maneira como você se prepara e interage com as pessoas.	Ao aprender com alguém a dominar o que você quer dominar, você acelerará radicalmente seu desenvolvimento.

Uma de minhas clientes, Terry, consultora sênior de uma empresa global de consultoria em tecnologia, usa suas aspirações escritas de forma prática: todos os dias, planeja, executa e avalia pelo menos duas interações, com base em como quer ser percebida.

Veja como Terry quer que as pessoas percebam seu impacto profissional.

O que eu gostaria que as pessoas com as quais interajo dissessem quando indagadas sobre meu impacto profissional

Meus clientes:

- Terry tem capacidade ímpar de nos ajudar a compreender e discutir, de maneira clara e direta, nossas questões mais urgentes.
- Ela traz energia positiva, que nos energiza.

- Obtemos o melhor resultado possível quando interagimos com Terry. Ela tem a capacidade de compreender nosso contexto e nossas necessidades únicas.

Meus colegas:

- Vemos Terry como líder promissora que contribuirá muito para o crescimento futuro de nossa empresa.
- Terry é uma profissional de alto desempenho, mas humilde.
- Terry tem a capacidade de interagir com todos os tipos de colegas e inspirá-los, independentemente da formação, idade ou experiência deles.

Que *feedback* eu gostaria que as pessoas com as quais interajo me dessem

Meus clientes:

- Você me fez ver os pontos em questão sob uma nova perspectiva. A forma como nos conduziu por esse exercício de resolução de problemas foi excelente. Crescemos como equipe de liderança, embora já trabalhemos juntos há anos.

Meus colegas:

- Quando trabalho em sua equipe, você me estimula a me superar e a crescer de maneiras que eu não acreditava serem possíveis. Minhas conquistas ao trabalhar com você são uma surpresa até para mim – sou mesmo tão bom assim?
- Como seu líder, Terry, sinto que preciso aprimorar minhas habilidades de liderança para estar no mesmo nível que você.

Meus modelos:

- *Presença executiva** – Barbara tem um estilo de se apresentar e de formatar sua mensagem que atrai as pessoas. Quando está no palco, o público fica totalmente envolvido e atento a cada palavra. É inspirador.
- *Criação de uma comunidade* – Robert vê o valor de unir a equipe. Cria um ambiente de aprendizado e compartilhamento.
- *Solução de conflitos* – Kim sabe como trabalhar situações sensíveis com líderes seniores. Gostaria de poder ser tão boa quanto ele para facilitar discussões com grupos grandes de pessoas.
- *Liderança de pessoas* – Meu marido, Jim, dá mentoria a mim, aos nossos filhos e amigos de forma reflexiva e ponderada.

Eis como Terry colheu os benefícios de definir e compartilhar suas aspirações:

Minhas aspirações são muito pessoais, e só as revelei a um pequeno grupo de líderes-chave de minha empresa. Obtive muitos efeitos positivos por ter feito isso. Além de ter tornado muito mais fácil para que eu estabelecesse prioridades em determinadas situações, com base no que é mais importante para mim, fortaleceu o apoio e a atenção que recebo desses líderes, que me oferecem conselhos sobre como progredir e crescer.

---

* Presença executiva é a capacidade que um profissional tem de se destacar e inspirar confiança em subordinados, colegas, líderes seniores e outros, por meio de atributos como comunicação clara, postura profissional, capacidade de liderança, raciocínio estratégico e visão. [N. T.]

Se você é líder, envolva colegas e funcionários no desenvolvimento e acompanhamento de suas aspirações

Uma vez tendo elaborado um primeiro rascunho completo de seu documento de aspirações, você deve obter *feedback* sobre sua liderança. Pode fazer isso com facilidade, pesquisando sua equipe atual, três a cinco pessoas que tenham sido subordinadas no passado, colegas atuais e três a cinco dos antigos colegas. Pode fazer a pesquisa em um documento do Word ou utilizando uma ferramenta de pesquisa digital, se tiver acesso a alguma. As respostas devem ser anônimas para você não ser influenciado pela resposta de determinada pessoa – ou seja, saber quem é a pessoa pode afetar o modo como você analisa a resposta.

Você deve estar atento a temas comuns. As pessoas tendem a ser construtivas mesmo quando anônimas, em especial porque sua pesquisa de *feedback* não deve lhes pedir que atribuam notas e deve conter apenas perguntas que solicitem descrições da experiência delas sob sua liderança.

Você pode acrescentar questões se quiser perguntar outras coisas, mas certifique-se de incluir as que se seguem:

1. Como você descreveria meus pontos fortes como líder e *coach* no que se refere ao meu comportamento e às minhas habilidades?
2. Por favor, cite alguns exemplos concretos de como esses pontos fortes se revelam em minha atuação.
3. Como você descreveria minhas necessidades de desenvolvimento mais importantes – as áreas em que eu poderia melhorar?
4. Por favor, cite alguns exemplos concretos de como essas necessidades de desenvolvimento se revelam em minha atuação.
5. Tenho algum hábito ou comportamento que você acredita que preciso amenizar ou suprimir para ser um líder mais eficaz?

6. Por favor, cite alguns exemplos de como esses hábitos e comportamentos impactam negativamente minha eficiência como líder.

Fazer uma dessas pesquisas de *feedback* gera muitos benefícios. Primeiro, as respostas fornecem visão incrível de como as pessoas percebem sua liderança. Segundo, você terá muitas ideias úteis sobre quais áreas precisa desenvolver. E, por fim, você emite forte sinal de que está comprometido com o próprio desenvolvimento como líder.

Complete seu documento de aspirações

Depois de compilar e ler todo o *feedback* que recebeu por meio da pesquisa, use-o para refinar suas respostas às quatro perguntas, incluindo pensar e formular vários comportamentos de liderança que você deve se esforçar para desenvolver. Quando sentir que seu documento de aspirações está concluído, leia-o várias vezes para ter certeza de que é relevante e inspirador. Você também pode compartilhar essa primeira versão completa com algumas pessoas próximas e nas quais confia, como familiares, amigos e colegas líderes.

Envolva a equipe em reuniões mensais de acompanhamento

Quando tiver uma primeira versão completa do documento de seus sonhos, é hora de envolver a equipe. Compartilhe-o com ela e faça dela uma força que o ajude na jornada em direção às suas aspirações.

A maioria dos líderes acha difícil e desagradável se abrir para colegas e funcionários. Se você é assim, terá que ser durão e encarar o desafio, pois fazer as coisas dessa maneira é incrivelmente potente e eficaz. Primeiro, é mais inteligente e muito melhor assumir suas fraquezas a tentar escondê-las, pois a equipe poderá vê-las muito melhor que você.

Segundo, desse modo, a equipe se torna ciente do que você está buscando. Isso muda as expectativas dela e aprofunda a compreensão que tem de você como líder. Também a torna mais propensa a ajudá-lo em sua jornada. Se você tiver algum problema, como perder a paciência quando fica estressado, e admitir isso no documento de aspirações, a equipe será mais tolerante quando você estourar, pois sabe que é um problema que está sendo trabalhado.

Terceiro, ao dividir com a equipe seu sonho de liderança, você coloca pressão sobre si mesmo para levar a sério seu trabalho consigo mesmo. Dizer aos outros o que você pretende fazer é uma maneira fantástica de se forçar a levar adiante o que disse que faria.

Quarto, ao se abrir como líder e envolver a equipe em seu desenvolvimento, você emite o mais forte sinal possível de que esse desenvolvimento é vital para você e para ela.

Envie o documento de aspirações e convoque uma reunião

Envie o documento de aspirações à equipe e chame-a para uma reunião na qual ele será analisado e discutido.

A pauta da primeira reunião é simples. Comece agradecendo a todos o *feedback* e, em seguida, apresente todo o documento. É importante que você fale abertamente de qualquer *feedback* "negativo" da equipe. Se não o fizer, a equipe não o considerará honesto e sério, o que significa que os participantes não serão honestos e prestativos durante essa reunião ou em quaisquer reuniões de acompanhamento.

Depois de repassar suas aspirações, deixe que a equipe apresente suas reflexões e ideias individuais. Pergunte aos participantes se acham que algo está ambíguo ou pouco claro.

Conclua a reunião definindo a data da primeira reunião mensal de acompanhamento para discutir seu progresso. Em seguida, resuma a discussão e anote as ideias mais importantes. Adicione suas anotações ao documento como apêndice. Será como um diário para você.

Conduza as reuniões mensais de acompanhamento de maneira semelhante, mas pode ser uma boa ideia permitir que a equipe comece esses encontros apresentando as próprias observações de como sua jornada de desenvolvimento está indo. Peça aos participantes exemplos concretos do que está funcionando bem ou não tão bem.

Depois disso, você pode fazer a própria autoavaliação. Essas reuniões, provavelmente, não precisam durar mais de uma hora. Dê continuidade a elas por um ano.

Alguns líderes com os quais trabalhei tornaram tais reuniões mensais parte permanente de seu desenvolvimento; elas também se tornaram um fórum para colegas ou funcionários discutirem as próprias ambições e desenvolvimento. Discutir o desenvolvimento tornou-se parte natural da vida cotidiana desses líderes bem como de seus colegas e funcionários – parte de sua cultura.

28

Adquira o hábito de pedir *feedback*

Fácil para implementar na vida profissional

Insisto com a maioria dos meus clientes que peçam *feedback* o tempo todo. Por quê? Porque as pessoas para as quais você pede *feedback* se sentirão respeitadas, importantes e influentes. Além disso, elas lhe darão:

- ideias úteis sobre como você pode melhorar;
- *insights* sobre como as pessoas ao seu redor pensam e trabalham;
- menor resistência no futuro por terem maior senso de propriedade e importância;
- mentalidade mais consciente para a forma como você orquestra suas interações e diálogos (já que você sabe que vai pedir e receber *feedback*).

Como você faz isso regularmente? Comprometa-se a sempre pedir *feedback* após qualquer interação, por exemplo, após reuniões, entrevistas, pedidos de sugestões, qualquer tipo de entrega, chamadas rápidas e trocas de *e-mails*.

Eis alguns exemplos de perguntas de *feedback*:

- Isso foi útil para você?
- Era isso que você esperava?
- Esse tempo foi bem investido para você?
- O que posso fazer no futuro para ajudá-lo e agregar valor em situações semelhantes?

Se você não se encontra regularmente com as pessoas que dependem de seu trabalho, deve entrar em contato com elas ao menos duas vezes por ano para obter *feedback*. Dependendo de quantas forem, você pode fazer isso pessoalmente ou por meio de uma simples pesquisa. Pergunte-lhes:

- Quão bem meu trabalho apoia seu desempenho?
- Algum aspecto específico de meu trabalho lhe serve realmente bem?
- Há algum aspecto específico de meu trabalho que eu possa melhorar? Se há, de que modo?

29

Facilite às pessoas seguirem seus conselhos e virem você como líder de pensamento

Fácil para implementar na vida profissional

Um aspecto importante na formação de seu destino como profissional é trabalhar deliberadamente para ser visto como grande líder de pensamento* e consultor, seja pelos pares ou por líderes e executivos seniores. Você saberá que alcançou esse *status* quando lhe solicitarem regularmente que contribua com comentários, experiências ou ideias sobre tópicos nos quais as pessoas estão trabalhando (ou deveriam estar). Para alcançar esse *status*, você deve dominar as ferramentas relacionadas ao raciocínio lógico apresentadas na Seção Dois deste livro.

Embora colegas e líderes seniores sejam todos seres humanos que compartilham muitas semelhanças na maneira como abordam seus trabalhos e no modo como processam informações, você precisa ter abordagens um pouco diferentes para ser visto como consultor confiável ou líder de pensamento.

---

* Pessoa cujos pontos de vista são tidos como confiáveis e influentes. [N. T.]

Minimize a própria importância

Oferecer conselhos bem-intencionados aos colegas, solicitados ou não, é, muitas vezes, muito mais arriscado e complicado do que deveria ser. É o caso, sobretudo, quando os colegas são todos homens, que tendem a ser absurdamente territoriais em suas áreas de competência. O que torna a situação ainda mais absurda é que, quanto menos ideia eles têm sobre como resolver problemas em sua área de competência, mais territoriais se tornam e menos ajuda procuram (não é à toa que as empresas acabam encrencadas).

Frequentemente, quando os líderes estão com dificuldades, o chefe deles pede ajuda externa de colegas que poderiam ter contribuições relevantes. Caso receba um convite desses, você precisa ser muito cauteloso com o comportamento em relação a esses líderes.

Meu amigo e mentor John Douglas criou e gerenciou o programa de perfilamento criminal do FBI; ele é extremamente astuto ao analisar os motivos por trás das ações das pessoas, em especial das de assassinos em série. Os departamentos de polícia locais costumam pedir conselhos a ele quando estão lidando com uma série de crimes violentos não resolvidos. Em geral, os oficiais se mostram céticos quando ele chega, sobretudo os mais velhos e experientes. John lida com eles não apenas bem, mas de maneira completamente extraordinária.

Quando todos os policiais que trabalharam em crimes não solucionados estão reunidos, ele dá início à conversa dizendo: "Em primeiro lugar, gostaria de dizer que, por minha própria experiência, não há qualquer certeza de que eu possa acrescentar alguma coisa ao trabalho feito por vocês. Para ser capaz de apresentar alguma sugestão e conselho, preciso saber as percepções de vocês e o trabalho feito até agora. Mas, de novo, quero enfatizar que estou longe de ter certeza de poder agregar algo de valor além daquilo já feito".

Ao minimizar o próprio *status*, John afasta a implicação de que o grupo não tem competência, neutralizando a ameaça que representa para a estrutura atual, a identidade e as relações internas do departamento de polícia. Minimizar seu *status* faz com que você seja menos ameaçador e mais fácil de aceitar. Também obriga o próprio John a lembrar-se de ser humilde e manter a mente aberta para ser um ouvinte melhor.

Em seguida, os policiais revisam com ele o trabalho realizado. Repassam todos os crimes não resolvidos, as investigações feitas, os *insights* que tiveram. Demora muito, mas John ouve tudo pacientemente e toma notas.

Ao ouvir os outros e respeitar o trabalho feito anteriormente, ele eleva o *status* deles, e isso os faz se sentirem importantes. Além disso, ele permite que o guiem pelo trabalho, o que cria segurança, porque ele não se apossou do produto do trabalho deles, que passaram horas, dias e semanas compilando e analisando informações. O fato de que ele os deixa falar sobre seu trabalho à própria maneira lhes dá sensação de autonomia e propriedade do processo.

Depois de revisar tudo, John diz: "Sim, foi o que pensei, vocês fizeram tudo o que podiam e deviam ter feito nessa situação". Ele resume o que lhe foi dito até então, demonstrando ter prestado atenção e valorizando o *status* dos profissionais ao reconhecer o bom trabalho que fizeram até o momento.

Após a recapitulação, ele continua: "É exatamente como eu disse no início, não tenho certeza de que posso acrescentar algo. A única coisa em que posso pensar, e não estou certo de que acrescenta alguma coisa, é talvez dar uma olhada melhor nesse aspecto, talvez naquele...".

Reafirmar e confirmar a incerteza inicial sobre aquilo com que pode contribuir, mas também a sugestão cuidadosa de uma ou duas pequenas ações potenciais, levam a várias coisas fantásticas. Agora, a polícia sente que John faz parte de seu grupo; os profissionais podem se identificar com ele, o que os torna receptivos às sugestões que John faz. E, ao manter baixo o número de sugestões, ele faz com que seja muito mais fácil para os policiais agirem.

Os métodos de John podem funcionar para qualquer consultor externo que chegue a um novo ambiente defensivo, avesso à mudança, e queira criar boas condições para a cooperação. (1) Você minimiza o próprio *status* e eleva o dos outros, ou, pelo menos, fala com eles no mesmo nível. (2) Avança com cuidado, ouvindo e permitindo que os clientes conduzam o processo, de modo que se sintam seguros em seus papéis e em sua autonomia. (3) Comporta-se de forma não ameaçadora para tornar mais fácil ao grupo aceitá-lo como novo membro e se relacionar com você. (4) Comunica que quer ajudar e fazer parte da equipe, não levar os louros pelo trabalho do grupo, e isso é percebido como justo e torna mais fácil que você se ambientar e ganhar influência em novos contextos. (5) Apresenta uma quantidade limitada de conselhos ou ações potenciais, baixando o limiar de aceitação, pois isso é percebido como algo eminentemente administrável.

O método de John funciona. Sei disso porque eu mesmo o adotei. Use-o, e posso garantir que pares e colegas não só confiarão em você como também o procurarão ativamente para obter conselhos.

Lide com cuidado com colegas que têm crenças simplificadas demais

É particularmente difícil lidar com pessoas que têm crenças simplificadas demais.

É muito mais fácil debater diferentes pontos de vista com pessoas ponderadas, bem informadas e capazes de conceber uma causa mais complexa por trás de um problema. Essas pessoas percebem que não sabem tudo e acolhem o diálogo com outros indivíduos com ideias diferentes. Entendem contestações de boa-fé às suas ideias como oportunidades para aprender algo novo.

Por outro lado, pessoas totalmente comprometidas com uma compreensão muito simplificada da causa de um problema são quase impossíveis de convencer do contrário – pelo menos no curto prazo. Essa combinação de baixa informação e alta autoconfiança é conhecida como efeito Dunning-Kruger.[1]

Por que é tão difícil convencer essas pessoas? Porque (1), quanto maior a veemência com que negam o ponto que você apresenta, maior a veemência com que você o defende, tornando a situação mais tensa; e (2) as perguntas que você faz são inquisitivas demais. Como não têm boas respostas nem bons contra-argumentos, essas pessoas levam os questionamentos para o lado pessoal e respondem a eles na defensiva. O raciocínio delas desliga enquanto o centro emocional se acende, o que significa que se tornam ainda mais irracionais.

Pesquisas mostram que pessoas que sentem que estão sendo desafiadas não só desativam o raciocínio como também se apegam com ainda mais fervor às suas crenças. Por que isso ocorre? Porque serem contestadas faz com que se sintam mal! *Especialmente* quando não têm boas respostas.

Demonstre curiosidade genuína para acompanhar o "mentiroso" até a porta

Então, o que fazer? Recentemente, trabalhei com uma cliente que teve de convencer os colegas a aceitar e implementar uma nova maneira de gerenciar riscos nos respectivos departamentos. A resposta que minha cliente recebia repetidamente era "Já tentamos antes, mas não funcionou nem agregou valor nenhum ao departamento". Com base na minha experiência como *coach* e executivo, em noventa e nove por cento das situações, essa é só uma reação reflexa de pessoas que tentam se livrar de alguém que incomoda.

Eu disse à minha cliente que, o que quer que fizesse, não deveria insistir na defesa de sua ideia. Em vez disso, de um jeito que não fosse ameaçador, ela deveria fazer perguntas e demonstrar curiosidade genuína sobre a afirmação dos colegas de que "tentamos antes, mas não funcionou nem agregou nenhum valor". Chamo essa abordagem de "acompanhe o mentiroso até a porta".

Preparei uma lista de perguntas potenciais a serem feitas por ela, por exemplo:

"É interessante já terem tentado isso antes. Por favor, contem-me mais, porque suas ideias podem me ensinar a lidar melhor quando eu mesma fizer isso".

"Falem mais sobre quando vocês tentaram isso. Qual era a meta?".

"Como vocês fizeram quando tentaram isso? Quais foram os passos que seguiram?".

"Quais desafios vocês enfrentaram e como os administraram?".

"O que vocês fariam diferente hoje se tentassem de novo?".

Ao responder às perguntas de minha cliente, os colegas vão revelar o conhecimento e a experiência que realmente têm. Se de fato tentaram o que foi sugerido, ela agora terá a prova detalhada e poderá descartar sua proposta. Caso contrário, as perguntas a ajudarão a reposicionar sua proposta para reduzir a resistência dos colegas. Ao mesmo tempo, ela está mostrando interesse genuíno por eles e suas experiências, o que os deixa muito mais propensos a ouvi-la e ao que ela sugere.

Como ela se saiu? Minha cliente conseguiu a concordância dos colegas. A nova estratégia de gestão de risco foi implementada em todos os departamentos.

Tornando-se líder de pensamento e consultor para líderes e executivos seniores

Um desafio que a maioria dos profissionais enfrenta é conseguir a atenção dos líderes seniores. Eis uma abordagem prática, passo a passo, que você pode utilizar.

Primeiro, os executivos seniores sempre querem obter o máximo de ideias ou informações sobre tópicos que têm influência direta ou indireta sobre seus negócios, hoje e no futuro. Quanto mais ideias e informações, melhores decisões e escolhas eles provavelmente tomarão. O que quer que você lhes apresente precisa ser visto como algo útil, com potencial de torná-los mais bem-sucedidos. Portanto, *sempre quantifique o valor das ideias ou informações que você apresenta* – isso faz com que os executivos se interessem e os ajuda a definir prioridades entre todos os problemas que enfrentam. Se sua ideia tem mais valor potencial se comparada a outras coisas nas quais eles estejam investindo tempo, há boas chances de que seja levada em consideração. Do contrário, será encarada como mero ruído ou, na melhor das hipóteses, como algo interessante.

Digamos que seu trabalho gere informações ou ideias que você acredita devam ser mais exploradas por alguns executivos seniores da empresa. Eis o que deve ser feito.

Identifique os executivos seniores que você acha que poderiam se beneficiar com sua contribuição. Leia tudo que puder sobre eles, seu histórico e áreas de responsabilidade. Preste atenção especial a quaisquer declarações feitas por eles quanto às próprias ambições em suas áreas de competência – o que desejam alcançar e por quê?

Aqui estão alguns exemplos de pesquisas relevantes que você pode realizar:

O que	Por exemplo
Experiência e trajetória profissional do executivo sênior.	Verifique o LinkedIn. Se o executivo sênior ingressou na empresa nos últimos doze a vinte e quatro meses, dê uma olhada nos relatórios anuais das empresas nas quais ele trabalhou antes. Faça uma pesquisa na mídia para ver se alguma coisa foi escrita sobre o executivo sênior. Converse com três a cinco pessoas que têm algum tipo de contato com o executivo sênior – pessoas dentro e fora da empresa.

O que	Por exemplo
Trajetória e ambições do executivo sênior na empresa.	Estude os relatórios anuais da empresa e o que está escrito sobre o executivo sênior e suas áreas de responsabilidade. Obtenha qualquer material que descreva planos e estratégias para a área de responsabilidade do executivo sênior.

Como executivo sênior, não estou interessado em perder tempo ouvindo ideias ou informações genéricas; estou interessado em ideias críveis e acionáveis que possam – ao menos em teoria – agregar valor real e mensurável aos negócios: dinheiro. Também não estou interessado em ouvir conselhos de pessoas que não analisaram, de forma minuciosa, a viabilidade de suas ideias. Além disso, quero sentir que sou notado e compreendido, e que o que está sendo submetido é especificamente relevante à minha situação, pois isso me mostra que as pessoas são dedicadas e se empenharam de fato naquilo a que agora desejam que eu dedique meu limitado tempo de atenção.

Se você tiver várias ideias, compare-as entre si usando esta estrutura simples:

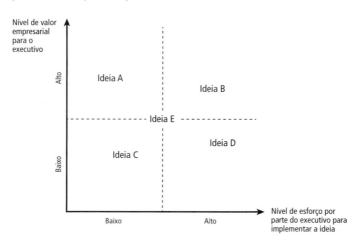

Quando tiver escolhido a ideia que vai apresentar, quais etapas deverá seguir para tornar o executivo mais propenso a aceitá-la?

a. Análises adicionais para qualificá-la? Se sim, como? Em quais etapas?

b. Melhorar imediatamente a tomada de decisão e/ou a definição de prioridades? Se sim, como e em quais tópicos ou situações?

A próxima pergunta visa construir sua narrativa relacionada à ideia.

Uma maneira simples, mas poderosa, de desenvolver habilidades de comunicação efetiva é utilizar o modelo Saber, Pensar/Sentir e Fazer. Encare-o como uma poderosa bifurcação mental que você pode empregar para qualquer tipo de situação de comunicação.

Prepare-se para utilizá-la respondendo às perguntas a seguir:

1. O que o executivo deve saber quando a reunião terminar?

- Como posso formular esse conhecimento da maneira mais clara?
- O que o executivo sabe atualmente?
- Quanto tempo deve durar a reunião para que o executivo absorva esse conhecimento?
- De que material preciso como suporte?

2. O que o executivo deve pensar e sentir quando a reunião terminar?

- Que palavras devo usar?
- Como devo me comportar (linguagem corporal, tom de voz, intensidade etc.)?
- Onde devemos realizar a reunião?
- A que hora do dia?

3. O que o executivo deve fazer quando a reunião terminar?

- O que a pessoa deve continuar a fazer, mas de uma nova maneira, por que, quando e como isso deve acontecer?

- O que a pessoa deve parar de fazer, por que, quando e como isso deve acontecer?
- O que a pessoa deve começar a fazer, por que, quando e como isso deve acontecer?

Responder a essas perguntas simples aumenta suas chances de agir com inteligência e discernimento, e isso aumenta sua capacidade de agir com senso de autoridade. Elas são também uma excelente preparação para grandes reuniões.

Como já dito, esse modelo de planejamento e execução da comunicação funciona bem em todos os tipos de temas e situações:

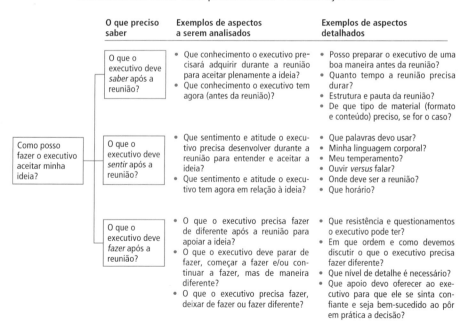

Estrutura Saber-Sentir-Fazer para influência e comunicação eficientes

O próximo passo é pensar na melhor maneira de apresentar a ideia ao executivo sênior. Qual seria a melhor abordagem? Tentar marcar uma reunião individual? Ou conseguindo um lugar na agenda para fazer uma breve apresentação em um evento maior, do qual o executivo sênior participa? Você poderia expor sua ideia ao executivo sênior por meio de influenciadores, por exemplo, seu chefe, pessoas que se reportam ao executivo sênior, outros?

Com base no que, graças à sua pesquisa, você sabe sobre o executivo sênior, não será difícil descobrir qual seria a melhor e mais provável maneira de se conectar com ele.

Com executivos seniores verdadeiramente dedicados ao trabalho e a fazer o que é bom para a empresa, muitas vezes pode ser apenas questão de enviar um *e-mail* com a ideia anexada. Executivos desse tipo provavelmente vão examinar o que você lhes enviou e, se relevante, marcarão uma reunião com você para saber mais sobre a ideia.

Se você marca uma reunião para discutir sua ideia com o executivo sênior, precisa garantir que terá presença executiva: precisa dominar o tema, mas manter-se calmo, agir com integridade e demonstrar curiosidade genuína sobre o mundo do executivo sênior.

Isso significa três coisas:

1. *Fale com integridade sobre sua ideia.* Discuta-a usando a mesma estrutura que utiliza ao lidar com a incerteza, ou seja, (1) de que você tem certeza a respeito de sua ideia que a torna relevante ao executivo; (2) em que acredita, mas não tem certeza, a respeito de sua ideia que a torna relevante ao executivo; e (3) de que você ainda não tem visão sobre ser ou não relevante ao executivo. Essa forma de falar lhe dá credibilidade como pensador consciente e convida ao diálogo para que o executivo apresente suas perspectivas.

2. *Tenha sempre o fim em mente quando se preparar e dialogar com um executivo.* Se o executivo lhe perguntar quais são as implicações imediatas caso sua visão seja relevante, você deve ser

capaz de apresentar uma perspectiva sobre isso. Uma maneira prática de fazê-lo é analisar as implicações com o uso minucioso da parte Fazer do modelo Saber, Pensar/Sentir e Fazer como ferramenta para a comunicação. Se a ideia for relevante para que o executivo a adote, o que ele deve parar de fazer imediatamente (por exemplo, adiar uma decisão), começar a fazer (levar a ideia perante o chefe ou a diretoria) e/ou continuar fazendo, mas de modo diferente (incluir a ideia como aspecto adicional da forma como o executivo normalmente interage no trabalho com determinadas pessoas, por exemplo, clientes)?

3. ***Faça com que a coisa seja real e pessoal.*** Conheça os medos e desejos dos executivos quanto ao seu trabalho e em relação à ideia que você está discutindo. Executivos são seres humanos iguais a você; são mais emocionais que racionais. Como a maioria das pessoas, eles tendem a trabalhar mais para evitar aquilo que temem que para alcançar o que desejam. Para sondar tal aspecto, faça perguntas como:

- Qual é a sua experiência com ideias semelhantes a essa que você apresenta? Qual era o contexto? O que funcionou bem, o que funcionou não tão bem e por quê?

- Quais partes da organização seriam mais afetadas por essa ideia? Qual é a experiência delas com ideias semelhantes? Há algum aspecto dessa percepção que seria difícil para elas aceitarem ou entenderem? Por quê? Como você pensaria em superar esses desafios? O que seria fácil? O que seria difícil?

- E quanto à equipe e às pessoas que se reportam a você? Quem seria mais afetado por essa ideia? Qual é a experiência delas com ideias semelhantes? Há algum aspecto dessa percepção que seria difícil para elas aceitarem ou entenderem? Por quê?

Como você pensaria em superar esses desafios? O que seria fácil? O que seria difícil?

- Se você pensar em si próprio, no tempo total comprometido e em outras prioridades, há aspectos dessa ideia que seriam um desafio para você executar? Por quê? Como você pensaria em superar esses desafios? O que seria fácil? O que seria difícil? Há algo que eu poderia fazer para ajudar?

Se usar os passos descritos aqui, você vai estar bem posicionado para ser visto como valioso líder de pensamento e consultor. É provável que, daqui em diante, seja consultado pelo executivo quanto a muitos outros temas e situações, tenha ou não o executivo agido de acordo com a ideia que você lhe apresentou nessa ocasião específica.

30

Não evite pessoas difíceis, aceite-as

Fácil para implementar na vida profissional

Um tema comum em meu trabalho com clientes são as reclamações sobre pessoas com as quais eles não se dão bem e com quem não querem trabalhar. Entendo o motivo. Quando nos deparamos com pessoas que percebemos como "difíceis" de trabalhar e nos relacionar, nossa tendência natural é nos afastar e, se possível, mudar de contexto. Por isso, poucas coisas conseguem nos desmotivar tanto quanto termos que nos envolver em interações ou reuniões com pessoas difíceis.

O mundo, entretanto, está repleto de pessoas "difíceis". Assim, se você deseja crescer e moldar seu destino, deve dominar a arte de transformar situações difíceis com pessoas difíceis em situações produtivas.

Existem dois tipos de pessoas difíceis. O primeiro chamo de *pessoas realmente difíceis*. São aquelas que têm baixa energia, estão voltadas para dentro, exibem atitudes negativas em relação a tudo, são incapazes de se concentrar em qualquer coisa, exceto no que é impossível, e são fundamentalmente incapazes de adotar visão mais positiva de si mesmas e seus contextos. Aqui, meu princípio é simples: a vida é curta demais para lidar com esse tipo de gente.

O outro tipo de pessoas difíceis são as *pessoas inseguras*. Dada a insegurança, podem ser difíceis de lidar, uma vez que têm aversão extrema ao risco e são improdutivas. Elas veem riscos por todo lado. Algumas também podem ser francamente desagradáveis ou exibir comportamentos abusivos. Mas pessoas inseguras não devem desmotivar você. Ao contrário, podem alimentar sua motivação para ajudá-las. Reduzir a insegurança pode ser a chave para desbloquear o potencial delas e aumentar o bem-estar.

Ajudar uma pessoa insegura me entusiasma, sobretudo quando a vejo começar a assumir o comando e a moldar o próprio destino, focando nas oportunidades ilimitadas que a vida pessoal e a profissional oferecem.

Quando você se depara com o que acredita ser uma pessoa difícil, o primeiro passo é ativar a mentalidade de detetive. Tire da equação os próprios sentimentos e necessidades. Pense na pessoa do jeito que pensa em equipamentos desconhecidos na academia. Uma vez que você entenda seu funcionamento, ela será de grande valia para você. Outra abordagem útil ao lidar com uma pessoa difícil, com alguém da qual instintivamente não gosto ou com quem tenho dificuldade em estabelecer um diálogo produtivo, é me lembrar de que a pessoa é filha de alguém. Com base nessa perspectiva, eu me pergunto se gostaria que alguém tivesse pensamentos parecidos sobre meu próprio filho, Ramses. Claro que não! Essa abordagem não só me ajuda a me dissociar de minha negatividade; permite que minha simpatia entre em ação.

Depois de dissociar as emoções da pessoa e da situação, use as técnicas de resolução de problemas de que falei na Seção Dois: "Molde seu destino: desenvolva sua mentalidade para se tornar o astro que você pode ser".

Daqui em diante, planeje e execute, de forma deliberada, suas interações com essas pessoas e tente aprender com elas. Para isso, você pode empregar o método de metas diárias que descrevi anteriormente: definir um resultado desejado, elaborar táticas para alcançá-lo, avaliar até que ponto elas funcionaram e, em seguida, repeti-las, focando no que você precisa mudar segundo o resultado de sua avaliação.

Tive clientes que, depois de usar essa abordagem por apenas duas semanas, mudaram completamente a atitude em relação a pessoas com as quais não queriam trabalhar. A maioria me diz que ela os ajudou a melhorar os relacionamentos também em outras áreas da vida.

Aqui estão algumas técnicas adicionais que você pode utilizar. Certifique-se de incluí-las em suas táticas quando definir sua meta diária de lidar com alguém difícil.

Faça as reuniões difíceis ou desafiadoras enquanto caminha ao ar livre

Se tiver pela frente uma reunião desafiadora com uma pessoa insegura ou difícil, talvez seja uma boa ideia vocês se encontrarem ao ar livre. Por quê? Assim você terá uma desculpa para evitar o contato visual!

Pode ser mais difícil processar os pensamentos quando você está falando com alguém cara a cara. Isso ocorre porque você tende a observar as expressões faciais da pessoa para avaliar as reações dela. Como a mente está tentando realizar dois processos ao mesmo tempo, você pensa mais devagar, o que não é bom se a conversa for difícil.

Então, considere a possibilidade de vocês caminharem lado a lado. Muito provavelmente você conseguirá pensar melhor. Se não for o caso, pelo menos terá um pouco de ar fresco e exercício.

Caminhar e falar não são o único truque que você pode aproveitar. Aqui estão outros quatro. Os três últimos vêm do extraordinário livro *Before You Know It: The Unconscious Reasons We Do What We Do,* do psicólogo social e cognitivo John Bargh.[1]

Faça a reunião após o pôr do sol

Aprendi esse truque há muitos anos com o falecido Peter Jonsson, psico-traumatologista de renome mundial e especialista em gestão de crises. A lógica subjacente é que os seres humanos têm visão noturna deficiente, o que, inconscientemente, nos faz sentir vulneráveis quando está escuro. Quando nos sentimos vulneráveis, uma de nossas principais estratégias para reduzir a sensação de vulnerabilidade é estar perto de outras pessoas. Assim, é provável que, se estiver escuro, a pessoa com a qual você está se reunindo esteja menos inclinada a ser crítica e opositora, e mais focada em contribuir para um ambiente bom e produtivo.

Ofereça à pessoa uma bebida quente

O calor ou o frio físicos afetam se sentimos calor ou frieza social. Experimentos mostram que pessoas que seguravam uma xícara de café quente – mesmo que por alguns segundos – e depois liam a descrição de uma pessoa gostavam mais dessa pessoa que indivíduos que haviam segurado uma xícara de café gelado antes de ler a mesma descrição. Por isso, tenha café ou chá quentes disponíveis durante a reunião.

Certifique-se de que a pessoa se sente numa cadeira macia e confortável

Sentar-se confortavelmente parece ter efeito semelhante a beber algo quente. Quando as pessoas se sentam numa cadeira dura ou desconfortável e são instadas a avaliar outra pessoa, tendem a ver essa pessoa de modo menos favorável que quando estão sentadas numa cadeira macia ou confortável. Além disso, pessoas sentadas em cadeiras duras tendem a ser mais duras nas negociações e discussões que pessoas sentadas em cadeiras macias.

Comece a reunião falando sobre o tempo se este estiver ruim

Inconscientemente, o clima afeta nossa visão da vida. Se o dia está ensolarado, tendemos a desfrutar de mais satisfação com a vida. Se está chovendo, nem tanto. Então, se você tem a reunião difícil em um dia de mau tempo, o que fazer? Bem, experimentos mostram que, quando as pessoas são questionadas sobre as condições climáticas, os impactos negativos destas sobre suas perspectivas parecem ser atenuados. Falar sobre o clima torna as pessoas conscientes dos próprios sentimentos sobre ele, por isso ficam menos propensas a permitir que isso afete suas atitudes.

Além desses truques, você também deve considerar a possibilidade de dominar os princípios da persuasão. O Dr. Robert Cialdini, autor do extraordinário livro *Influence: The Psychology Of Persuasion,* é amplamente considerado um dos mais destacados especialistas em influência e persuasão humanas. Gostaria de apresentar alguns dos princípios de persuasão que ele identificou.

O princípio do contraste

Esse princípio refere-se à forma como percebemos as diferenças entre duas coisas que nos são apresentadas em sequência. Colocado de maneira simples, se o segundo item for diferente do primeiro, tenderemos a vê-lo como mais diferente do que de fato é.

Aqui estão alguns exemplos desse princípio: se você erguer um objeto leve e, em seguida, um pesado, vai estimar que o segundo objeto é mais pesado do que estimaria se o tivesse erguido sem primeiro fazê-lo com o mais leve. Ou, se você está conversando com uma pessoa que acha atraente e depois outra menos atraente entrar na conversa, essa segunda vai lhe parecer menos atraente do que de fato é.

Eis como aplicar esse princípio. Se você quer que uma pessoa siga determinado caminho – tomar uma decisão, aceitar uma abordagem, buscar certa ação –, desenvolva, de forma intencional, alternativas ou escolhas para ela. Por exemplo, com base no que você sabe sobre a pessoa que quer influenciar, desenvolva uma alternativa que ela, provavelmente, consideraria muito exigente e outra, a que você prefere, que em contraposição parece muito menos exigente. Quando estiver conversando, comece pela alternativa exigente e depois apresente a menos exigente. É provável que a pessoa aceite de bom grado a alternativa menos exigente e sinta que você lhe fez um favor.

O princípio da escassez

As oportunidades parecem-nos mais valiosas e atrativas quando a disponibilidade é limitada. A ideia de perda potencial desempenha grande papel na tomada de decisão humana. As pessoas parecem ser mais motivadas pelo pensamento de perder algo que pelo pensamento de ganhar algo de igual valor.

Veja como aplicar esse princípio. Explique à pessoa que determinada proposta, caminho, solução ou desafio não está disponível ou é inadequado a todos, exceto a um grupo seleto de pessoas com um conjunto especial de habilidades ou caráter. O apetite e o desejo da pessoa de fazer parte daquele seleto grupo provavelmente serão elevados; em geral, as pessoas querem se sentir escolhidas e especiais, não excluídas.

Que as pessoas tendem a ser mais sensíveis a possíveis perdas que a possíveis ganhos é uma das descobertas mais bem fundamentadas nas ciências sociais. Portanto, pode valer a pena mudar a ênfase dos benefícios de sua proposta, ideias ou sugestões para a ameaça de uma oportunidade desperdiçada: "Não perca esta chance" ou "Aqui está o que você vai perder".

O princípio do compromisso e da coerência

As pessoas têm forte necessidade de parecer confiáveis e consistentes. Há três razões para isso: (1) as pessoas ao nosso redor valorizam muito a consistência porque ela nos torna previsíveis, o que lhes dá sensação de conforto e controle; (2) a consistência reforça a percepção de que nossa vida tem estrutura e ordem; e (3) ela economiza energia – não precisamos pensar mais em dado assunto depois de tomar uma decisão ou assumir um compromisso. A necessidade de parecer ou sentir que somos confiáveis, comprometidos e consistentes aumenta com a idade.

Aqui estão alguns exemplos desse princípio em ação:

- Quanto maior o compromisso, mais tendemos a nos convencer de seus benefícios.
- Uma pessoa se apegará mais fortemente a um compromisso assumido diante dos outros que a um assumido em particular.
- Um compromisso por escrito é muito mais forte que um verbal.
- Um compromisso que uma pessoa faz sobre si mesma tende a mudar sua autoimagem e suas ações.
- Uma pessoa tende a aceitar um novo curso de ação ou uma decisão que pareçam ser uma extensão de um compromisso anterior.

Como aplicar esse princípio:

- Tente sempre apresentar seu conselho a uma pessoa como o próximo passo natural, com base nas decisões e nos planos anteriores dela.
- Estimule as pessoas a codesenvolverem seus planos de ação individuais, com base no que você precisa que elas façam.
- Quando as pessoas tiverem realizado algo realmente bom, como terem sido extraordinariamente corajosas, peça-lhes que descrevam

a situação e o que fizeram; isso tornará mais fácil para elas alcançar realizações semelhantes no futuro.

- Sempre se esforce para fazer com que as pessoas expressem o que gostam, o que não gostam e o que acham importante e menos importante. Você pode usar o que elas dizem como afirmações positivas nas discussões para fazê-las se sentir comprometidas e consistentes; por exemplo, "Acho que agora estamos diante de uma situação relacionada àquilo com o qual você expressou preocupação no início e disse ser importante".

- Quando as pessoas se mostram hesitantes sobre uma decisão ou sobre o que fazer, peça-lhes que escrevam sobre isso. Sugira que primeiro deem um passo para trás e reflitam sobre por que será difícil ter sucesso com tal decisão ou linha de ação e como podem superar a dificuldade.

31

Desenvolva seu pessoal e transforme-o em astro

Moderadamente exigente para implementar na vida profissional

Todos os anos, nos Estados Unidos, as empresas gastam mais de sessenta bilhões de dólares em consultores para ajudá-las a se tornarem mais bem-sucedidas. Não importa para qual questão específica o gasto com consultoria se destina, no fim, tudo se reduz a um punhado de temas subjacentes: (1) ganhar mais dinheiro reduzindo custos e/ou aumentando a receita; (2) tornar-se mais forte e competitivo construindo habilidades que permitam à organização se redefinir em qualquer aspecto ou dimensão relevante; e (3) tornar-se uma empresa que atrai e retém as pessoas certas por meio de todas essas e outras "atividades de melhoria" implementadas pela consultoria.

Em minha experiência, a maioria das empresas fracassa em suas ambições de melhoria, não porque seus objetivos fossem impossíveis ou equivocados, ou porque usaram os consultores errados, mas porque não abordaram o que importa para alcançar os itens 1, 2 e 3 descritos anteriormente: *agir de maneira firme sobre o verdadeiro propósito da liderança, em todos os níveis, em qualquer tipo de organização.*

Se você é líder, as abordagens que descreverei aqui são seu ingresso para jogar na mesma liga que os poucos e seletos líderes do mundo dos negócios que de fato entendem o que é liderança. Esses são os líderes que, de maneira consistente, entregam resultados empresariais incomparáveis, superam com sucesso qualquer desafio e podem vencer a inércia para redirecionar e transformar seus negócios da noite para o dia.

Tais líderes entendem que o mais importante nas empresas ou nos departamentos pelos quais são responsáveis não é *o que produzem*, sejam produtos, serviços ou outros resultados, como apoio administrativo para outras partes da organização. Entendem que o mais importante para seus negócios ou departamentos é *quem produz esses resultados – as pessoas.*

Mas, ainda mais importante, eles sabem que a maior responsabilidade que têm como líderes é garantir que todos os subordinados diretos desenvolvam suas habilidades e mentalidades, e *façam isso de forma integrada no trabalho diário.* Os líderes se concentram em uma única coisa: transformar todos os subordinados diretos em astros que dão vazão ao seu potencial ilimitado por meio do trabalho diário.

Por que desenvolver os subordinados diretos é a mais importante responsabilidade de liderança

Desenvolver seu pessoal é sua responsabilidade mais importante como líder por três motivos.

Primeiro, essa é uma das poucas áreas no mundo profissional em que os melhores interesses da empresa estão completamente alinhados aos melhores interesses das pessoas que nela atuam. Para você e os subordinados diretos, os benefícios de focar no desenvolvimento pessoal e profissional no dia a dia laboral são quase ilimitados. Como mencionado neste livro, trabalhar diariamente o próprio desenvolvimento leva ao aumento da saúde do cérebro, decisiva para a saúde, o desempenho e o bem-estar mental, a curto e longo prazo.

Faça isso, e sua experiência laboral mudará drasticamente. De repente, isso lhe dará mais energia do que consome. Você vai se divertir mais e ficar na expectativa pelo dia de trabalho que tem pela frente. Depois do expediente, terá a sensação de dever cumprido, o que levará à maior capacidade de relaxar e dar o dia por encerrado. Isso vai melhorar o sono. Ademais, focar todos os dias no desenvolvimento das próprias habilidades fará que você se sinta mais forte e com mais controle da situação, o que levará a menos estresse. Isso lhe permitirá produzir melhores resultados, o que acarretará mais recompensas e sensação de realização verdadeira.

Em conjunto, isso desenvolverá sua capacidade e a dos subordinados diretos de moldar o próprio destino, tornando-se astros no que fazem. Vocês se tornarão ímãs para oportunidades profissionais cada vez maiores. Por quê? Porque a verdadeira maestria, como já mencionado, nunca sai de moda. As pessoas, assim como as empresas, sempre querem conviver com os superastros.

Segundo, desenvolver a si mesmo e aos subordinados diretos é do melhor interesse da empresa. Todas as organizações, qualquer que seja o setor ou ramo de negócios, devem se esforçar continuamente para alcançar metas cada vez mais elevadas para se manterem saudáveis e competitivas. A única maneira de consegui-lo é garantir que as pessoas que trabalham nela desenvolvam constantemente suas habilidades e mentalidades, porque uma empresa não é nem mais nem menos que a soma de seus profissionais.

Não adotar plenamente esse procedimento, como líder ou empresa, seria como um time de hóquei da Liga Nacional se esforçando para ganhar o campeonato mundial, mas investindo em equipamentos (patins, bastões, capacetes etc.) em vez de em treinamento e desenvolvimento de jogadores. A única maneira sustentável de alcançar metas corporativas cada vez mais elevadas é garantir que as pessoas se desenvolvam constantemente no trabalho diário, porque aquelas que o fazem:

1. Ficam mais envolvidas com as tarefas, o que lhes permite desenvolver a motivação intrínseca.

2. Têm desempenho melhor que aquelas que não se desenvolvem, pois dão muito mais atenção ao que fazem e a como o fazem. Essa mentalidade desenvolvimentista contraria a tendência natural dos indivíduos de operar puramente por hábito, o que leva ao atraso no desenvolvimento e à deterioração gradual do desempenho.

3. Formulam continuamente metas e aspirações mais ambiciosas que aquelas que não se desenvolvem, pois pessoas que se desenvolvem o tempo todo percebem que não há limite para o que podem alcançar e para aquilo que podem se tornar.

4. Ficam muito mais focadas nas tarefas que pessoas que não se desenvolvem. Conforme observei, pessoas que se desenvolvem realizam até uma hora de trabalho mais produtivo por dia (somando mais de um mês de trabalho mais produtivo em um ano) que funcionários que não sentem estarem se desenvolvendo continuamente.

5. Adquirem mais autoliderança que pessoas que não se desenvolvem; por exemplo, têm impulso maior para identificar e conduzir iniciativas críticas, porque estas constituem oportunidades de aprender mais.

6. Enfrentam menos estresse e adoecem mais raramente que pessoas que não se desenvolvem – maior grau de atenção e raciocínio leva à sensação de mais autonomia e controle sobre a própria situação, incluindo maior capacidade de lidar com a incerteza.

7. Tendem a ser mais cooperativas e prestativas que pessoas que não se desenvolvem, pois gostam de seu trabalho. Isso também as torna muito menos propensas a deixar a empresa.

8. Estão extremamente abertas a sugestões de mudanças que possam implementar para acelerar ainda mais seu desenvolvimento e domínio. Pessoas que não se desenvolvem tendem a ser territoriais e resistentes a indivíduos e iniciativas que ameaçam "criar problema".

Terceiro, não há maneira mais potente de criar um vínculo saudável entre você, os subordinados diretos e a ligação deles com a empresa que garantir que eles estejam se desenvolvendo pessoal e profissionalmente. O vínculo ímpar que isso cria é a recompensa máxima para um líder. O profundo senso de propósito que você experimentará ao observar os subordinados diretos crescerem e realizarem coisas que nem sequer imaginavam ser capazes de realizar é incomparável e não pode ser obtido de nenhuma outra maneira além da experiência de ter filhos.

Durante meus anos como executivo e líder, trabalhei para empresas que precisavam ser transformadas. Meus colegas e eu desenvolvemos abordagens para transformar as organizações e gerar melhorias empresariais no valor de bilhões de dólares. Mas não é isso que me vem à cabeça quando penso nesse período da minha vida profissional. O que me lembro é do trabalho com meus próprios subordinados diretos.

Em todos os meus cargos de liderança, desde o primeiro dia, sempre insisti para que meus subordinados diretos colocassem seu desenvolvimento pessoal e profissional no topo da agenda. Todas as vezes eu me surpreendia com a rapidez com que eles mudavam. Depois de apenas uma ou duas semanas, exibiam desempenho muito melhor. Tornavam-se mais felizes e mais inclinados a assumir desafios cada vez maiores.

Uma das lembranças mais fortes desse período é uma ceia de Natal com vinte dos meus subordinados diretos. Fazia um ano que eu estava na empresa, e aquele era nosso primeiro jantar juntos.

Antes que a ceia fosse servida, decidi me levantar para fazer algumas reflexões. Falei sobre cada um deles, o que haviam conquistado e como tinham se desenvolvido durante o ano. Pude sentir que aquele foi um momento emocionante para eles.

Mais tarde, naquela mesma noite, alguns deles vieram falar comigo. Tinham lágrimas nos olhos quando me disseram que nosso ano juntos os fez entender quão maravilhoso e gratificante o trabalho deles podia ser. Alguns trabalhavam na empresa havia vinte e cinco anos ou mais.

Esse e muitos outros momentos semelhantes ao longo de meu período como líder e, posteriormente, como *coach* tornaram minha jornada pessoal e profissional muito mais gratificante do que eu poderia imaginar quando a iniciei, quase trinta anos atrás. Ademais, uma coisa que todos esses momentos me ensinaram é que nunca é tarde demais para levar alguém a repensar por completo sua abordagem laboral e passar a amá-la.

Assim, de que você precisa para transformar o desenvolvimento pessoal e profissional na principal prioridade para você e seus subordinados diretos?

Primeiro, deixe-me lhe dizer de que você não precisa. Você não precisa de um sistema de TI caro para apoiar seus esforços. Não precisa contratar especialistas ou consultores externos. Não precisa mudar radicalmente as prioridades em sua agenda ou a maneira como aloca seu tempo. E não precisa pedir permissão ao RH ou a qualquer outro departamento "responsável" pelas diretrizes e ferramentas para o desenvolvimento de pessoas. O que vou descrever é totalmente compatível com qualquer tipo de "sistema" de desenvolvimento pessoal e profissional que sua organização esteja utilizando.

Vou exemplificar essa abordagem descrevendo como uma de minhas clientes, Barbara, faz isso com seus subordinados diretos.

Conheça Barbara

Barbara é chefe de operações de um fundo de *hedge* em Nova York. O departamento de operações é um ambiente de trabalho estressante e exaustivo, no qual os riscos são altos, a pressão, constante, e os maus comportamentos – por exemplo, falta de colaboração e apoio bem como mentalidade competitiva feroz –, abundantes. É também um ambiente em que abordagens sistemáticas para o desenvolvimento pessoal e profissional raramente recebem prioridade ou são adotadas. Na maioria das vezes, é matar ou morrer – ou você chega lá ou está fora.

Logo no início de nosso *coaching*, Barbara expressou preocupação com seu departamento. Sentia que os níveis de estresse estavam muito altos, a qualidade da colaboração e do apoio muito baixa, e as pessoas não estavam se empenhando para realizar seu potencial de crescimento acelerado e de *performance*. Reter as pessoas era um desafio não só em seu departamento, mas em todos os departamentos do fundo de *hedge*.

Comece criando conhecimento e compromisso

Aconselhei Barbara a criar primeiro um conhecimento sólido com a equipe de subordinados diretos acerca da motivação intrínseca e do desenvolvimento pessoal e profissional. Ela usou diferentes recursos de conhecimento – por exemplo, alguns dos meus escritos, assim como artigos adicionais e trechos de livros – para manter tanto conversas individuais quanto discussões em equipe.

Em seguida, recomendei que implementasse um compromisso, por meio do desenvolvimento de um contrato de equipe. Tomei essa abordagem emprestada de um treinador de hóquei de ponta com o qual havia trabalhado alguns anos antes. Um contrato de equipe define os comportamentos que cada jogador precisa seguir para que a equipe tenha bom desempenho e cumpra as metas. Em um ambiente profissional como o de Barbara, um contrato de equipe pode ser usado para definir metas de desenvolvimento e como tópico de discussão em conversas individuais e em reuniões de equipe. Também pode ser usado em pesquisas e discussões com profissionais, clientes, entre outros, dos quais seu departamento depende ou aos quais atende.

Barbara tem oito subordinados diretos. Ela os dividiu em dois grupos de quatro e os encarregou de sugerir cinco comportamentos que garantissem que o desenvolvimento pessoal e profissional fosse prioridade fundamental.

Cada grupo elaborou rascunhos de propostas. Barbara, então, convocou uma reunião na qual cada um deles apresentou suas propostas. Houve concordância quanto a três dos comportamentos sugeridos. O passo seguinte foi desenvolver dois comportamentos adicionais. Depois de duas semanas, Barbara reuniu os grupos de novo, e eles decidiram por mais dois comportamentos. As condutas foram formalizadas em um documento assinado por todos os membros da equipe, incluindo Barbara. Também foram elaborados cartazes que abordavam os comportamentos, de modo que pudessem ser expostos em áreas comuns, salas de conferência e estações de trabalho individuais.

O contrato da equipe dizia:

Nossos comportamentos	Por que é importante
Buscamos e compartilhamos entusiasmo todos os dias.	Nosso trabalho é complexo e importante. Oferece muitas oportunidades para nos sentirmos entusiasmados e energizados. Se não achamos que vamos sentir entusiasmo em nosso trabalho diário, não vamos reconhecê-lo.
Pensamos antes de falar.	Devemos sempre dizer o que pensamos, mas fazê-lo com sabedoria. As palavras podem machucar. Além disso, palavras não baseadas em fatos suficientes e boa lógica correm o risco de nos levar na direção errada.

Nossos comportamentos	Por que é importante
Estamos sempre dentro do prazo.	Cumprimos prazos e horários de reunião para mostrar respeito uns aos outros e aos demais profissionais da empresa e para aprimorar continuamente a capacidade de planejar nosso trabalho de forma inteligente.
Nós nos esforçamos para entregar melhor que as expectativas.	Todo nosso trabalho permite que outros profissionais com os quais atuamos façam o trabalho deles. Entregar o que se espera é sinal de compromisso; superar as expectativas é sinal de cuidado e paixão genuínos.
Crescemos e nos desenvolvemos a cada dia.	Nosso trabalho oferece oportunidades ilimitadas de encontrar novas e melhores maneiras de planejamento e execução, permitindo-nos, dia a dia, desenvolver nossas habilidades e nossa maestria.

Com um time mais experiente e um contrato de equipe em vigor, Barbara estava pronta para o próximo passo.

Trabalhe as três habilidades críticas que impulsionam a motivação intrínseca e o desenvolvimento pessoal e profissional

Além de criar o hábito de sempre focar em resultados empolgantes (FREs) ao realizar tarefas e atividades, três habilidades são fundamentais para permitir que as pessoas cresçam e amem o que fazem: resolução de problemas (ou raciocínio lógico, como já descrito neste livro), gerenciamento de tarefas e autogestão.

Como mencionado antes, a resolução de problemas é fundamental para haver motivação intrínseca, bem-estar, desenvolvimento e desempenho – poucas coisas nos fazem sentir tão vivos e fortes quanto quando estamos resolvendo problemas, e poucas coisas matam tanto nossa motivação quanto enfrentar problemas que não conseguimos entender ou resolver. Em um ambiente profissional, a habilidade de resolução de problemas diz respeito a inúmeras sub-habilidades, por exemplo, quantificar o problema, estruturá-lo para que possa ser compreendido e resolvido, lidar com a incerteza em relação ao que você sabe e não sabe sobre o problema e sua solução e desenvolver recomendações robustas de como lidar com ele.

O gerenciamento de tarefas é igualmente importante; um tema-chave deste livro é que todas as tarefas e atividades oferecem oportunidades ilimitadas para serem realizadas de maneiras novas e melhores. Assim como a resolução de problemas, o gerenciamento de tarefas também consiste em um punhado de sub-habilidades, por exemplo, planejar, definir resultados mensuráveis (ou FREs), gerenciar a complexidade, identificar oportunidades de melhoria e dedicar-se à qualidade. Essa forma ponderada de pensar sobre tarefas e atividades possibilita haver motivação intrínseca em nossa abordagem do trabalho.

A habilidade de autogestão também contém muitas sub-habilidades, mas duas das mais importantes dizem respeito à mentalidade e ao *feedback*. A habilidade referente à mentalidade consiste em aceitar que podemos e devemos sempre melhorar o modo como fazemos as coisas. Quando solicitamos *feedback*, obtemos oportunidades de autoaperfeiçoamento e autoconhecimento, quer atuemos de acordo com o *feedback* ou não.

Para tornar palpáveis essas habilidades e para que a equipe pudesse avaliar a si própria, Barbara e eu desenvolvemos descrições de cada uma delas, exibidas em uma tabela, em um contínuo que vai de domínio pleno (sólido) a "precisa ser trabalhado" (questões).

Implementar trabalho individual semanal e FREs de desenvolvimento

O próximo passo para Barbara e sua equipe foi chegar a um acordo sobre uma forma de trabalho que integrasse desenvolvimento e desempenho. O principal requisito era foco de curto prazo, pois isso estimula a ação, mantém cada membro da equipe focado no próprio desempenho e desenvolvimento diários e garante apoio mútuo entre todos os integrantes, incluindo Barbara.

Resolução de problemas	Sólido	Pequenas melhorias	Necessidades claras de desenvolvimento	Questões
Quantificação de problemas e questões	Sempre adquire visão sólida do tamanho de um problema ou questão antes de se dedicar a ele.	Quantificar o problema ou questão faz parte do processo de trabalho, mas isso nem sempre é feito logo de início.	Tem boa intuição para saber se um problema é grande ou não, mas, muitas vezes, não busca validar essa intuição.	Presume, muitas vezes, o tamanho de um problema sem a devida análise.
Identificação do problema	Tem talento incomum para identificar rapidamente os aspectos mais críticos de qualquer problema.	Pode seguir conjuntos complexos e inter-relacionados de questões, sem dificuldade. Em geral, identifica as questões mais críticas a serem abordadas.	Tem abordagem clara e lógica das questões, mas encontra dificuldade em identificar as mais críticas.	O foco no problema e a lógica da abordagem de resolução não são aparentes à primeira vista.
Lidando com a incerteza	É sempre capaz de identificar em um problema o que é certo/conhecido, o que tem base em crenças e o que é desconhecido e atua para reduzir, com equilíbrio, o nível de incerteza.	Na maioria das vezes, desenvolve depressa uma boa ideia do que é conhecido e desconhecido sobre um problema. Às vezes, pode se apoiar demais em suposições ou crenças em vez de em fatos.	Pode identificar aspectos desconhecidos de um problema, mas precisa de suporte para abordar esses aspectos de maneira eficiente.	Tende a não ter foco. Na maioria das vezes, é excessivamente confiante em relação a qual é o problema e a como resolvê-lo e/ou reage de maneira negativa diante da incerteza.
Estruturação de problemas	Consegue estruturar problemas mal definidos e vagos, permitindo que a equipe empreenda a resolução de problemas de maneira focada.	Estrutura problemas complexos, sendo necessário suporte normal; vê várias formas de estruturar o problema e entende os prós e contras dele.	Identifica os principais problemas e faz boa estruturação da resolução deles, mas, na maioria das vezes, com a necessidade de iteração e suporte contínuos.	Necessita de ajuda significativa na estruturação de abordagens de resolução de problemas.
Habilidades analíticas e abordagem	Vai além das capacidades analíticas existentes; constrói novas abordagens conceituais e/ou analíticas.	Reconhece a necessidade de novas abordagens analíticas, baseia-se nelas e aprende-as rapidamente.	É um bom analista, mas não identifica a necessidade de novas abordagens analíticas.	Ainda tem algumas deficiências em habilidades analíticas e dificuldade em aceitar novas abordagens analíticas.

Gerenciamento de tarefas	Sólido	Pequenas melhorias	Necessidades claras de desenvolvimento	Questões
Resposta a mudanças nos problemas	Lidera a equipe para gerenciar tais mudanças; utiliza, de modo eficaz, a base de julgamento de pessoas que sabem mais sobre o problema.	Em geral, pode lidar com problemas e questões que passam por mudanças; capaz de integrar novas descobertas ao trabalho.	Fica pouco à vontade quando problemas e questões mudam ao longo do tempo, mas reconhece a necessidade de mudar.	É resistente a ajustar o curso do trabalho quando as questões mudam.
Desenvolvimento de recomendações	Desenvolve recomendações que podem ser implementadas pragmaticamente.	Com frequência, desenvolve um conjunto sólido de recomendações completas.	Vê os pontos relevantes e, com ajuda e algum apoio, faz recomendações minuciosas.	As recomendações são frequentemente incompletas e/ou não se baseiam, com clareza, nas conclusões relevantes.
Planejamento	Pode estruturar planos eficientes para lidar com problemas complexos e prioridades.	Pode concluir, com rapidez, planos sólidos e direcionados para lidar com problemas e prioridades familiares.	Realiza um trabalho consistente ao traçar um plano, mas necessita de apoio.	Tende a não fazer planejamento cuidadoso e/ou não consegue concluir um plano sem muita assistência.
Desenvolvimento de resultados/FREs claros e mensuráveis	Sempre antevê resultados claros e mensuráveis para permitir planos pragmáticos e definir prioridades nas tarefas.	Antevê resultados claros e mensuráveis para orientar o planejamento geral (mas não em nível de detalhes).	Sempre se esforça para definir resultados claros, mas tem dificuldade em torná-los mensuráveis.	Não pensa em resultados, mas em atividades e tarefas. Baixa capacidade de definir prioridades em uma atividade ou plano.
Manejo de complexidade	Lida com projetos complexos e de rápida evolução e ainda tem tempo de pensar além dessa tarefa; entrega valor além do escopo do projeto.	Gerencia confortavelmente projetos complexos sem deixar de cumprir nenhum compromisso.	Gerencia confortavelmente projetos simples, mas, às vezes, tem dificuldade com prazos.	Tem dificuldade em gerenciar projetos de modo a cumprir prazos.

Autogestão	Sólido	Pequenas melhorias	Necessidades claras de desenvolvimento	Questões
Foco em melhoria	Identifica continuamente áreas para melhoria e mudança bem calculadas. Busca melhorias e mudanças de maneira estruturada, com resultados e planos claros. Vê possibilidades em vez de obstáculos.	Faz sugestões frequentes de melhoria e mudança e está preparado para conduzi-las. É positivo ao experimentar novas ideias.	Às vezes, faz sugestões de melhoria e mudança calculadas, mas procrastina em adotá-las e/ ou experimentar novas ideias.	Raramente apresenta ideias para mudanças e melhorias bem calculadas. Não está disposto a experimentar novas ideias. Enxerga mais obstáculos que possibilidades.
Dedicação à qualidade	Oferece um trabalho de alta qualidade que excede os requisitos. Não há necessidade de revisar as entregas. Tem a mente aberta para melhorar os padrões de qualidade.	Entrega um trabalho de qualidade que, às vezes, excede os requisitos. Em geral, não há necessidade de revisão, e tem a mente aberta para avaliações de desempenho.	Atende aos requisitos de qualidade, mas precisa de algum suporte. Os resultados devem ser revisados.	Os requisitos de qualidade não são cumpridos.
Sequenciamento	Mostra forte capacidade de identificar a ordem crítica na qual realizar todas as tarefas em determinado projeto ou atribuição.	Na maioria das vezes, mostra capacidade de identificar a ordem crítica na qual realizar as próprias tarefas.	Compreende a necessidade de identificar a ordem crítica na qual realizar as próprias atribuições em uma tarefa específica, mas precisa de orientação sobre como fazê-lo.	Muitas vezes, confuso com a complexidade das tarefas em qualquer projeto.
Mentalidade	Vê cada tarefa e situação como oportunidade de inovar e crescer.	Foco claro no desenvolvimento, mas, às vezes, foco demais em áreas relevantes apenas à própria carreira.	Busca o desenvolvimento, mas pode ser facilmente desencorajado por falhas nos próprios esforços.	Baixo foco no próprio desenvolvimento. Infla o valor dos próprios pontos fortes.
Ação com base no feedback e busca de apoio	Atua proativamente com base em *feedbacks* estruturados e pontuais e no apoio de equipes, pares e pessoas com as quais trabalha.	Aberto a *feedbacks* e age com base neles; busca apoio de forma proativa diante de desafios.	Na maioria das vezes, aberto a *feedbacks*, mas procrastina para transformá-los em ação.	Não procura *feedback* com frequência e hesita em buscar apoio e ajuda quando necessário.

Após duas ou três discussões, os membros da equipe de Barbara decidiram pela forma de trabalho a seguir:

1. Todas as sextas-feiras, cada membro da equipe dedica de quinze a vinte minutos para definir seus FREs laborais semanais mais importantes, incluindo, pelo menos, um FRE abordando uma das três habilidades críticas (resolução de problemas, gerenciamento de tarefas e autogestão).

2. Todos os dias, os membros da equipe destinam de quinze a vinte minutos para refletir sobre seu progresso, visando aos FREs semanais, incluindo a classificação do dia em uma escala de 1 a 10, sendo 10 ótimo.

3. Os oito membros da equipe foram divididos em quatro equipes de aprendizado entre pares, os quais se reúnem por trinta minutos ou mais todas as sextas ou segundas-feiras para se apoiar e aprender uns com os outros sobre os FREs da semana que passou e os da semana seguinte.

4. Uma vez por mês, os oito membros da equipe se reúnem com Barbara para relatar seu desempenho e desenvolvimento ao longo do mês e aprender uns com os outros.

Barbara trabalhou do mesmo modo com os próprios FREs semanais e as reflexões diárias. Além disso, iniciou um registro diário simples no qual anotava quaisquer observações que pudesse transmitir como *feedback* aos membros da equipe.

Em semanas alternadas, ela frequentava um grupo de aprendizagem de pares, em reuniões semanais de trinta minutos ou mais, e tinha uma reunião de trinta minutos ou mais com algum dos membros do grupo.

A única coisa que Barbara teve de fazer para colocar em ação essa forma de trabalho foi desenvolver um modelo para ser usado por ela e pelos membros da equipe. Eis o modelo desenvolvido, com um exemplo real de um dos membros da equipe de Barbara:

Plano semanal	Reflexão diária de quinze minutos – conquistas, desafios e insights por FRE semanal					
Competências críticas do FRE	**Segunda-feira**	**Terça-feira**	**Quarta-feira**	**Quinta-feira**	**Sexta-feira**	**Cumprimento**
Melhorar o gerenciamento de tarefas com foco na redução do tempo de execução (uma tarefa a cada dia).	Chamadas mensais 1:1 com oito dos gerentes de portfólio reduzidas de vinte para dez minutos, com relatos de progresso muito mais concisos.	Consegui cortar trinta minutos na concepção de gráficos para apresentação do gestor de portfólio.	Não fui capaz de reduzir o tempo de execução de nenhuma tarefa hoje. Tive que esperar o *input* de outras pessoas, o que atrasou meu trabalho de análise.	Reduzi pela metade o tempo de leitura do relatório mensal sobre risco operacional; ainda consegui resumir as principais ideias para mandar por *e-mail* à equipe.	Consegui reduzir meu tempo de preparação em trinta minutos para a reunião de equipe de segunda-feira e ainda deixar mais claro o que quero apresentar.	80%

FREs de trabalho-chave	**Segunda-feira**	**Terça-feira**	**Quarta-feira**	**Quinta-feira**	**Sexta-feira**	**Cumprimento**
Finalizar a apresentação para a reunião de gerenciamento de portfólio até quarta-feira em vez de sexta-feira desta semana.	Delineei uma boa narrativa e a testei com Barbara, que gostou.	Fiz um rascunho completo da apresentação e enviei a Barbara para aprovação. Bom *input* dela; consegui finalizar a apresentação em menos de uma hora.	Enviei a apresentação aos gerentes de portfólio às 9 horas de hoje –dois dias antes do necessário. Isso lhes dá tempo extra para se preparar.			100%

FREs de trabalho-chave	Segunda-feira	Terça-feira	Quarta-feira	Quinta-feira	Sexta-feira	Cumprimento
Obter a adesão completa de Bob Stevenson para realizar, da nova maneira, as avaliações de risco de modelo.		Testei meus principais argumentos com três pessoas próximas a Bob; houve rejeição a um deles.	Voltei a testar com as três pessoas os argumentos refinados. Fui aconselhado a deixar Bob falar o que pensa antes de apresentar meus argumentos.	Finalizei o conjunto de três *slides* para a reunião de sexta-feira com Bob. Parece breve, preciso e claro no que está sendo pedido a Bob.	Almoço de trabalho com Bob: ele aceitou meus argumentos, mas quer pensar mais sobre como prosseguir com a implementação até a próxima terça-feira.	90%
Obter a concordância dos gerentes de portfólio Steve e Jane sobre o *timing* e a abordagem do pedido deles para integrar uma nova contrapartida à sua plataforma.	Enviei uma breve descrição da abordagem a Steve e Jane com as três perguntas sobre as quais desejo que pensem em particular. Vamos conversar na sexta-feira.				Steve e Jane gostam da abordagem, mas querem que repensemos o *timing*, pois é um assunto urgente. Vou discutir com a equipe e Barbara. Prometi retorno a eles até a próxima quarta-feira.	60%
Como foi meu dia? (Classifique na escala de 1 a 10 e explique em uma frase)	6 (foi um pouco fragmentado)	8 (senti bom progresso geral)	5 (não fiquei feliz por ter que insistir em minha análise)	8 (feliz por ter finalizado a apresentação)	7 (um bom dia e a sensação de ter tido uma boa semana)	Uma semana melhor que a média

Investimento de tempo estimado e benefícios

A objeção mais comum que os líderes têm sobre trabalhar dessa maneira é *tempo*. "Como terei tempo para isso?" O que eles estão perguntando é: "Como terei tempo para liderar e desenvolver meus subordinados diretos?". Eles podem muito bem estar perguntando também como terão tempo para fazer seu trabalho como líder, já que liderar e desenvolver subordinados diretos impulsiona todos os aspectos do negócio.

O investimento de tempo não é tão assustador. Veja como ele está constituído.

Para cada um dos membros da equipe de Barbara por mês:

- Definição dos FREs semanais = 20 minutos × 4 = 80 minutos.
- Reunião semanal de aprendizagem entre pares = 30 minutos × 4 = 120 minutos.
- Reflexões diárias = 75 minutos por semana × 4 = 300 minutos.
- Reuniões quinzenais individuais com Barbara = 30 minutos × 2 = 60 minutos.
- Reunião mensal da equipe = 60 minutos.

Tempo total necessário: 620 minutos, ou, aproximadamente, 10 horas por mês, o que representa menos de sete por cento do tempo total de trabalho em um ano inteiro. Que excelente negócio! Que outra forma de trabalho permite que os subordinados diretos obtenham tremendo apoio dos colegas e do líder enquanto monitoram o próprio progresso e desenvolvimento bem como aprendem com eles?

E o investimento de tempo de Barbara? Aqui está:

- Definição dos FREs semanais = 20 minutos × 4 = 80 minutos.
- Participação em reuniões quinzenais de aprendizagem entre pares = 30 minutos × 8 = 240 minutos.

- Reflexões diárias = 75 minutos por semana × 4 = 300 minutos.
- Reuniões quinzenais com cada equipe = 30 minutos × 16 = 480 minutos.
- Reunião mensal da equipe = 60 minutos.

Isso faz com que o investimento total de tempo para Barbara fique em torno de 1.200 minutos, ou vinte horas por mês, o que representa menos de quinze por cento de seu tempo total de trabalho durante um ano. Mais um negócio imperdível! Que outra maneira de trabalhar com um investimento de tempo tão pequeno pode permitir que você cumpra sua principal responsabilidade como líder: liderar e *desenvolver todos os subordinados diretos*? Mas veja os benefícios dos quais Barbara e outros líderes desfrutaram ao trabalhar dessa ou de maneiras semelhantes com os subordinados diretos:

- Barbara rapidamente obteve controle perfeito sobre o que estava acontecendo no departamento e entre as áreas de responsabilidade dos membros de sua equipe.
- Sua capacidade de reter as pessoas certas melhorou consideravelmente.
- A autoliderança dos membros da equipe aumentou visivelmente, o que liberou muito tempo para ela.
- Discutir, entrar em acordo e executar com sucesso as melhorias necessárias e as iniciativas de mudança tornaram-se parte natural do trabalho diário.
- Conversas difíceis e conflitos foram reduzidos rapidamente.
- Habilidades como definição de resultados claros e empolgantes, planejamento, avaliação de risco, resolução de problemas, estabelecimento de prioridades, gerenciamento de tempo e autogestão foram aprimoradas.

A capacidade de Barbara de compreender cada um dos membros da equipe, seus reais pontos fortes, suas necessidades de desenvolvimento e suas aspirações também melhorou, o que permitiu que ela fizesse o que muitos líderes não conseguem fazer: delegar mais das próprias tarefas como oportunidades de desenvolvimento aos integrantes da equipe.

Delegando tarefas como oportunidades de desenvolvimento

Eu delegava minhas tarefas como uma das principais abordagens de desenvolvimento de meus subordinados diretos, incluindo convidá-los a assumir, de tempos em tempos, meu lugar na reunião da equipe executiva.

Barbara ficou hesitante no início, e assim passamos muito tempo conversando sobre como fazer isso da maneira correta. Expliquei que o verdadeiro desafio de delegar uma tarefa com sucesso são os próprios líderes. Muitas vezes, eles não têm ideia clara de quais devem ser os resultados laborais desejados ou necessários nem noção de como eles mesmos executam a tarefa, pois apenas o fazem no piloto automático. A maneira de fazer isso corretamente é saber como você executaria a tarefa sozinho para que possa treinar o subordinado em todas as etapas dela, além de ser claro sobre qual resultado mensurável ou palpável é necessário.

Orientei Barbara a usar essa abordagem de três etapas para delegar:

Etapa 1: use de quinze a vinte minutos (ou mais tempo, se for uma tarefa grande e complexa, como liderar uma iniciativa) para pensar em como você mesmo executaria a tarefa.

Estimule ou esclareça seu pensamento respondendo, por escrito, às seguintes perguntas:

1. Qual é o resultado desejado ou exigido da tarefa, ou seja, que resultado do trabalho precisa ser criado?

2. Em que etapas gerais a tarefa deve ser executada?
3. Para cada etapa, quais são as tarefas mais importantes e as mais difíceis?
4. Qual deve ser o *timing* de cada etapa?
5. No que consiste um bom resultado de trabalho em cada etapa?

Etapa 2: converse com o membro da equipe para o qual você pretende delegar a tarefa. Peça-lhe que use de quinze a vinte minutos para responder às perguntas anteriores, de 2 a 5, sobre a tarefa. Solicite-lhe que escreva as respostas, de modo a garantir clareza de pensamento e diálogo entre vocês.

Etapa 3: sente-se com o subordinado direto e analisem juntos as respostas dele.

Agora você será capaz de:

1. Ver em que pontos você e o subordinado direto estão alinhados quanto à forma como a tarefa deve ser executada e onde existem lacunas.
2. Dê orientação imediata e guie a pessoa desde o início.
3. Aprenda algo sobre os pontos fortes e as necessidades de desenvolvimento da pessoa.
4. Planeje, de maneira inteligente, seu apoio para o aprendizado da pessoa.

Se as lacunas forem muito grandes, talvez seja cedo demais para delegar essa tarefa. Mas, pelo menos, você terá aprendido algo sobre seu subordinado, e isso pode lhe dar inspiração sobre outras abordagens que podem ser usadas para ajudar a pessoa a se desenvolver.

Concluindo

Ao contrário das crenças populares, desenvolver funcionários não é difícil nem muito demorado.

Use as ferramentas e abordagens que Barbara e outros líderes têm usado. Garanto que você não vai se arrepender.

32

Oriente sua empresa a ter sucesso naquilo em que provavelmente ela se sai pior: liderando a mudança

Moderadamente exigente para implementar na vida profissional

Como já foi dito, muito dinheiro e tempo são gastos formulando estratégias, metas e planos para impulsionar mudanças ou "transformações" menores ou maiores no mundo profissional. Mas essas raramente funcionam, tornando, sem dúvida, os esforços de mudança os maiores e mais persistentes enigmas no universo corporativo.

Por que a transformação é tão difícil? As empresas estão usando metas e estratégias erradas? Seus executivos sentem que as metas não são importantes? Faltam-lhes planos para trabalhar em prol deles? Eles exigem habilidades, experiência ou tempo de que esses profissionais não dispõem? A resposta simples é não.

A razão básica é que a maioria das organizações não tem ideia de como conduzir a execução de suas metas e estratégias de modo a engajar as pessoas. Outra maneira de dizer isso é que elas não agem com firmeza quanto ao verdadeiro propósito da liderança, que é garantir que todos os funcionários desenvolvam suas habilidades e sua mentalidade, e o façam de forma perfeitamente integrada ao trabalho diário.

Ter sucesso com a mudança não é tão complicado se você souber como a mente humana opera. Você precisa garantir três pré-condições.

Primeiro, escolha as palavras com sabedoria

As pessoas tendem a temer a mudança porque, no passado, muitas vezes, ela significou coisas negativas para elas, colocando-as em situações ainda mais confusas que aquela que estava sendo corrigida ou custando-lhes o emprego. Chamar a mudança de *mudança* coloca você, desde o início, em uma batalha difícil. *Desenvolvimento*, por outro lado, carrega forte conotação de crescimento produtivo e saudável. Nós o percebemos como bom e positivo porque nos torna mais fortes e sentimos que temos algum controle sobre o processo.

Assim, pare de falar de *mudança* e comece a falar de *desenvolvimento* ou, de preferência, do *próximo passo natural*. Pensar e falar em termos de *próximo passo natural* leva a um mundo novo e melhor de pensamentos, tanto para as pessoas envolvidas no trabalho de desenvolvimento quanto para aquelas afetadas por ele. Isso tira o drama do que será feito e ajuda a torná-lo mais atraente para o futuro. O *próximo passo natural* também promove visão equilibrada de tudo que é bom no estado atual e tudo que pode se tornar melhor ou ser desenvolvido no próximo.

A simples mudança de uma palavra permite que você gerencie seu impacto e o aumente de forma exponencial.

Segundo, trabalhe com afinco para responder às três perguntas universais

Em geral, as empresas investem muito pouco em descrições detalhadas de como o trabalho real das pessoas mudará quando tiverem início as iniciativas de mudança ou desenvolvimento. Com *detalhadas,* quero dizer que todo líder e colaborador deve saber exatamente quais áreas serão desenvolvidas – mas, igualmente importante, o que *não* vai mudar.

Como líder de esforço de desenvolvimento, você deve ser capaz de responder às três perguntas universais feitas pelas pessoas quando se deparam com algo novo: (1) O que vou ganhar? (2) O que vou perder? (3) O que vou manter?

Além disso, tenha em mente que as pessoas sofrem duas vezes mais com uma perda do que se sentem entusiasmadas com algo que ganham, e esse é o caso especialmente se perderem algum tipo de liberdade ou privilégio. Ao introduzir um esforço de desenvolvimento, certifique-se de estruturar as comunicações para que abordem, de maneira positiva, cada uma das três perguntas:

- O que você continuará a fazer da mesma maneira e o que fará de uma nova maneira, por que, quando e como isso vai acontecer.
- O que você vai parar de fazer, por que, quando e como isso vai acontecer.
- O que você vai começar a fazer, por que, quando e como isso deverá acontecer.

Terceiro, faça com que as pessoas tenham sentimento de propriedade

Como qualquer outro projeto, o trabalho de desenvolvimento se mantém ou fracassa dependendo da qualidade da preparação investida nele, e a coisa mais importante que você pode realizar no início é fazer com que *as pessoas se sintam proprietárias do trabalho necessário.* Se fizer isso bem, você aproveitará o efeito Ikea – nossa tendência a dar valor desproporcionalmente alto aos objetos de cuja montagem participamos. Isso inclui não apenas móveis, mas qualquer coisa em que tenhamos feito investimento pessoal, incluindo ideias, crenças e maneiras de trabalhar (independentemente da qualidade).

Eis aqui uma maneira simples e poderosa de fazê-lo. Usei essa abordagem muitas vezes e treinei meus clientes para utilizá-la. Essa estratégia gera impulso muito rápido e positivo em torno de qualquer mudança ou iniciativa de desenvolvimento que você precise implementar.

Digamos que você queira implementar uma nova forma de trabalho no departamento.

Passo 1: escreva um documento fácil de ler que exponha claramente a nova forma de trabalho. Sem jargões: claro e direto ao ponto. Certifique-se de que ele abrange os seguintes tópicos:

- Qual é a nova forma de trabalho?
- Que benefícios palpáveis o indivíduo e o departamento obterão ao trabalhar dessa nova forma? Se você não tem experiência com isso, entreviste pessoas que tenham e anexe o depoimento delas.
- Como será um dia de trabalho típico ou uma semana de trabalho típica quando a nova forma de trabalho for implementada? Se você conversar com pessoas experientes nisso, inclua seus históricos e suas perspectivas.
- Quais são as coisas típicas que as pessoas precisarão (1) continuar fazendo, (2) parar de fazer e (3) começar a fazer para obter todos os benefícios de trabalhar dessa nova maneira?

Passo 2: envie o documento a todos os membros do departamento e peça-lhes que pensem nas seguintes perguntas e respondam a elas por escrito:

- Quais benefícios pessoais e profissionais desejo obter ao dominar essa nova forma de trabalho?

- O que, em minha abordagem atual ao meu trabalho, devo *continuar* a fazer, uma vez que ela está alinhada a essa nova forma de trabalho e aos benefícios que desejo obter?
- O que devo *deixar* de fazer, uma vez que minha abordagem laboral atual não está alinhada a essa nova forma de trabalho e aos benefícios que desejo obter?
- O que não faço hoje que deveria começar a fazer para estar alinhado à nova forma de trabalho e aos benefícios que desejo obter?
- De que apoio eu precisaria para parar de fazer o que faço atualmente e começar a fazer as coisas dessa nova forma?
- Quais partes dessa nova forma de trabalho são as mais difíceis de entender ou de aceitar? Por quê?

Ao pedir às pessoas que pensem nessas perguntas e respondam a elas, você aproveita tanto o efeito Ikea como o princípio do compromisso e da consistência: os indivíduos têm forte necessidade de parecer consistentes em relação às próprias crenças. Um compromisso escrito é muito mais forte que um compromisso verbal.

Passo 3: organize uma sessão conjunta de aprendizagem e trabalho com todas as pessoas do departamento.

O trabalho principal e o aprendizado devem ocorrer entre os participantes – você não deve dar uma palestra ou tentar liderar uma discussão com um grande grupo de pessoas. Todos precisam ser extremamente ativos.

Uma razão para isso é que, quanto mais as pessoas falarem e realizarem um trabalho real – por exemplo, resolução de problemas –, mais proprietárias elas se sentirão, e maior a probabilidade de que o evento seja percebido como uma experiência emocional positiva. A outra razão tem a ver com o aprendizado: quando falamos, escrevemos e realizamos uma tarefa, criamos estruturas neurais muito mais fortes.

O conteúdo principal dessa sessão de trabalho e aprendizagem deve estar baseado no pré-trabalho que os participantes realizaram, ou seja, nas respostas que deram por escrito às suas perguntas.

No início da sessão, divida os participantes em grupos de três pessoas ou mais, dependendo de quantos participantes houver.

Na primeira parte do trabalho, dê-lhes vinte e cinco minutos para nomear a equipe, definir um lema e atribuir algumas funções entre os membros do grupo. Essas ações aumentam o senso de propriedade e o espírito de equipe, tornando a sessão mais divertida. Uma das funções é o de líder de equipe, responsável por garantir que o grupo resolva as tarefas no prazo. Cada grupo também deve escolher alguém para apresentar as descobertas de sua equipe. Um terceiro membro pode atuar como o coletor de fatos, ou seja, alguém que vai até as outras equipes e pede conselhos e sugestões durante o trabalho em grupo.

Quando o grupo completo volta a se reunir, cada equipe tem cinco minutos para apresentar seu nome, o lema e de que modo suas funções foram atribuídas e por quê. Em seguida, o grupo se separa novamente para que as equipes possam começar as duas sessões. Em cada uma delas, as equipes se baseiam no trabalho que fizeram como indivíduos, quando responderam, por escrito, ao documento de mudança. Agora, todos estão respondendo a essas perguntas como grupo.

Trabalho em equipe 1 – discutir e alinhar a equipe com base nas respostas individuais:

- Que benefícios pessoais e profissionais desejo obter ao dominar essa nova forma de trabalho?
- O que devo *continuar* a fazer em minha abordagem atual ao meu trabalho?
- O que faço hoje na forma como trabalho que deveria *parar* de fazer?
- O que devo *começar* a fazer?

Trabalho em equipe 2 – discutir e alinhar a equipe com base nas respostas individuais:

- De que apoio eu precisaria para parar de fazer o que faço atualmente e começar a fazer as coisas como necessário?
- Quais partes dessa nova forma de trabalho são mais difíceis de entender? Por quê?
- Como ficaria meu plano se eu começar a trabalhar dessa nova forma?
- Com o apoio dos outros membros da equipe, cada integrante planeja os próximos passos individuais para os comportamentos e hábitos de continuar/parar/começar, bem como para aprender mais sobre a nova forma de trabalho.

Passo 4: mantenha os grupos após a sessão de trabalho e aprendizagem. Agora, elas são equipes de trabalho e aprendizagem que fornecem apoio mútuo à medida que a mudança começa. Manter as equipes unidas também traz outros benefícios. Primeiro, com isso, pode ser aproveitada a pressão dos colegas para reforçar os novos hábitos e comportamentos. Segundo, a existência de equipes permite que você e seu departamento monitorem e informem o progresso e quaisquer desafios que estejam enfrentando. Os desafios podem ser discutidos e abordados em reuniões subsequentes com todo o departamento.

O segredo é reservar tempo suficiente para trabalhar cada uma das três pré-condições descritas. Na maioria das vezes, as empresas operam com a ideia irrefletida de que precisam entrar em ação rapidamente, apenas para perceber que nada ou pouco é alcançado. Seja cauteloso com a linguagem, detalhado nas respostas às três perguntas universais e conduza um processo prático para garantir que as pessoas se sintam proprietárias da mudança.

33

Consiga que suas boas ideias sejam aceitas e implementadas

Exigente para implementar na vida profissional

Você sente que sua organização não está aberta a novas ideias e à criatividade? Bem, é provável que ela seja como a maioria das outras organizações que encontrei – elas gastaram milhões de dólares em ideias e projetos que não cumpriram a promessa de criar valor.

Ter sucesso com novas ideias e projetos parece ser um problema universal para as empresas. Por quê? A má execução e o acompanhamento ruim são comuns. Mas ainda mais comuns são as ideias ruins ou, pelo menos, um trabalho parco e incompleto na qualificação das ideias.

Neste capítulo, apresento uma abordagem infalível para garantir que sua ideia não apenas seja ótima, mas aceita pelos tomadores de decisão e executada com sucesso.

Eu a desenvolvi em 2008, quando o CIO de uma grande empresa me pediu que o ajudasse e à equipe a melhorar a precisão dos projetos de tecnologia de seu portfólio multimilionário. Na época, menos de cinquenta por cento de seus projetos cumpriam as metas de prazo, orçamento e entrega de valor.

Antes que começássemos a trabalhar, identifiquei algumas empresas que pareciam ter histórico impecável de conclusão bem-sucedida de todo tipo de projeto nessas métricas. Uma delas era uma instituição financeira global que especialistas do setor apontavam, havia vários anos, como uma das mais bem administradas do mundo. Por intermédio de minha rede de contatos, consegui uma reunião com o diretor de operações.

Minha primeira pergunta a esse executivo foi sobre a maneira como eles abordavam novas ideias e projetos potenciais. A resposta me pegou totalmente de surpresa: "Essa é uma questão muito complexa. Se pudermos evitar a adoção de novas ideias e projetos, com certeza é o que preferimos. Em nossa experiência, o ceticismo e o foco total nos riscos de cada nova ideia ou projeto é a chave para o sucesso".

Muito justo, pensei. Ao focar nos pontos fracos de uma nova ideia ou projeto potencial, você evita se deixar levar pelo entusiasmo das pessoas que o propõem. Minha pergunta seguinte foi como a empresa lidou com ideias ou projetos potenciais que pareciam bons e relevantes. O diretor de operações inclinou-se para trás e respondeu: "Esse é um processo complicado. Se uma ideia parece boa, tem início um processo detalhado no qual todos os departamentos que, em tese, seriam favorecidos por ela são chamados para discutir se acreditam ou não que vão se beneficiar dela e, em caso positivo, de que maneira exatamente. Mas esse é apenas o primeiro passo. O passo seguinte é descobrir como financiá-la. Todos os departamentos favorecidos pela ideia deveriam financiar sua parte. No entanto, como cada departamento é diferente e receberá níveis de benefícios distintos, deve haver uma análise rigorosa de como os custos serão alocados".

A hora que passei com o diretor de operações me ensinou muito sobre os fatores que devem ser considerados para qualificar boas ideias e prepará-las para o sucesso. É importante valorizar o entusiasmo das pessoas que trazem novas ideias e projetos, mas o foco inicial deve estar nos pontos fracos da proposta. Se uma ideia ou projeto parecerem bons, invista ao máximo na qualificação do ganho com os departamentos que, em teoria, se beneficiariam dele. Certifique-se de que financiarão a parte deles de maneira proporcional aos benefícios. Isso é importante por dois motivos: primeiro, se os departamentos financiam sua parte do projeto, têm investimento em jogo e estarão mais propensos a fazer sua parte para que ele seja bem-sucedido. Segundo, se o custo de cada departamento estiver correlacionado aos benefícios que obterá, a alocação de custos será vista como justa. Isso reduz a resistência e o ceticismo. O principal aprendizado é que você deve tentar tornar *realmente difícil* às pessoas sugerirem ideias para projetos potenciais. As ideias e projetos que surgirem terão, portanto, grande potencial de darem certo e serão muito mais valiosas e realistas.

Energizado com a sabedoria do diretor de operações, comecei o trabalho com o CIO que me procurara. Cerca de seis meses depois, desenvolvemos uma abordagem completamente nova quanto à maneira como as ideias a potenciais projetos de tecnologia deveriam ser desenvolvidas e qualificadas.

Esta ilustração resume o que precisaria ser feito antes de analisar um investimento em TI:

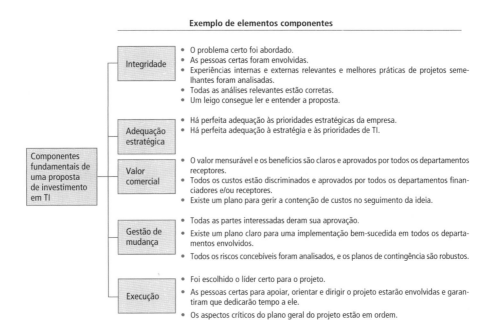

Para um projeto ser proposto, precisa ter sido minuciosamente examinado quanto à integridade (ou seja, ele abordou o problema certo e trouxe as pessoas e os recursos certos para lidar com ele), à adequação estratégica, ao valor comercial e à viabilidade (ou seja, todas as partes interessadas relevantes estavam disponíveis para participar do desenvolvimento e da orientação do projeto durante a implementação).

Nos vinte e quatro meses posteriores à implementação da nova abordagem, o CIO e a empresa melhoraram o desempenho dos projetos de tecnologia – de menos de cinquenta por cento entregues no prazo, de acordo com o orçamento e com a captura de valor esperada, para noventa e dois por cento. Também obtiveram cerca de dez por cento a mais de valor em projetos maiores, em comparação ao que fora originalmente estimado. Além disso, tornou-se radicalmente mais fácil eliminar propostas de projetos irrelevantes, e o número de propostas diminuiu ao longo do tempo.

O CIO recebeu convites de várias empresas e associações para ministrar palestras sobre como a empresa conseguiu melhorar tanto. Depois de alguns anos, ele deixou a organização para montar um negócio de consultoria voltado para essa abordagem. Mais tarde, tornou-se um bem-sucedido capitalista de risco.

Os benefícios com o uso dessa abordagem

Antes de descrever em detalhes essa abordagem, quero detalhar os benefícios que ela lhe proporcionará, para, além de fortalecer sua ideia, torná-la mais atraente aos tomadores de decisão e permitir uma execução bem-sucedida.

1. É divertida e gratificante.
2. Permitirá a você entender muito melhor as pessoas e os departamentos da organização.
3. Vai aguçar suas habilidades analíticas.

4. Dará a você amplas oportunidades de praticar e desenvolver suas habilidades sociais.

5. Vai construir sua reputação e sua rede de contatos na organização.

Aqui está a abordagem, passo a passo.

Adote quatro fatores de sucesso

Antes de começar, tenha em mente esses quatro fatores, cada um dos quais aumentará suas chances de sucesso:

1. **Envolva um profissional do departamento financeiro experiente e orientado aos negócios, desde o início.** Você não só receberá toda a ajuda de que precisa para as análises financeiras como também ele o ajudará a posicionar sua ideia num contexto empresarial e financeiro mais amplo. O pessoal financeiro entende o modelo de governança da organização e sabe quem são os tomadores de decisão relevantes.

2. **Envolva na criação de sua ideia todas as pessoas relevantes.** Isso inclui três categorias de pessoas: (a) aquelas que devem se beneficiar da ideia, (b) aquelas que podem ajudar a melhorar a ideia e (c) aquelas que tomarão decisão sobre a ideia. O erro mais comum cometido por profissionais ao propor ideias é só conversar com os tomadores de decisão, não com as pessoas que se beneficiariam da ideia ou poderiam torná-la ainda melhor. Durante o desenvolvimento da ideia, planeje ao menos duas reuniões bem estruturadas com todos aqueles que se beneficiariam dela e use esses encontros para informar-lhes dos benefícios, dos custos e das mudanças necessárias para alcançar o valor total da ideia. Além disso, invista

muito tempo pesquisando pessoas que desenvolveram ideias semelhantes e aprenda com elas o máximo possível.

3. **Seja movido por uma mentalidade que diga: "Talvez essa ideia não seja tão boa assim, afinal"**. Isso garante bom senso e pensamento crítico e lógico em todas as etapas do processo. Quanto mais você se concentrar nos pontos fracos de sua ideia, mais sólida ela será (a menos que seja inútil, mas, nesse caso, você economizará muito tempo e energia, uma vez que vai perceber isso rapidamente e cancelará tudo).

4. **Escreva sua proposta em linguagem simples**. Desse modo, qualquer pessoa vai poder entendê-la, mesmo que não faça parte da área funcional da empresa para a qual a ideia está dirigida.

O simples fato de aderir a esses quatro fatores ajuda a criar uma cultura de mais transparência e colaboração. Uma área que melhorou sensivelmente na empresa que assessorei foi a colaboração entre gerentes de linha, pessoal financeiro e profissionais de tecnologia.

Comece provando que sua ideia é um bom negócio

A seguir, invista muito tempo delineando previamente a ideia e a relevância dela para a empresa, de forma objetiva e nítida. Seja específico; sempre que possível, quantifique o valor comercial de sua ideia, de preferência em termos monetários. Propor ideias mal definidas como "melhorar nossos processos", "implementar qualidade", "implantar o *software* Y" ou "comprar a empresa X" simplesmente não é aceitável. Se sua ideia é adotar um *software*, você precisa descrever o que deseja alcançar implementando essa ideia; por exemplo, "Devemos investir 3 milhões de dólares no *software* X para nosso *call center* em Nevada, para reduzir em quinze por cento a rotatividade de clientes".

Quando tiver formulado sua ideia de maneira específica e relevante, trabalhando com a pessoa apropriada do financeiro, você deve identificar todos que se beneficiarão dela e fazer reuniões individuais estruturadas com cada um deles.

O objetivo desses encontros deve ser discutir como os benefícios e custos gerais da ideia serão distribuídos pelos departamentos. A reunião deverá abordar os temas a seguir:

- Apresentação da ideia e os benefícios e custos globais estimados.
- Benefícios que o departamento específico poderá colher com a ideia.
- Como a ideia se encaixará na agenda geral e nas prioridades do departamento específico.
- Teste de estresse para determinar se os benefícios poderão ser gerados por meio de alguma outra coisa e, em caso afirmativo, a que custo?

Cada departamento deve aprovar tanto os benefícios que receberá quanto os custos com os quais arcará para a implantação do projeto, a fim de garantir a rastreabilidade e a transparência da criação de valor e dos custos; criar senso de propriedade e o compromisso entre os gerentes de linha receptores, gerando, com isso, impulso; evitar tensões e conflitos entre o projeto e as pessoas que vão implementá-lo e gerenciá-lo; simplificar o planejamento do trabalho; minimizar o risco de esforços duplicados e atividades que não agregam valor. Se você e a pessoa do financeiro obtiverem a aprovação de todos os indivíduos ou departamentos afetados, você deverá realizar, a seguir, a primeira reunião com os tomadores de decisão. O objetivo desse encontro *não* é fazer com que digam sim, não ou talvez. É apenas apresentar a ideia e obter *feedback*.

Em geral, bons tomadores de decisão focam nestas perguntas: "Essa é realmente a melhor ideia para resolver esse problema ou atingir essa meta de negócios? Que outras alternativas existem?". Para a maioria das pessoas que expõe uma ideia, isso seria como um balde de água fria. Por quê? Porque a maioria das pessoas que expõe suas ideias é apaixonada por elas. Essas pessoas não conseguem entender por que devem avaliar alternativas quando sua ideia é tão fantástica. Você, em contrapartida, já tem isso tudo previsto, uma vez que conversou com cada departamento sobre ideias alternativas e se certificou de que sua ideia está de acordo com as agendas e prioridades gerais de todos os departamentos envolvidos.

Se houver mais de um tomador de decisão, você deve realizar reuniões individuais com cada um deles. *Não* encontre todos juntos; será muito mais fácil descrever sua ideia a uma pessoa que a um grupo. O *feedback* que você recebe de cada pessoa também será muito mais completo e detalhado. Além disso, o ambiente mais íntimo de uma reunião individual lhe dá mais visão de como cada tomador de decisão pensa, o que fortalecerá sua capacidade de se comunicar e de influenciá-lo daqui em diante.

Prove que a ideia é factível

Você precisará provar muitas coisas antes de afirmar que a empresa pode e deve desenvolver sua ideia. Os aspectos óbvios são que a ideia seja legal e aderente; esteja alinhada às estratégias e prioridades corporativas; e a empresa tenha tempo e recursos para investir.

Uma maneira de organizar suas provas é consultar pessoas que tenham experiência em desenvolver ideias semelhantes. Por exemplo, se a ideia for "Devemos investir 3 milhões de dólares no *software* X para nosso *call center*", identifique pessoas que tenham experiência em implementar esse *software* em *call centers*. Se o *software* é novo para sua empresa, você precisa consultar pessoas em outras organizações que o utilizam. Recomendo que identifique pelo menos dois projetos em contextos diferentes semelhantes ao seu.

Quando você e a pessoa do financeiro se encontrarem com indivíduos que tenham experiências semelhantes, façam a eles estas perguntas:

- Qual era o objetivo empresarial para a ideia ou projeto?
- Que etapas foram realizadas para implementar o projeto?
- Para cada etapa, quais foram os maiores desafios e riscos?
- Como vocês lidaram com cada desafio e risco?
- Quais foram os resultados reais do projeto? Ele cumpriu seu objetivo empresarial?
- O que vocês fariam de diferente se desenvolvessem o projeto hoje?
- Quais habilidades, experiência e competências deve ter o líder ideal para esse projeto?

Você ficará surpreso com o volume de conhecimento que vai obter.

Agora, você e a pessoa do financeiro estão prontos para a próxima reunião com os indivíduos e departamentos que serão beneficiados com sua ideia. A agenda desse encontro deverá abranger as seguintes questões:

- O que precisa ser mudado no departamento para colher os benefícios do projeto? Por exemplo:
    - reformulação de tarefas;
    - reformulação de fluxos de trabalho;
    - reformulação de papéis e responsabilidades;
    - aprimoramento de mentalidades, comportamentos e habilidades;
    - outras mudanças.
- Como seriam a abordagem geral, a configuração do projeto e o plano para lidar com essas mudanças?

- Quais são os riscos e desafios do projeto, incluindo as pessoas no departamento que serão demandadas por tempo e atenção?
- Que *insights* e experiências de outras pessoas que implementaram ideias semelhantes são relevantes para nós?

O produto final de cada uma dessas reuniões deve ser a definição, em comum acordo, de um plano geral para a maneira de desenvolver sua ideia, com sucesso, em cada departamento.

Se você não vai liderar o projeto potencial, precisa encontrar agora um líder de projeto. O primeiro passo é criar uma breve descrição da ideia, listando as habilidades, as experiências e as competências de que esse líder precisaria. Mostre a descrição a todas as partes relevantes da empresa que possam conhecer alguém que se encaixe no perfil, por exemplo, recursos humanos e pessoal responsável pela gestão de talentos. Quando tiver identificado o nome de dois ou três candidatos, você estará pronto para a última etapa.

Apresentação aos tomadores de decisão

Escreva um documento de duas a quatro páginas, em linguagem simples e direta – não use o PowerPoint! O documento deve resumir sua ideia de acordo com a estrutura e a narrativa a seguir:

1. Na folha de rosto, comece com a ideia e o valor de negócio mensurável que ela criará.
2. O primeiro título deve ser "A ideia está baseada em um caso empresarial sólido". Aqui, você resume os benefícios e custos gerais e a forma como se distribuem pelos departamentos afetados.

Explique como a ideia se encaixa na agenda geral e nas prioridades da empresa.

3. O segundo título é "Podemos fazê-lo". Nele, você resume o que aprendeu com pessoas que desenvolveram ideias semelhantes, as mudanças necessárias em cada departamento e como lidar com elas, além dos riscos que precisarão ser gerenciados e de que modo o fazer. Cite, ainda, os candidatos a líderes do projeto.

4. O terceiro título é "Não há alternativas melhores, incluindo não fazer nada". Aqui, você analisa os potenciais efeitos negativos de não implementar a ideia e por que outras ideias, assim como maneiras alternativas de buscar o mesmo valor de negócio, não são tão boas e positivas quanto a sua.

Liste todas as pessoas que tomaram parte no desenvolvimento da ideia e o papel que desempenharam.

Em seguida, envie o documento aos tomadores de decisão para leitura prévia e peça-lhes que tragam o *feedback* para a reunião. Assegure-se de ter um breve bate-papo com cada um deles antes do encontro final, no qual uma decisão será tomada.

Crie e mantenha a própria *checklist* para qualificar e desenvolver suas ideias

Com base em sua experiência e no que você aprendeu neste capítulo, construa, desenvolva continuamente e mantenha uma *checklist* para poder identificar com mais exatidão as ideias viáveis e desenvolvê-las, transformando-as em algo que as pessoas fiquem entusiasmadas para implementar de forma mais rápida e eficiente.

Eis um ponto de partida:

Minha ideia	Devemos investir melhor em X
Principais dúvidas	**Exemplo de perguntas detalhadas**
Essa é uma ideia boa e relevante?	**Benefícios empresariais** Ela corrobora nossa estratégia e prioridades críticas? Possibilita aumento da receita? Permite a diminuição de gastos, por exemplo, economiza dinheiro em *hardware*, *software* etc.? Economiza tempo e recursos por meio do aumento da eficiência? Entrega/habilita mais serviços? Proporciona mais qualidade? Em caso afirmativo, quais são os custos dos problemas de qualidade hoje e o valor da melhoria de qualidade? Oferece outros benefícios, como construção de reputação? **Investimento necessário** Quanto dinheiro precisa ser gasto? Quanto tempo e recursos devem ser gastos por todos os envolvidos? Há outros custos, por exemplo, de oportunidade, no seguimento dessa ideia em vez de outra? O custo total é significativamente menor que a soma dos benefícios comerciais?
Podemos implementar a ideia?	É o momento certo? Ou seja, podemos executar a ideia enquanto mantemos o foco em outras prioridades ou devemos reduzir a prioridade de outras coisas de maneira que não seja negativa? Todas as partes interessadas estão de acordo e comprometidas em apoiar a execução da ideia? Temos a competência e a experiência necessárias para executar a ideia com sucesso? Já executamos ideias semelhantes antes e podemos aprender com elas o que deu certo e o que não deu? Conhecemos todos os riscos e desafios da execução da ideia? Temos um plano crível para executar a ideia de maneira eficiente, incluindo meios de conter os custos e monitorar os benefícios comerciais?
Há outras alternativas?	Há outras formas, que não essa ideia, que podem render benefícios semelhantes ou melhores aos negócios? A ideia poderia ser integrada ao trabalho contínuo de forma inteligente e tranquila, em vez de ser um projeto independente? A ideia deveria ser executada por pessoas que não fôssemos nós, ou porque são mais adequadas, ou porque isso lhes ofereceria oportunidade de desenvolvimento?

34

Leve muito a sério a diversidade

Exigente para implementar na vida profissional

Quando as pessoas falam sobre discriminação no mundo corporativo, estão se referindo, na maioria das vezes, a preconceito de raça, etnia e gênero. Embora esse tipo de discriminação exista e não deva ser tolerado, os tipos de discriminação que descrevo a seguir são muito mais comuns e, portanto, representam um problema ainda maior para a saúde, a longo prazo, de equipes e organizações.

Trabalhei com milhares de líderes e profissionais em mais de uma centena de organizações. Eis uma situação típica que costumo encontrar. Um cliente lidera uma equipe com dez integrantes. Ele tem relação especialmente próxima e produtiva com três deles, que, em geral, apresentam bom desempenho. Todavia, quando me aprofundo um pouco mais para entender por que a relação com esses três membros da equipe é tão boa assim, muitas vezes acontece que tal relação não tem nada a ver com o desempenho deles, mas com quem são e como se comportam. Ou são semelhantes ao líder em personalidade ou aliados confiáveis com os quais ele sempre pode contar para concordar com ele. O líder tem diálogos frequentes com esses três membros, o que talvez pareça bom num primeiro momento, mas pode criar muitos problemas – até porque os outros sete membros se sentem excluídos.

A relação do líder com quatro dos demais membros da equipe é neutra, o que significa que não é nem especialmente boa nem ruim. Mas o líder tem relação ruim com os outros três. Do ponto de vista dele, eles têm atitudes negativas, o desempenho é ruim ou eles se comportam mal, e, com frequência, descumprem as normas da equipe, mas, de forma geral, acho que isso não é verdade. A verdadeira razão para o relacionamento ruim é que esses membros são diferentes do líder e dos demais integrantes no modo de pensar ou de se expressar. Tanto suas necessidades quanto suas contribuições potenciais com a equipe são diferentes daquelas que o líder consegue entender, contentar-se e empregar de maneira natural.

Essa é a natureza da discriminação mais comum que ocorre no universo profissional: um modo de liderança-padrão mais focado em preservar o *status quo* que em transformá-lo. Se líderes e equipes veem alguém como sendo diferente de alguma maneira – o jeito de falar da pessoa, digamos –, isso vai influenciar a visão que têm de todos os outros atributos da pessoa.

Tenho observado esse tipo de discriminação em equipes cujos membros são uma mistura de etnias e gêneros e em equipes etnicamente mais homogêneas. Por mais valioso que seja como meta, garantir a diversidade de raça, etnia ou gênero não resolverá esse problema fundamental.

Você deve levar a sério a verdadeira diversidade, ou seja, ser capaz de utilizar diferentes tipos de ideia, temperamento, necessidade, motivação, aspiração, histórico, experiência e modo de comunicação das pessoas, por três razões.

A primeira é primordial: evitar o pensamento de grupo, que é a tendência a fazer (ou acreditar em) as coisas apenas porque muitas outras pessoas fazem (ou acreditam em) o mesmo. Esse é um dos vieses cerebrais mais perigosos em um ambiente corporativo. Quando todos pensam da mesma maneira, ninguém pensa muito. O pensamento de grupo mata o inusitado, seja em pessoas, experiências ou ideias, privando o *pool* gênico da organização da diversidade de que ele necessita para evoluir.

A segunda razão é igualmente importante: desenvolver as habilidades sociais da equipe e as próprias. Poucas coisas desenvolvem tanto as habilidades sociais das pessoas quanto interagir com indivíduos diferentes de si mesmas. Se você desenvolver membros da equipe com grandes habilidades sociais, terá garantido grande vantagem.

A terceira razão é óbvia para a maioria de nós (se formos honestos conosco mesmos): é muito chato e nada inspirador conviver, dia após dia, com pessoas exatamente iguais a nós. Se me forçassem a me relacionar somente com pessoas parecidas comigo, eu morreria de tédio. Não consigo pensar num cenário mais aterrorizante que estar cercado por clones de Stefan Falk. Um de mim é mais que suficiente.

Implementar os quatro comportamentos que possibilitam a diversidade

Basicamente, o que possibilita ou destrói a diversidade são os padrões de pensamento e comportamento das pessoas. Portanto, recomendo a você incutir padrões de pensamento e comportamentos em sua equipe que vão desbloquear as diferenças existentes, ao mesmo tempo que facilitam o recrutamento de novos membros cujas ideias e experiências terão o potencial de fortalecer a equipe e permitir que ela evolua.

Percebi que quatro comportamentos sociais criam um ambiente no qual o potencial de todos os integrantes da equipe é totalmente aproveitado. Tais comportamentos incorporam algumas das ferramentas e dos princípios já descritos neste livro e são seguidos pelos melhores profissionais. Você, sua equipe e os colegas também devem se esforçar para isso.

1. **Deixe a voz interior em casa. Faça sempre o que for do melhor interesse da empresa.** Ao levar para o trabalho suas necessidades egoístas, você inevitavelmente deixa para trás boa parte de sua inteligência. Ser governado, conscientemente ou não, por suas necessidades egoístas lhe dá visão afunilada, pois você registrará somente os elementos da situação que tem alguma relação com essas necessidades. Esse viés permeará tudo que você fizer: o modo como executa as tarefas, como se envolve com os colegas e as partes interessadas e o que vai aprender. Além disso, carregar suas necessidades egoístas no trabalho causa estresse negativo. Por quê? Simplesmente porque você vai encarar como afronta pessoal tudo aquilo que não atender às suas necessidades. Você provavelmente vai embora do trabalho todos os dias sentindo-se frustrado, irritado e insatisfeito, sobrecarregado de pensamentos negativos sobre pessoas que, como você, se permitiram ser governadas por suas necessidades egoístas.

2. **Trate todos com quem você trabalha como um ativo com potencial ilimitado.** Saiba que cada pessoa que você encontra no trabalho tem potencial ilimitado, não importa o desempenho atual dela. O conceito de que talento é algo que algumas pessoas têm e outras não existe apenas na mente de indivíduos preguiçosos e preconceituosos que querem aliviar a própria barra prejulgando os demais. Tente aprender algo, todos os dias, com a menos uma pessoa. Quando sentir alguma tensão no relacionamento com um colega, procure por ele e tente resolver a questão de maneira proativa. Nunca fale dos colegas pelas costas.

3. **Atenha-se sempre aos fatos**. Confiar na experiência passada não é suficiente; você precisa ter certeza de que está, de fato, compreendendo as circunstâncias antes de entrar em ação. Como destacado no Capítulo 20, "Use o raciocínio lógico quando estiver diante da incerteza", sempre que enfrentar uma situação que exige uma decisão ou uma ação, lembre-se de separar tudo o que sabe sobre isso em três compartimentos: (a) aquilo de que você tem certeza (com as razões pelas quais a tem), (b) aquilo que você acha, mas sobre o qual ainda não tem certeza, e (c) aquilo de que você não faz ideia. Com base nessas classificações, decida se você precisa de mais fatos. Seja claro na forma como se expressa na conversa, indicando se você tem certeza com base em fatos ou está apenas especulando com base no que acha ou inferiu de experiências anteriores. Para expandir sua compreensão, preste atenção especial a pelo menos duas coisas que diferem de sua opinião ou experiência todos os dias.

4. **Foque nas necessidades das pessoas que dependem de seu trabalho**. Seu trabalho é sempre usado por outra pessoa para fazer alguma outra coisa. O que quer que você faça, seu objetivo é ajudar os outros a fazer o trabalho deles. Os benefícios de focar nas necessidades de terceiros são ilimitados, por exemplo:

   - Aumenta radicalmente a probabilidade de você ser percebido como um colega valioso.
   - Melhora a compreensão que você tem de outras pessoas e de suas necessidades, o que aumenta a capacidade de influenciá-las.
   - Torna seu trabalho mais significativo e interessante – até mesmo as tarefas mais banais se tornam honradas e, portanto, agradáveis, uma vez que são importantes aos outros.

Como incutir e monitorar esses comportamentos na equipe

Eis alguns aspectos a serem levados em consideração:

1. Use a abordagem descrita no Capítulo 31, "Desenvolva seu pessoal e transforme-o em astro". A meta semanal pessoal e de desenvolvimento, por exemplo, poderia ser focada nesses quatro comportamentos.

2. Assim como fez minha cliente Barbara, crie um contrato de equipe no qual esses padrões de raciocínio ou de comportamento estejam descritos. Todos os membros da equipe devem assiná-lo. Em seguida, peça a um *designer* gráfico profissional que o transforme em um cartaz e exponha-o em lugar de destaque no local de trabalho.

3. Use os quatro comportamentos como base para planos de desenvolvimento individual, metas de desenvolvimento e conversas de desenvolvimento com os membros da equipe.

4. Crie um barômetro de equipe* que cubra os quatro comportamentos, além de quaisquer outras questões relacionadas ao bem-estar e ao desempenho de seu pessoal. Os resultados do barômetro podem constituir a base de discussões em equipe, desenvolvimento individual e reflexões pessoais.

5. Reserve de dez a quinze minutos ao final das reuniões de equipe para discutir e refletir sobre os comportamentos apresentados. Todos os quatro comportamentos foram adotados?

---

* Em inglês, *team barometer*. Ferramenta baseada em um conjunto de perguntas que medem o nível de satisfação e desempenho de uma equipe. É usada para compreender melhor as necessidades dos membros, manter a motivação e melhorar o desempenho da equipe. [N. T.]

35

Adote práticas de recrutamento que possibilitem a diversidade e a seleção das pessoas certas

Exigente para implementar na vida profissional

C omo você acolhe a diversidade ao recrutar pessoas para sua equipe ou organização? Baseando-se em fatos.

Primeiro, você precisa cultivar uma compreensão profunda dos verdadeiros requisitos para o sucesso no cargo para o qual está contratando uma pessoa. Creio que a maioria das empresas e líderes tem compreensão muito superficial disso, o que dá margem à ambiguidade em todo o processo de recrutamento – onde encontram os candidatos potenciais, quem escolhem entrevistar, quais dados obtêm a respeito de cada candidato, como configuram as entrevistas, para quem estão contratando. É decisivo saber, de forma detalhada, o que constitui ter sucesso no cargo em questão, tanto a curto quanto a longo prazo, incluindo as habilidades específicas e os atributos pessoais críticos.

Segundo, você precisa obter as informações corretas sobre cada candidato, em particular sobre o caráter dele. Um candidato deve ter boas habilidades e conhecimentos, mas seu caráter é igualmente importante – integridade, histórico de autoaperfeiçoamento, comportamentos centrais, verdadeira motivação, e assim por diante. Contratar uma pessoa competente e de caráter inadequado é pior que contratar uma pessoa incompetente e de bom caráter, pois isso pode corroer a cultura do ambiente laboral. A competência é muito mais fácil de construir que o caráter.

O processo descrito a seguir para o recrutamento de uma pessoa para sua equipe ou organização fortalecerá sua capacidade de avaliar e contratar as pessoas certas, incluindo lidar com quaisquer vieses que possam prejudicar a diversidade.

É interessante destacar que a maioria dos candidatos que passaram por entrevistas com meus clientes disseram que esse processo está entre os mais interessantes e profissionais que já experimentaram, o que representou grande melhora na *employee branding** de meus clientes.

Primeiro, responda a três perguntas sobre o cargo

Como tudo na vida, o verdadeiro *insight* vem com esforço. Detalhar os verdadeiros requisitos para um cargo que você precisa preencher não é exceção. Para fazer isso bem, pegue uma caneta e uma folha de papel e responda às seguintes perguntas. As respostas ajudarão a dar mais clareza e foco durante todo o processo de recrutamento, desde a criação do anúncio de emprego até a seleção do candidato certo.

---

* *Employee branding* ("marca empregadora", em tradução livre) é o processo que uma empresa usa para criar e promover uma identidade de marca para sua equipe. Inclui visão clara de valores, cultura e missão da empresa, compartilhada com todo o pessoal. Além de aumentar a motivação interna, o engajamento e a lealdade da equipe, também ajuda a melhorar a imagem da empresa no mercado e a atrair novos talentos. [N. T.]

1. Como é ter sucesso neste cargo? Quais são os resultados palpáveis e mensuráveis de um candidato bem-sucedido? Por exemplo:
   - Após quatro semanas no cargo?
   - Após três meses no cargo?
   - Após um ano no cargo?
2. Quais barreiras e desafios um candidato precisa superar para ser bem-sucedido em cada um dos horizontes de tempo expostos anteriormente? Por exemplo:

   Executar melhor as funções de acordo com os planos e objetivos existentes. Descreva por que a execução precisa melhorar, por que não foi boa e como pode ser melhorada.

   Desenvolver e implementar novos planos e objetivos. Descreva os novos planos e objetivos, por quais motivos eles são necessários e quais serão os desafios para desenvolvê-los e implementá-los.

   Melhorar métodos e abordagens existentes para atingir objetivos novos ou atuais. Descreva os novos métodos e abordagens, por quais motivos eles precisam ser melhorados e como isso pode ser abordado.

   Desenvolver e implementar novos métodos e abordagens para atender a objetivos novos ou atuais. Descreva os novos métodos e abordagens, por quais motivos eles precisam ser desenvolvidos e como podem ser implementados com sucesso.

   Reunir funcionários e partes interessadas para tomar parte em planos, objetivos, métodos e abordagens. Descreva quais funcionários e partes interessadas precisam ser mobilizados, os papéis específicos que devem desempenhar, quais são os desafios para reuni-los e como isso pode ser alcançado.
3. Que habilidades específicas e testáveis em cada uma das três dimensões a seguir são necessárias para que um candidato supere essas barreiras e desafios? Aqui você deve usar as descrições das

três categorias básicas de habilidades – resolução de problemas, gerenciamento e desenvolvimento de pessoas, do Capítulo 31, "Desenvolva seu pessoal e transforme-o em astro". Selecione o nível que você acha necessário em cada uma das subcategorias dessas categorias de habilidade e explique, por escrito, por que ele é necessário.

Quando você tiver respostas razoavelmente detalhadas para essas perguntas, terá feito um grande investimento na adoção de um processo de recrutamento bem-sucedido.

Para avaliar o caráter do candidato, avalie a maturidade mental dele

Antes de abordarmos o processo de recrutamento propriamente dito, vamos dizer algumas palavras sobre como avaliar o atributo mais importante de um candidato – o caráter.

Como seres humanos, todos nós devemos dominar três mundos e navegar por eles:

- Nosso mundo interior: o que se passa dentro de nós – pensamentos, sentimentos e necessidades.
- Nosso mundo exterior: todos os contextos dos quais somos membros; por exemplo, trabalho, família e amigos.
- E, por último, o mundo que conecta os mundos interior e exterior.

Em cada um desses mundos, há conflitos que geram ambiguidade e incerteza, atributos com os quais os seres humanos têm dificuldade de lidar, pois necessitamos de clareza, controle e previsibilidade. Para gerenciar esses desafios sempre presentes e ser produtivos e bem-sucedidos, precisamos evoluir.

Em minha experiência, a maioria dos adultos não consegue fazer isso. Em vez de evoluir, tendem a simplesmente anular ou descartar as necessidades conflitantes desses mundos e entre eles, e, portanto, têm apenas conexão parcial com a realidade. Como resultado, as explicações e alegações para o que aconteceu ou o que está acontecendo podem variar de incompletas a totalmente absurdas.

O que isso significa para uma contratação? Quando você avalia os candidatos a um cargo, pode ter noção de seu caráter ou maturidade mental verificando de que maneira abordam a responsabilidade bem como a integridade e completude com que explicam conflitos ou desafios nos contextos de trabalho atual e passado.

Planejando o processo

Solicite ao candidato informações por escrito. Ler o que as pessoas escrevem é um modo mais eficaz de entender seus padrões de pensamento, motivos e outras capacidades que interagir com elas cara a cara, em especial se você não domina a habilidade de se dissociar e observar o que uma pessoa faz e diz, de fato. A simples leitura das palavras dele permite formar impressões livres de viés por quaisquer influências irracionais que possam ocorrer em uma entrevista; além disso, permite que você se prepare de maneira mais eficaz para a eventual entrevista, pois terá uma ideia melhor de quais são as perguntas nas quais deverá focar.

Peça aos candidatos que *não* anexem fotos ao currículo. Isso é importante. Se ainda assim eles o fizerem, cuidado. É muito provável que tenham descoberto que a aparência, mais que o desempenho, tem sido um trunfo para eles – ou, por outro lado, não conseguem entender uma instrução simples, não dão atenção aos detalhes ou querem fazer as coisas do próprio jeito.

Pesquisas mostram que tendemos a ver as pessoas que achamos atraentes como mais inteligentes; a menos que você esteja escolhendo modelos para um desfile de moda, a contratação nunca deve ser um concurso de beleza. Sem foto, você não pode formar, inconscientemente, uma opinião sobre a pessoa antes de ter contato com o pensamento dela.

Por fim, solicite aos candidatos que escrevam sobre cada um dos tópicos a seguir.

Cargo que esperam ocupar

Para ter certeza de que um candidato tem a experiência e as habilidades certas a um cargo, você deve deixar que ele discorra sobre esse cargo com base em uma descrição das realizações críticas necessárias. Este é um modelo que usei com clientes. Você pode fazer ajustes, tendo em vista especificamente seu cargo.

Para que uma pessoa seja bem-sucedida no cargo de especialista de marketing para as áreas de produto A, B e C, são necessárias três realizações críticas durante os primeiros doze meses.

Descrição da realização 1: para as áreas de produto A e B, a coordenação entre gerentes de produto, vendas e marketing precisa ser sensivelmente melhorada. Esses departamentos tendem a se reunir tarde demais no processo e enfrentam desafios para chegar a um acordo sobre um plano coordenado para lançamento de produtos, mensagens de marketing, seleção de canais, eventos trimestrais dos clientes e exposições. Na posição como especialista em marketing, espera-se que você inicie e lidere os esforços para melhorar a situação.

1. Quais são suas ideias iniciais sobre as causas por trás da situação atual, com base em sua experiência e outras fontes de informação?

2. Quais indicadores-chave de desenvolvimento ou outros indicadores palpáveis você usaria para mensurar, em doze meses, o progresso em direção às melhorias necessárias?

3. Quais seriam seus desafios pessoais e profissionais e suas fontes de desconforto ao se dedicar às melhorias necessárias?
4. Como você delinearia um plano geral para alcançar essa melhoria? Quais são as principais etapas ou fases de seu plano?
5. Que resultados e realizações profissionais mensuráveis você poderia produzir três meses após a implantação de seu plano?

As respostas dos candidatos lhe darão *insights* confiáveis quanto à capacidade deles de pensar, executar planos, definir metas e monitorar seu progresso. Você também terá visão robusta das experiências passadas deles ao lidar com problemas semelhantes. E, como esse exemplo também envolve a habilidade de liderar pessoas e criar cooperação entre departamentos, você teria visão sólida das capacidades dos candidatos nesse conjunto de habilidades decisivas.

O candidato deve escrever sobre fracassos e sucessos passados

Para obter informações sobre o verdadeiro caráter dos candidatos, peça-lhes que reflitam minuciosamente, por escrito, sobre seus fracassos e sucessos passados. Aqui está um modelo que usei com clientes e você pode adaptar (as perguntas para abordar os sucessos são semelhantes):

Descreva dois de seus fracassos profissionais passados.
Fracasso um: descreva o que você estava tentando realizar, em que contexto e como definiria o fracasso.
1. Qual era seu papel específico e responsabilidade na busca do que desejava realizar?
2. Que outras pessoas estavam envolvidas e quais eram seus papéis e responsabilidades específicos?
3. Como você descreveria as causas por trás do fracasso, por exemplo, quem fez/deixou de fazer o que, como e por quê?
4. O que você faria diferente hoje se estivesse se dedicando ao mesmo objetivo?

As respostas revelarão o caráter, o nível de autopercepção e a capacidade dos candidatos de assumir a responsabilidade pelos fracassos, assim como pelos sucessos.

Preparando e planejando a entrevista

A perspectiva que você obtém sobre cada candidato com base nas respostas escritas determinarão como conduzirá a entrevista. Use este modelo de resumo para se preparar:

Insights sobre as respostas do candidato às perguntas relacionadas às realizações necessárias no cargo.	
Quais são as principais lacunas nas respostas do candidato?	Que perguntas eu poderia fazer para explorar mais a fundo essas lacunas?

Insights sobre as respostas do candidato ao lidar com fracassos e sucessos passados.	
Quais são as principais lacunas nas respostas do candidato?	Que perguntas eu poderia fazer para explorar mais a fundo essas lacunas?

Aqui estão alguns tópicos nos quais pensar ao conduzir as entrevistas:

- O que o candidato disse está alinhado ao comportamento observado durante a conversa?
- Com base nos comportamentos observados, quais parecem ser os verdadeiros motivos do candidato?
- O candidato se dedica ao crescimento e ao desenvolvimento pessoal e profissional diário?
- O candidato está se esquivando do assunto em questão? Em caso positivo, pergunte-lhe o motivo.
- O candidato está disposto a assumir a responsabilidade por suas ações e resultados?
- Não se deixe levar pelo charme. Pense nele como um comportamento intencional, não um traço de personalidade.
- O candidato é muito transparente, revelando inúmeros detalhes cedo demais? Quando as pessoas não são honestas, o que dizem, muitas vezes, não soa crível a elas mesmas, mesmo que soe a você, e assim elas continuam falando. Se o candidato parece falar demais, sempre se pergunte o porquê.
- Traga à baila questões e ideias que você sabe que são polêmicas (e até idiotas), que devem estimular o debate. Se você não obtiver nenhuma

oposição às suas ideias, este é um sinal de alerta. Analise, ainda, as perguntas que os candidatos fazem sobre seu negócio, os problemas que você está enfrentando e a função para a qual está contratando. O que elas dizem sobre os interesses e a competência de cada candidato? Verifique também quão ambiciosos eles são; quantos de seus problemas eles podem ajudá-lo a resolver ao mesmo tempo?

- As promessas são baratas, em especial quando não são solicitadas. Se um candidato faz promessas quando você não pediu nenhuma, pergunte-se por quê. O motivo pode ser que ele está percebendo as dúvidas que você tem e das quais talvez não esteja ciente.
- Só porque um candidato trabalha para uma das grandes empresas do setor não significa que seja ótimo.

Algumas outras reflexões a ter em mente: as pessoas ficam menos propensas a mentir sobre si mesmas quando lhes são feitas perguntas diretas. E raramente oferecem informações sobre si mesmas que as façam parecer piores. Portanto, perguntas contundentes sobre a integridade e a confiabilidade demonstradas por um candidato são sempre um bom investimento, não importa quão incômodas possam ser para serem feitas.

Use cenários

Uma maneira boa e interessante de conhecer os candidatos é apresentando a eles cenários de trabalho. Aqui estão alguns exemplos de um cliente meu que estava contratando um profissional para o cargo de gerente global de produto:

Cenário 1. Você lança um novo produto que teve excelente desempenho durante os testes e mostrou ser claramente melhor que o disponível no mercado. No entanto, a recepção dos vendedores internos tem sido morna. Como você lidaria com essa situação e a reverteria?

Cenário 2. Um desafio relacionado à equipe de P&D de nossa empresa é que ela demora muito para concluir os projetos, pois se esforça para fazer tudo perfeito. Mas a perfeição conflita com o tempo ideal de lançamento no mercado. Como você abordaria essa questão?

Cenário 3. Você está gerenciando um sortimento de produtos em que vinte por cento da oferta corresponde a oitenta por cento das vendas. No entanto, a equipe de vendas está fazendo pressão muito forte para manter o restante do sortimento, pois ele cobre lacunas e oferece potencial para aumentar as vendas, e alguns itens fazem parte de contratos-chave etc. Você também está lançando uma nova família de produtos que vai se somar ao sortimento. Como lidaria com isso?

Cenário 4. A equipe de vendas vem negociando uma licitação multimilionária e plurianual com um cliente. O cliente analisou a proposta e deu retorno pedindo mais cinco por cento de desconto no preço unitário. As margens de lucro exigidas permanecem, mesmo com o desconto. Você vai aprovar o negócio? Se não, como faria para que funcionasse?

Cenário 5. Você tem uma família de produtos que vendeu muito bem ao longo dos anos e estabeleceu forte reputação. Agora, está lançando uma nova família de produtos que, nos testes, está se mostrando muito melhor. Manter as duas famílias em oferta tornaria o sortimento muito grande, e os estoques aumentariam demais. Como você vai fazer para eliminar gradualmente o antigo sortimento e passar para o novo?

Conduzindo a entrevista

Entrevistar um candidato a uma vaga não é um concurso de popularidade. É uma situação de trabalho real de alto risco, com um componente de estresse e pressão embutido. Você deve fazer três coisas em particular:

Faça o candidato se ater ao assunto! Certifique-se de que a pessoa que você está entrevistando se atenha aos assuntos que estão sendo discutidos e responda a todas as perguntas que você fizer. Esteja ciente dos temas mais desafiadores e desconfortáveis que precisa perguntar e faça-o de forma direta. A maneira como o candidato lida com elas pode dizer muito.

Não se ater ao assunto pode ter outras implicações sérias além de o candidato ser fraco em lidar com questões incômodas; pode ser sinal de que ele não entende o que você está falando. Isso, em contrapartida, pode ser sinal de que a pessoa não está acostumada a assimilar informações ou entender coisas que vão além de experiências passadas, ou que você não explicou o assunto ou a pergunta com clareza suficiente.

Faça o candidato assumir a responsabilidade! Você precisa avaliar a orientação natural do candidato para assumir a responsabilidade, em vez de ver os outros como responsáveis pelos problemas que inevitavelmente surgirão. A maneira mais fácil de fazê-lo é perguntar sobre os fracassos anteriores do candidato, assim como sobre os sucessos. Peça à pessoa que apenas descreva a situação quando experimentou um sério fracasso: Qual foi o fracasso? Qual foi a meta que não foi alcançada? Quem estava envolvido? Quais eram os papéis e as responsabilidades das pessoas? Em ordem cronológica, o que aconteceu? Quem fez o que e por quê?, e assim por diante. As respostas – ou não respostas – do candidato lhe darão uma boa ideia sobre a forma como abraça a responsabilidade e sobre como atribui responsabilidade aos outros. Qualquer sinal de sentido de responsabilidade inadequado deve levar a mais indagações.

Ajuste o tom da maneira adequada! Você precisa estar aberto a mudar o tom e o temperamento quando interagir com o candidato. Não faz nenhum sentido se manter amigável e caloroso se o entrevistado está entregando um monte de raciocínios ou explicações ruins ou fugindo do assunto. Um simples comentário ou pergunta como "Estou ouvindo o que diz, mas não consigo entender o que isso tem a ver com o tema de que estamos tratando. Você pode explicar por que não está falando sobre o que deveria estar sendo tratado?". Essa fala não é para ser ofensiva, apenas calmamente direta.

Palavras Finais:

Considerações sobre a Escolha de um Bom Lugar Para Trabalhar

Eu lhe dei ferramentas e princípios com eficiência comprovada para ajudá-lo a dominar o ambiente mais importante que existe: o ambiente interior, ou seja, a mente. Quando domina a mente, você pode desbloquear a motivação intrínseca, o que lhe permitirá alcançar qualquer meta e realizar coisas que não julgava ser capaz.

Como você percebeu, não mencionei a importância do local de trabalho no livro. Por quê? Há, pelo menos, três razões para isso.

Primeiro, o local de trabalho não vai importar, mesmo que seja ótimo, se você não dominar a mente para desbloquear a motivação intrínseca.

Segundo, no fim das contas, você é a única pessoa capaz de cuidar de seu melhor interesse e moldar o próprio destino.

Terceiro, um ótimo local de trabalho pode se transformar em um local ruim num instante. Criar um excelente ambiente laboral com ótimos comportamentos, valores e formas de trabalhar leva longo tempo, esforço dedicado e atenção constante, mas são necessários muito pouco tempo e esforço para destruí-lo. Apenas contratar um mau líder em um ótimo local de trabalho é suficiente para causar sérios prejuízos, não só para um departamento, mas para todos os outros departamentos da empresa. Vi tantos exemplos disso que perdi a conta.

Então, o que você deve fazer? Deixar de se preocupar com o lugar em que trabalha ou se é um bom ou mau local de trabalho? De maneira nenhuma. Um bom local de trabalho é importante porque torna mais fácil que você goste de ir trabalhar, investir tempo e esforço necessários para imergir no trabalho bem como ter pensamentos bons e positivos sobre o trabalho quando não está lá.

Mas o que você deve procurar em um local de trabalho para julgar se ele é bom ou ruim? A resposta está *em quão bem o local de trabalho está concebido para permitir aos funcionários sentirem sensação de autonomia* – em outras palavras, o local de trabalho está concebido de maneira tal a lhe permitir sentir que pode influenciar o próprio trabalho, dar-lhe forma e crescer com ele.

Meu mentor, Csikszentmihalyi, fez uma descoberta interessante quando mediu a frequência com que as pessoas experimentam o fluxo da própria vida. Mesmo que o experimentem com mais frequência na vida profissional que em qualquer outra área da vida, elas, muitas vezes, se sentem menos satisfeitas com a vida profissional que com as outras áreas. Por quê? Quando ele e eu discutimos esse ponto, a visão de Csikszentmihalyi foi que a razão mais provável seria que o trabalho em si é visto pelas pessoas como *algo que devem fazer, não que escolhem fazer*. Além disso, na maioria das grandes organizações, o trabalho e as tarefas já estão predefinidos e são constantemente influenciados por forças além da própria zona de influência das pessoas; por exemplo, decisões tomadas pela alta administração.

Obviamente, é impossível criar autonomia perfeita em qualquer organização, mas as empresas podem fazer um trabalho melhor ou pior para permitir que os funcionários sintam um nível saudável de autonomia.

Existem quatro áreas que você deve investigar para entender se a empresa pela qual você está interessado está se saindo melhor ou pior em permitir que os funcionários sintam autonomia. Escreva o máximo de perguntas em que conseguir pensar para cada uma das quatro áreas a seguir. Pergunte a si mesmo como pode obter respostas para essas perguntas de maneira inteligente. Ler relatórios anuais e artigos na mídia sobre a empresa é bom, mas o melhor modo de fazer a investigação é interagindo com pessoas familiarizadas com a organização, sejam funcionários atuais ou antigos. Para aumentar a confiabilidade das respostas às suas perguntas, basta conversar com mais de uma pessoa familiarizada com a empresa – converse com três ou quatro pessoas sem parentesco entre si.

As quatro áreas a seguir são as que você deve investigar.

Nível de descentralização da tomada de decisão e de planejamento na empresa. Quanto mais decisões e propriedade relacionadas ao planejamento departamental um líder tiver, maior a liberdade que ele potencialmente pode dar ao seu pessoal em relação à forma como planejam e decidem acerca do próprio trabalho. A compreensão de quais decisões são tomadas em que nível, como, quando e por quem na empresa oferece boa indicação de como as coisas são executadas na empresa, de cima para baixo. A regra geral é: *quanto mais de cima para baixo são tomadas as decisões, menor o senso de autonomia entre as pessoas.*

Quando você conversar com pessoas da organização, pergunte-lhes sobre como é feita a tomada de decisão. Procure entender o ciclo anual de planejamento e definição de metas empresariais. É feito totalmente de cima para baixo ou de forma em que as pessoas em níveis inferiores impactam e influenciam de maneira ativa e palpável o que é decidido como prioridades e metas no topo da administração?

Tamanho das funções de equipe e sua "interferência" nos negócios. A ideia por trás das funções de equipe (ou funções de *staff*) é que elas devem apoiar e aconselhar a área de linha, ou seja, as pessoas que operam o negócio.* Exemplos de funções de equipe comuns são recursos humanos, jurídico, financeiro/contábil, relações públicas e tecnologia/TI.

Quanto maiores são as funções de equipe, mais interferência causam na área de linha, o que, por sua vez, impacta a sensação de autonomia das pessoas que operam o negócio. Grandes funções de equipe geralmente lançam várias iniciativas centrais a cada ano, cuja implementação demanda tempo da área de linha. A maioria dessas iniciativas centrais é irrelevante, uma vez que as pessoas que as criaram não têm visão mais profunda sobre a verdadeira natureza do negócio ou são conduzidas de modo que apenas causa frustração ou confusão na área de linha.

Então, quando você analisar uma empresa, tente ter uma noção do tamanho das funções de equipe, seu histórico de lançamento de iniciativas centrais e o sentimento geral na área de linha em torno das funções de equipe e seu valor agregado.

Qualidade e robustez da colaboração entre pessoas e departamentos. Poucas coisas diminuem mais a sensação de autonomia que depender de outras pessoas com as quais a colaboração não está funcionando bem. Em minha experiência, a má colaboração nas empresas é um problema universal e causa grande transtorno no desempenho empresarial, bem como na satisfação dos funcionários.

Quando você contatar pessoas familiarizadas com a organização na qual está interessado, faça perguntas sobre colaboração: a colaboração entre pessoas e departamentos está funcionando bem? O que a empresa e os líderes fazem para garantir grande colaboração? Quais são as principais razões pelas quais a colaboração falha? Quais são os problemas de colaboração da

---

* A organização linha-*staff* é uma estrutura organizacional que divide as atividades de uma empresa em duas áreas: linhas de autoridade e área de *staff* (ou equipe). As linhas são responsáveis pela execução das principais tarefas, enquanto as funções de apoio fornecem recursos e informações para ajudar na tomada de decisão. [N. T.]

empresa e como resolvê-los? Quais são as consequências para as pessoas que se recusam a colaborar de maneira bem-sucedida com os outros?

Em minha experiência, é raro que pessoas que não colaboram bem sofram algum tipo de sanção. Na melhor das hipóteses, são transferidas para outra parte da organização, na esperança de que melhorem o modo como colaboram (o que, na maioria das vezes, não acontece).

Equidade, frequência e robustez na avaliação do desempenho individual e das necessidades de desenvolvimento. A avaliação da empresa sobre como você atua e sobre como precisa se desenvolver no trabalho é extremamente importante para seu senso de autonomia.

Para entender como a empresa está se saindo nessa área, você deve fazer perguntas como: De que maneira a empresa estabelece metas e expectativas realmente claras sobre o que um funcionário deve entregar e sobre como deve se desenvolver durante determinado período de tempo, por exemplo, um mês, um trimestre ou um ano? Tais metas e expectativas são descritas de modo a permitir (1) o desenvolvimento de um plano claro para que o funcionário busque alcançá-las, (2) o monitoramento contínuo do progresso e (3) uma avaliação clara e inequívoca quanto a terem sido cumpridas ou não ao final do prazo estipulado? Como é estabelecido o diálogo entre os funcionários e o chefe para monitorar continuamente o progresso e promover *feedback* e *coaching*? Como é feita a avaliação ao final do prazo estipulado? Quais as consequências para os colaboradores que não cumprirem as metas?

Relacionado a isso também está o foco dos líderes em *delegar ativamente tarefas como oportunidades de desenvolvimento para seu pessoal.* Busque fazer perguntas sobre o modo como os líderes delegam tarefas. Isso acontece de fato? Em caso positivo, com que frequência? Qual é a ideia por trás da definição da pessoa a quem o líder delega uma tarefa? Qual é a taxa de sucesso na forma como as tarefas delegadas são executadas?

Passe tempo suficiente investigando essas áreas (assim como outras áreas importantes para você) para entender se a empresa na qual está interessado oferece ou não um bom local de trabalho. Mas lembre-se: o local de trabalho não fará diferença, mesmo que seja ótimo, se você não dominar a mente para desbloquear a motivação intrínseca para todos os tipos de tarefas laborais.

P.S.: você quer saber se ainda toco piano? Sim, toco, entre uma e duas horas, todos os dias. Ainda gosto de tocar tanto quanto quando era criança. Por mais que ame a música em si, sou ainda mais grato por ela ter me levado a encontrar as chaves da minha motivação intrínseca, as quais usei ao longo da vida em tudo no que estive envolvido.

Espero que você possa se sentir igualmente inspirado sobre o próprio trabalho e que meu livro tenha lhe mostrado um caminho.

Leituras Obrigatórias

Barking Up the Wrong Tree: The Surprising Science Behind Why Everything You Know About Success Is (Mostly) Wrong, de Eric Barker.

Before You Know It: The Unconscious Reasons We Do What We Do, de John Bargh.

Building Expertise: Cognitive Methods for Training and Performance Improvement, de Ruth C. Clark.

Creativity: Flow and the Psychology of Discovery and Invention, de Mihaly Csikszentmihalyi.

Deep Work: Rules for Focused Success in a Distracted World, de Cal Newport.

Drive: The Surprising Truth About What Motivates Us, de Daniel H. Pink.

Fearless: The Undaunted Courage and Ultimate Sacrifice of Navy SEAL Team SIX Operator Adam Brown, de Eric Blehm.

Finding Flow: The Psychology of Engagement With Everyday Life, de Mihaly Csikszentmihalyi.

Getting Things Done: The Art of Stress-Free Productivity, de David Allen.

Handbook of Psychodiagnostic Testing: Analysis of Personality in the Psychological Report, de Henry Kellerman e Anthony Burry.

Honorable Work: A Process for Achieving Success & Satisfaction in Your Work, de Tim Anstett.

Influence: Science and Practice, de Robert B. Cialdini.

Interview Math: Over 50 Problems and Solutions for Quant Case Interview Questions, de Lewis C. Lin.

Lifting Depression: A Neuroscientist's Hands-On Approach to Activating Your Brain's Healing Power, de Kelly Lambert.

Mind-Brain-Gene: Toward Psychotherapy Integration, de John Arden.

Mindshift: Break Through Obstacles to Learning and Discover Your Hidden Potential, de Barbara Oakley.

Misbehaving: The Making of Behavioral Economics, de Richard H. Thaler.

Peak: Secrets from the New Science Of Expertise, de Anders Ericsson e Robert Pool.

Principles: Life and Work, de Ray Dalio.

Systems of Denial: Strategic Resistance to Military Innovation, de Andrew Hill e Stephen J. Gerras.

The Corrosion of Character: The Personal Consequences of Work in the New Capitalism, de Richard Sennett.

The Evolving Self: A Psychology for the Third Millennium, de Mihaly Csikszentmihalyi.

The Inner Game of Work: Focus, Learning, Pleasure, and Mobility in the Workplace, de W. Timothy Gallwey.

The Power of Habit: Why We do What We do and How to Change, de Charles Duhigg.

The Pyramid Principle: Logic in Writing and Thinking, de Barbara Minto.

The Will to Lead: Running a Business with a Network of Leaders, de Marvin Bower.

"Thinking critically about critical thinking: a fundamental guide for strategic leaders", de Stephen J. Gerras.

True Professionalism: The Courage to Care About Your People, Your Clients, and Your Career, de David H. Maister.

Notas

Capítulo 3: Use "intenções de implementação" se-então

1. Peter M. Gollwitzer, "Implementation intentions: strong effects of simple plans". *American Psychologist,* julho de 1999. Disponível em: www.researchgate.net/publication/232586066_Implementation_Intentions_Strong_Effects_of_Simple_Plans.

Capítulo 5: Aprenda como o Exterminador do Futuro

1. Disponível em: https://dictionary.apa.org/confirmation-bias.
2. Para mais informações, ver o *site* de Barbara Oakley, disponível em: https://barbaraoakley.com/.

Capítulo 7: Comprometa-se a manter um diário todos os dias

1. Ver Giada Di Stefano, Gary P. Pisano, Francesca Gina e Bradley R. Staats. "Making experience count: the role of reflection in individual learning". Harvard Business School NOM Unit Working Paper, n. 14-093, *SSRN,* 26 mar. 2014. Disponível em: https: //papers.ssrn.com/sol3/papers.cfm?abstract_id=2414478.
2. John B. Arden. *Mind-brain-gene: Toward Psychotherapy Integration.* Nova York: W. W. Norton, 2019.

Capítulo 8: Visite sua "Zona Verde" diariamente

1. Ron Friedman. "Why too much data disables your decision making". *Psychology Today*, 4 dez. 2012.

Seção Dois: Molde seu destino: Desenvolva sua mentalidade para se tornar o astro que você pode ser

1. Alia J. Crum e Ellen J. Langer. "Mind-set matters: exercise and the placebo effect". *Psychological Science*, v. 18, n. 2, p. 165-71, 2007. Disponível em: https://dash.harvard.edu/bitstream/handle/1/3196007/Langer_ExcersisePlaceboEffect.pdf?sequence1.
2. Cara Feinberg. "The Mindfulness Chronicles". *Harvard Magazine*, set.-out. 2010. Disponível em: https://harvardmagazine.com/2010/09/the-mindfulness-chronicles.
3. A fala de Tim Minchin pode ser vista no YouTube, disponível em: www.youtube.com/watch?vyoEezZD71sc.

Capítulo 20: Use o raciocínio lógico quando estiver diante da incerteza

1. Hilary Jacobs Hendel. "Ignoring your emotions is bad for your health. Here's what to do about it". *Time*, 27 fev. 2018. Disponível em: https://time .com/5163576/ignoring-your-emotions-bad-for-your-health/.

Capítulo 23: Limite o tempo nas redes sociais

1. Nicholas Carr. "How smartphones hijack our minds". *Wall Street Journal*, 6 out. 2017. Disponível em: www.wsj.com/articles/how-smartphones-hijack-our-minds-1507307811.
2. Russell B. Clayton, Glen Leshner e Anthony Almond. "The extended iSelf: the impact of iPhone separation on cognition, emotion, and physiology". *Journal of Computer-Mediated Communication*, 8 jan. 2015. Disponível em: https://onlinelibrary.wiley.com/doi/full/10.1111/jcc4.12109.
3. Adrian F. Ward, Kristen Duke, Ayelet Gneezy e Maarten W. Bos. "Brain drain: the mere presence of one's own smartphone reduces available cognitive capacity". *Journal of the Association for Consumer Research*, abr. 2017. Disponível em: https://doi.org/10.1086/691462.
4. Andew K. Przybylski e Netta Weinstein. "Can you connect with me now? How the presence of mobile communication technology influences face-to-face conversation quality". *Journal of Social and Personal Relationships*, 19 jul. 2012. Disponível em: https://doi.org/10.11772F0265407512453827.

Capítulo 26: Cultive uma mentalidade para a paz interior

1. Douglas Robson. "For Rafael Nadal, self-doubt can be good for his game". *USA Today*, 10 nov. 2013. Disponível em: https://www.usatoday.com/story/sports/tennis/2013/11/10/rafael-nadal-ends-season-no-1-ranking/3489567/.

2. Disponível em: www.businessinsider.com/ray-dalio-interview-henry-blodget-1-2017.

3. Jaime Rocca e Sara Wilde. *The Connector Manager*. Londres: Virgin Books, 2019.

Seção Três: Domine o segundo maior obstáculo para o sucesso profissional e o bem-estar: as outras pessoas

1. Eric Barker. *Barking Up The Wrong Tree: The Surprising Science Behind Why Everything You Know About Success Is (Mostly) Wrong*. Nova York: Harper-One, 2017.

Capítulo 29: Facilite às pessoas seguirem seus conselhos e virem você como líder de pensamento

1. Para obter mais detalhes sobre como as pessoas que apresentam compreensão superficial são, muitas vezes, excessivamente confiantes, veja a pesquisa sobre o efeito Dunning-Kruger. Por exemplo: Justin Kruger e David Dunning. "Unskilled and unaware of it: how difficulties in recognizing one's own incompetence lead to inflated self-assessments". *Journal of Personality and Social Psychology*, 1999. Disponível em: https://psycnet.apa.org/record/1999-15054-002?doi1.

Capítulo 30: Não evite pessoas difíceis, aceite-as

1. John Bargh. *Before You Know It: The Unconscious Reasons We Do What We Do*. Nova York: Atria Books, 2018.

Índice Remissivo

"a estrutura é rei; o conteúdo, rainha", 160
acompanhe o mentiroso até a porta",
211-12
ajustando o ambiente, 107
alavancas do sucesso, 107-14
exemplos de casos de clientes, 107-12
puxando as quatro alavancas, 107-14
amando o que você faz, 20-3
amigos, 36-8
rede de, 192-94
ancestrais humanos
homicídios prevalentes entre os,
189-90
vida extenuante dos, 83
voz interior evoluiu em, 122-23
ancoragem de crenças, 128-29, 169-70
ansiedade
e estresse, 43-4
manejo, 151-54
ansiedade, eventos geradores de, 152-54
fazer anotações antes do evento, 153-54
aprendizado
com base nos erros, 25
prestando atenção ao que você precisa
saber, 62

sem esforço, o Exterminador do Futuro
como modelo para, 61
técnicas e dicas para o, 65-6
Arden, John, 185
árvore de problemas, 174
astro, desenvolvendo seu pessoal e
transformando-o em, 229-49
astro, tornando-se, 119, 124
ater-se aos fatos, 275
atividade física, novas células cerebrais
crescem em razão da, 84
atividades agradáveis exigem esforço, 23
atividades de melhoria, fracasso em, 229
atividades de trabalho
complexidade das, entusiasmo a partir
de, 45-6
sem características inerentes, 45
atletas
preparando-se para um jogo, 96
sistemas de recompensa de, 44
autoavaliação, 30-1
autocoaching, rotina para, 35-6
autogestão, habilidade de, 238
autonomia das pessoas em um local de
trabalho, 290-91

autor. *Ver* Falk, Stefan
avaliação de risco, faça semanalmente, 133-35
avaliando a si mesmo, 30-1
aversão ao risco, 222

Bargh, John, 189, 223
bifurcações mentais, 174-76
brincar sozinho e o desenvolvimento da imaginação, 42
burnout, incerteza como causa de, 155-56

calendário
    eventos geradores de ansiedade no, 152
    registre sua vida no, 31-3
    tempo diário agendado para registrar tudo, 74-5
    uso pelo autor de, 33
caminhar e falar, 223
candidatos a emprego
    entrevistas com, 286-88
    modelos para obter informações sobre, 281-85
cara a cara, conversa, 223
caráter dos contratados, 277-78
cargos, três perguntas a serem respondidas, 278-79
Carr, Nicholas, 163
carta de boas-vindas a si mesmo, 147-49
celulares. *Ver smartphones*
cenários, para entrevista de candidato a emprego, 286-88
CEOs, compartilhando este livro com colegas e líderes, 38
cérebro
    apetite por aprender, 185-86
    deseja conservar energia, 29
    reprogramando-se, 28-9, 34-5, 54, 99
    saudável, 185-86
certeza, tome cuidado com a, 167-68
ceticismo, valor do, ao avaliar um novo projeto, 260
checklists
    comparação com calendários, 31-2

para desenvolver ideias, 269-70
chefes, maus
    evitando ou tentando entender, 138-40, 145
    fazendo exatamente o que eles pedem, 146
    lidando com, 145-46
Cialdini, Robert, 225
Cilic, Marin, 183
clientes do autor
    estudos de caso do uso de diários por, 74-9
    gerenciando muitos, 104-05, 115-18
coach
    buscando um, 27
    pessoas que lhe servem de modelo atuando como, 197
coaching, por líderes de equipe, 38
coisa demais para fazer", 115-18
colaboração
    em um local de trabalho, 292
    gratificação com base na, 45
colegas
    esperando que você exerça a liderança, 207-08
    procurando, 20
colegas, pedindo-lhes informações, 45-6
competindo consigo mesmo, 47-8, 93-4
comportamento focado na atividade, 39-40, 91
comprometendo-se a manter um diário todos os dias, 74-5
compromissos, cumprindo cada um, 25
consultores
    despesas empresariais com, 229
    externos, 209
contradições
    e apego a velhas crenças, 126
    e novos *insights*, 125-27
    não são uma ameaça, 170
contratos de equipe, 235-37, 276
conversa negativa, 131-32
conversando consigo mesmo sobre eventos geradores de ansiedade, 152-53
conversas, dicas para torná-las produtivas, 223-25

crédito, nunca assuma o crédito pelas realizações de membros da equipe, 187

crenças
de uma mentalidade, 119
supersimplificadas, tentando convencer as pessoas com, 210-12

crianças
entusiasmo sentido por, 23, 51
explicando coisas para, 65

crimes não resolvidos, 208-09

Crum, Alia J., 120

Csikszentmihalyi, Mihaly, 19, 23, 97, 125, 290

culpa
atribuir a e desistir, 30
marcar hora para, 33

delegar tarefas
como política de uma empresa, 293
no desenvolvimento da equipe, 247-48

departamento financeiro, 260-61, 263, 265

desafiando a si mesmo, 20

desempenho
de acordo com o orçamento de tempo, 67-70
imediato para tarefas simples, 34-5
metas devem ser desafiadoras, 188

desenvolver pessoas
como política de uma empresa, 293
no melhor interesse da empresa, 231-48
tornando-as astros, 229-49

desenvolvimento, palavra melhor que mudança, 252

detetive, mentalidade de ser um, 137-40

Dewey, John, 73

dia de trabalho
definindo um tema para o, 53
planejando ações para horários específicos do, 56

planejando ter entusiasmo no, 51

Dialo, Ray, 184

diário, 73-81
escrever todos os dias, 73-81
no que focar, 79-81

dimensionando um problema, 176-77

diretor de escola, conselhos aos pais quanto a compartilhar entusiasmo, 51-2

discriminação
antecedentes evolutivos da, 190
baseada em raça, etnia ou gênero, 272
em uma equipe, 271

distração, evitando, 26

diversidade, 271-76
quatro comportamentos que possibilitam a, 273-75
verdadeira 272

documento de aspirações, 195-204
completando-o, 202
feedback sobre, 201-04

domínio e maestria, 46-9

dor, evitando a, 18

Douglas, John, 208-10

dúvida saudável, 183-84

efeito Dunning-Kruger, 211

elementos-chave cognitivos para aplicação a estudos e a vida profissional, 49-50

elevando as expectativas, 97-8

e-mails
classificando por urgência, 96-7
fazendo *time-boxing* para, 161-62
tópicos não apropriados para, 161-62
uso inteligente dos, 161-62
versus mensagens de voz, 63
volume de, 161

emoções, identificando, não reprimindo, 80-1

empresa
agir no melhor interesse da, 141-46, 230-49
quais são os melhores interesses da, 145
quando sair se a empresa é corrupta, 142
transformar a, 233-34

energia, conservação pelo cérebro, 28-9, 41, 123

entrevistas com candidatos a emprego, 286-88
tom de, 288

entusiasmo, cultivando, 20-1, 23

equilíbrio trabalho-vida pessoal, 191-92

equipe, discriminação em uma, 271
erros
  aprendendo com os 25
  registrando no diário os próprios, 81
escrever
  a própria autoavaliação, 30
  o que você pensa, 53-4
escrita
  à mão, 66
  benefícios da, 74, 195-96
  construindo estruturas mentais fortes
    com, 74
estresse, administrando o, 43, 81
estruturas neurais de memória, 66
exercícios, necessidade de, para evitar
  problemas de saúde, 83-4
expectativas emocionais, 20
experiência emocional como meta, 48
experiências, refletindo sobre, 73

falar em público, 153
falar mal dos outros, 131-32
Falk, Stefan (autor)
  aprendeu piano quando criança, 47-9
  carga de trabalho com clientes, 115-18
  carreira como executivo, 141-46
  consultor de gestão na McKinsey &
    Company, 17
  escrevendo este livro, 19
  sabe os próprios erros, 183-84
  surras quando criança, 42
  toca piano, 47-8, 294
  uso de calendário, 33
faxina
  atividade entediante tornada
    empolgante, 98
  como exercício físico, 120
FBI, 19
feedback, 205-06
  benefícios do, 205-06
  pedindo, 205
  perguntas a ser incluídas para o, 201-02,
    206
  tipos desejados de, 197, 199-200

férias, o que fazer depois de voltar das,
  147-49
fisiologia, influência da mentalidade sobre
  a, 120
foco em resultados estimulantes (FRE), 35,
  39-50, 96-7
  de um indivíduo no trabalho, 238-44
  dominando o, 45-7
  elementos cognitivos que impulsionam
    o, 46-7
  ficando bom em, 43, 44
  hábito do e tornar-se astro, 119
  não comum entre profissionais, 39
  usando para criar energia e motivação,
    96-7
fotos, candidatos não devem enviar, 281
fracassos, ter pensamentos negativos sobre
  a possibilidade de, 57-8
FRE. *Ver* foco em resultados estimulantes
funcionários
  quando necessitam ser liderados de
    perto, 188
  responsabilidade dos líderes no
    desenvolvimento, 230
  Ver também subordinados diretos
funções de equipe, "interferência" no
  negócio, 291-92
funções executivas, substituindo a Rede de
  Modo-Padrão, 155-56

Gollwitzer, Peter, 55
gratidão, procurando aquilo que o deixa
  orgulhoso, 80

habilidade de gerenciamento de tarefas,
  238
habilidades sociais
  desenvolvimento de, com diversidade
    verdadeira, 273
  importância para os profissionais, 190
habilidades, três que impulsionam a
  motivação intrínseca, 237-38
Hall, Nicholas, 19
homens, territorialidade dos, 208-09

ideias
checklist para desenvolvimento, 269-70
conseguindo que as boas sejam aceitas,
259-70
limitações das, 181
ideias, quantificando o valor de, 212-15
Ikea, efeito, 168, 253
imaginação, desenvolvendo a, 42
importância, de algo, avaliando a, 26
impotência, sentimento de, 137
incerteza
comunicação sob, 159-60
graus de, 156-57
lidando com a, com raciocínio lógico,
155-57
informação, focando nas úteis, 65
insegurança como instigação, 26
insegurança, marca dos verdadeiros
profissionais, 184-85
integridade, 261-62
intenções de implementação, 55-6
interferência constante, 186-87
iPhones, 163
irritação, quando é aceitável em um líder,
187

Jonsson, Peter, 224

Kierkegaard, Søren, 73

Langer, Ellen J., 120, 121
lei do instrumento, 169, 187
lei do martelo (e prego), 187
lembrar-se de memória, não com base em
anotações, 66
líder de pensamento, 207-19
chamando a atenção dos líderes seniores,
212-19
como se tornar, 212-19
liderança autoritária, quando é aceitável,
187-88
líderes de equipe, *coaching* por, 38
líderes seniores são humanos, mais
emocionais que racionais, 217-19

líderes, 186-88
no mundo empresarial, 229-30
papel parental de, 187
responsabilidade de desenvolver os
funcionários, 230-49
língua estrangeira, aprendendo uma,
112-13
local de trabalho
escolhendo o, 289-94
odiando o, 22
prejudicado por um mau líder, 289-90

Maslow, Abraham, 187
maturidade mental dos contratados,
280-81
McKinsey & Company, 17, 27, 50, 63, 141
meditação *mindfulness*, 151
memória, 66
mensagem de voz em comparação com
e-mail, eficácia da, 63
mentalidade
crenças em uma, 119
dificuldade em moldar a, 121
e fisiologia, 120
mente inconsciente, 84
operação da, 119-21
mente
como uma criança teimosa, 57
controlando a, 21-2, 23, 119
magnífica ferramenta ou máquina, 57
merdas acontecem", 133
mesa de jantar, compartilhando eventos
empolgantes do dia de trabalho à, 52
metas diárias, 25, 91-102
benefícios do estabelecimento de, 99-100
exemplos dados pelos clientes, 100-02
levando ao sucesso, 107-08
seis passos para criar, 92-3
metas estendidas, 103-05
Minchin, Tim, 125
mindfulness, meditação, 151
Modelo Saber, Pensar/Sentir e Fazer,
215-16
modelos, 38, 197-98, 200

Motivação implícita (este livro)
  como usar, 27-9
  medo do autor de fracassar, 57-8
  pequenos passos para finalizar a obra,
    58-60
motivação intrínseca, 48, 237-38, 294
motivação, utilizando o FRE para criar,
  96-7
mudanças
  na empresa, dificuldades para, 251
  revelando detalhes de, 252-53
  três perguntas universais que as pessoas
    fazem quando confrontadas com, 252-53
  uma palavra negativa, use outras, 252

Nadal, Rafael, 183
necessidades egoístas, não leve para o
  trabalho, 274
negócio fechado", alegação de, 134-35
neurônios-espelho, 190
nós e eles, mentalidade, 123
nosso próximo passo natural" (em vez de
  "mudança"), 252
novas formas de trabalho, resistência a, 127
novas ideias e o apego às velhas crenças,
  125-27

O Exterminador do Futuro (filme), 61
"o que pode dar errado?", perguntando,
  134
Oakley, Barbara, 65
ocitocina, 190
opiniões, pare de ter sobre tudo, 182-83
Oração da Serenidade, 77
orçamento de tempo, 67-71
  fazendo economia no, 117-18
  planilha para, 69-70
orçamento de tempo, desvios do 71
Organização Mundial de Saúde, 83
organizações, foco de atividade das, 40
outras pessoas
  ajudando-as, dedicando tempo, 192
  apoio de, 113
  como amigos, 37-8

como ativos, 26
como descreveriam você, 196
como filhos de alguém (suscitando a
  simpatia), 222
estresse causado por, 81
identificando as que lhe dão apoio, 107
prazer em conversar com, 49
preferindo as parecidas com você, 189-90
regras básicas ao lidar com, 193
tipos a evitar, 38, 108, 113-14, 194, 221-22
Ver também pessoas difíceis
papel e caneta, capturando os pensamentos
  com, 167
passivo-agressivas, pessoas, 194
paz interior, mentalidade para a, 181-88
pensamento consciente, 24
pensamento de grupo, evitando o, 272-73
pensamento
  consciente, 114
  poder do, 120-21
pensamentos negativos, escreva-os, 54
pensamentos ruins, não tolere, 17
pequenos passos
  a arte dos, 57-60
  agendando os, 59-60
perda *versus* ganho, emoções das pessoas
  quanto à, 253
perfeccionismo, problema do, 93
períodos de tempo para metas de longo
  prazo, 103
persuasão, dicas para a efetividade, 225-28
pessoas detalhistas, falando com, 159
pessoas difíceis, 221-28
  insegurança e aversão ao risco de, 221-22
pessoas. *Ver* subordinados diretos; outras
  pessoas; funcionários
Peterson, Jordan, 168
Phenomenon (filme), 173
piano, domínio ao tocar, 47-9
piloto automático, funcionando no, 20, 39
Pink, Daniel H., 27
planejamento de contingência, fazer
  semanalmente, 133-35
planejamento de tarefas complicadas, 26

plano B, ter um, 134

potencial ilimitado, desbloqueio do, 125

PowerPoint, não use, 268

prazos

    cumprir todos, integralmente, 87-8

    descumprir, efeitos adversos de, 84

pressão, uma bênção, 18-9

princípio da escassez, 226

princípio do compromisso e da coerência, 227-28

princípio do contraste, 225-26

priorização, 115

problemas

    análise da causa-raiz, 177-78

    formulando, 172-74

    perguntas a fazer, 171-80

    tamanho e valor dos (qual é o tamanho?), 169, 176-77

produto final, paixão por criar um belo, 47-8

progresso

    avaliando o, 29

    monitorando o, 48

Projeto Arquivos Humanos (Arquivos H), 126

projetos

    financiamento de, 260-61

    má execução de, 259

    provando que já foram feitos, 266-67

    provando que são um bom negócio, 264-66

    quatro fatores para o sucesso, 263-64

promessas, cumpra todas as, 87

propriedade do trabalho de mudança, fazendo as pessoas sentirem, 253-57

quantificação de um problema, 169, 212-14

raciocínio lógico, 167-70

    cinco perguntas a fazer, 171-80

    quatro hábitos que favorecem o, 167-70

reclamar, energia economizada ao, 131-32

recompensas pelo cumprimento bem-sucedido das metas, 113-14

recrutamento, 277-88

rede de amigos, 192-93

rede de apoio, 36-8

Rede de Modo-Padrão, 43, 96, 155-57

rede executiva, uso do FRE para ativar a, 96-7

redes sociais, 163-65

    limitando o tempo nas, 163-65

regra do pico-fim, 176

relacionamentos, desafio dos, 189

resolução de problemas, 178-80

    bem-sucedida, garantindo uma, 179-80

    conselhos negativos da voz interior na, 125-27

    e motivação intrínseca, 237-38

    vieses cognitivos na, 178-80

respeito pelo líder, 186

respiração

    aliviando a ansiedade com a, 154

    prestando atenção à, 151

responsabilidade pelos fracassos das pessoas, assumindo, 187

resultados bons o suficiente, 93-4

revise seu trabalho, 20

salário, ganhar o próprio (por que estamos sendo pagos?), 141-42

saúde, 185. *Ver também* cérebro, saúde

Schwarzenegger, Arnold, 61

se/quando acontecer, exemplos de, 55

SEALs da Marinha dos Estados Unidos, 83-5, 133

Singer, Michael A., 122

sistemas de recompensa, direta e indireta, 44

situações impossíveis, tornando-as melhores, 140

smartphones, 163-64

    efeito sobre o pensamento e as comunicações, 164

    lidando com, 164-65

sobrevivência

    características humanas e, 24

    e evitação de riscos, 123

sono relaxante, 100

subordinados diretos, responsabilidade dos líderes por desenvolver, 230-48

sucesso, distrações que impedem o, 107

surpresas, negativas, 233-35

talento, não existe, 124
tarefas
    adiando, 116-17
    delegando, ao desenvolver subordinados
       diretos, 247-49
    executadas no passado, comparação com,
       95-6
    não amando-as, 39-40
    planejando antes da execução, 88
    realizadas no piloto automático, 39
    três medidas de sucesso nas (tempo,
       quantidade, qualidade), 93-4
tecnologia. *Ver* TI, investimento em
tédio
    não está no vocabulário do autor, 25
    no trabalho, 23
    relacionado a tarefas rotineiras, 97-8
tempo
    disponibilidade para projetos múltiplos,
       71
    hábitos de, para melhor desempenho,
       67-71
    investimento em, 245-47
    monitorando como você gasta, 69
    valor do, 69
"tentamos antes, mas não funcionou nem
    agregou qualquer valor", 212
terminando no prazo, 70-1
territorialidade, masculina, 208-09
TI, investimento em, pré-condições para
    realizar, 261-62
time-boxing, 97, 192
tomada de decisão
    de cima para baixo *versus* autônoma, 291
    papel da mente inconsciente na, 84
tomadores de decisão, reunião com,
    265-66, 268-69
trabalho escolar, aplicando as cinco chaves
    ao, 49-50
trabalho
    considerado mal necessário, 40

oportunidades de entusiasmo no, 23
    prioridades depois do, 191-92
tratar as pessoas com respeito, 274
traumas, identificando os gatilhos que os
    revivem, 98-9

Unidade de Ciência Comportamental do
    FBI, 19, 208
uso cotidiano do controle do tempo e do
    diário, 74

vida familiar, 191-92
vida profissional
    amando o que você faz, 25
    cinco chaves para a, 49-50
    crescimento cerebral e, 185
    sentimento de insegurança na, 184
    vida social, importância para a saúde
       física, 190-91
vida, maus pensamentos sobre a, 17
viés de confirmação, 62-4
    aspecto positivo do, 62
    fazendo uso do, 64
vítima, mentalidade de, 137-40
você
    como as outras pessoas descreveriam, 196
    minimizando seu próprio *status*, 208-09
    percepção de outras pessoas, 195-96
voz interior, 122-29
    ansiedade da, nos mantém a salvo, 151
    conselhos negativos da, 123-27
    é crédula, 126-29
    fala demais e nos distrai, 122-25
    ignorando-a quando ataca os outros de
       forma negativa, 182-83
    não leve para o trabalho a, 274
    propósito evolutivo da, 122

Ward, Adrian, 164

Zona Verde (dos SEALs da Marinha dos
    Estados Unidos), 83-5